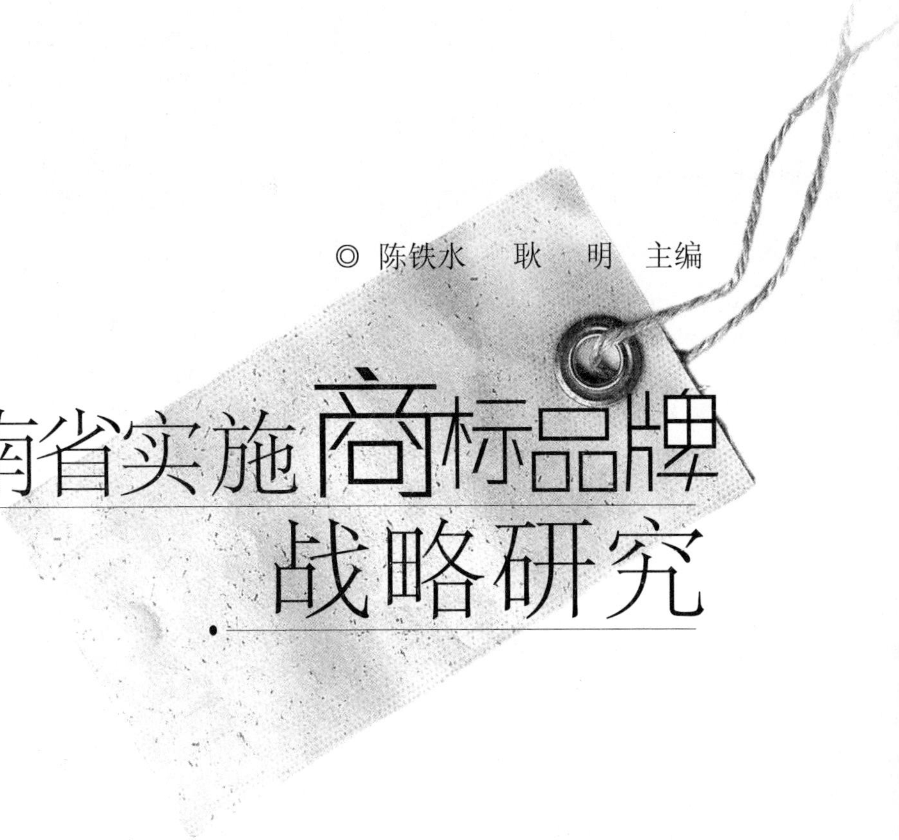

◎ 陈铁水　耿　明　主编

云南省实施商标品牌战略研究

云南大学出版社
YUNNAN UNIVERSITY PRESS

图书在版编目（CIP）数据

云南省实施商标品牌战略研究/陈铁水，耿明主编.
—昆明：云南大学出版社，2011
ISBN 978 - 7 - 5482 - 0518 - 0

Ⅰ.①云…　Ⅱ.①陈…　②耿…　Ⅲ.①企业管理—品
牌战略—研究—云南省　Ⅳ.①F279.277.4

中国版本图书馆 CIP 数据核字（2011）第 131541 号

云南省实施商标品牌战略研究

陈铁水　耿　明　主编

策划编辑：蔡红华
责任编辑：李　红
装帧设计：周　旸
出版发行：云南大学出版社
印　　装：昆明宝王印务有限公司
开　　本：787mm × 1092mm　1/16
印　　张：15.75
字　　数：309 千
版　　次：2011 年 8 月第 1 版
印　　次：2011 年 8 月第 1 次印刷
书　　号：ISBN 978 - 7 - 5482 - 0518 - 0
定　　价：35.00 元

地　　址：昆明市翠湖北路 2 号云南大学英华园内（邮编：650091）
发行电话：0871 - 5033244　5031071
网　　址：www.ynup.com
E - mail：market@ynup.com

前　言

在经济全球化与信息化的背景下，“知识经济”或“信息经济”已经取代“工业经济”，成为当今世界经济的主要特征。经济全球化和信息化浪潮正在深刻改变竞争格局，市场竞争的阵地已从传统的产品竞争、价格竞争转移到以品牌为核心的著名品牌竞争。纵观国内外经济发展，谁拥有了品牌，谁就拥有更高的市场占有率，谁就拥有了强大的核心竞争力。在知识产权体系中，品牌主要以商标、商号名称、专有技术、经营管理的方法与经验等方式表现出来，形成巨大的商业价值。

21 世纪是知识经济时代，也是市场经济更加深化发展和商标品牌经济的时代。在商标品牌经济更加发展的 21 世纪，商标品牌战略具有愈来愈重要的意义。商标品牌是一个国家、一个地区、一个企业的经济实力和竞争力的象征和标志。商标品牌战略的直接目标是创立、发展和保护企业的商标品牌。随着市场经济的发展，商标品牌战略将更加广泛深入地渗透到经济生活的各个领域，也同样将为企业发展、提高其核心竞争力和国际竞争力注入无限的生机。

商标品牌战略是打造知识产权核心竞争力的重要组成部分。胡锦涛主席指出：“要拥有我们自己的核心竞争力，拥有民族核心品牌。”温家宝总理指出：“名牌就是质量，就是效益，就是生命力，就是竞争力。”“形成更多的拥有自主知识产权的知名品牌”已被明确写入“十一五”规划纲要中。2006 年 4 月 19 日，温家宝总理在参观中国保护知识产权成果展览会时指出，“世界的竞争归根到底就是知识产权的竞争”；同年 10 月 15 日在第 100 届中国出口商品交易会开幕式暨庆祝大会上也表示，我国“要实施保护知识产权的国家战略”。2008 年 6 月 5 日，国务院印发《国家知识产权战略纲要》。《国家知识产权战略纲要》全面深入推进之时，正值我国产业结构调整、经济发展方式转变、技术升级和企业改造的关键阶段，其实施的成功与否将决定 21 世纪中国经济与社会发展的最终走向。

商标战略是国家知识产权战略中的重要组成部分，是创立、发展和保护商标的宏观和长期的目标和任务。从 1979 年我国恢复商标注册以来，云南省的商标注册的申请量从当年的 417 件逐年上升，截至 2010 年 12 月底，云南省拥有有效注册商标4.1万件，著名商标总数达到957件，中国驰名商标总数20件，地理标志证明商标总数达到18件。云南省在“十一五”期间，顺利完成和超额完成“十一五”任务，实现了预期的目标，推动云南省商标战略进入快车道，进入了历史上最快发展时期；标志着云南省推进商标战略取得显著成效，全社会增强核心竞争力的意识明显增强，为促进云南省经济社会快速发展发挥了重要作用。

为大力推进商标战略，鼓励、引导、扶持和帮助云南企业和农户争创知名商标、著名商标、驰名商标，争创云南本土品牌，云南省政府于1999年6月15日发布《云南省著名商标认定和保护办法》(2010年7月14日予以修改)，为争创知名商标、著名商标、驰名商标，争创云南本土品牌奠定了法律保障机制。

2008年8月29日，云南省政府发布《云南省人民政府关于推进商标战略工作的实施意见》(云政发〔2008〕170号)，对云南省推进商标战略的实施提出总体目标要求，明确“建立和完善企业为主、政府推动、部门协调、社会参与的商标战略工作格局，以优势产业、优势产品和大型企业集团为重点，综合运用经济、法律、行政等手段，集中力量培育、扶持、壮大一批驰名、著名、知名商标，努力构建中国驰名、云南著名、州市知名的梯级发展、结构优化的商标发展格局，以积极争创中国驰名商标为龙头，充分发挥商标兴企、商标富农、商标强省的积极作用，促进经济发展方式的转变，全面提高我省经济综合实力”的战略目标。

“十二五”期间，云南省商标战略规划为：“力争到2015年，全省有效注册商标超过5万件，驰名商标达到50件，著名商标达到1 500件，每个州、市至少有1件以上驰名商标。”①

2011年是“十二五”开局之年，“十二五”规划的实施重在起步、开局。五年时间太短，时不我待，我们必须只争朝夕，全力推动“十二五”商标规划目标和任务的顺利实现和完成。如何才能激励创造、有效运用、依法保护、科学管理，顺利实施云南省“十二五”商标战略，实现战略目标，完成战略任务，推动云南省“十二五”期间商标事业大发展，正是本书研究和探讨的主旨，也是作者抛砖引玉的企望。

---

①《云南工商工作“十二五”前瞻》，载《云南政协报》2011年1月21日。

目　　录

第一章　商标品牌战略概述

第一节　商标与品牌

一、商标与品牌的关系

（一）商　标

1. 商标概念

商标（Trade mark 或 Brand）俗称“牌子”，是商标法中的重要概念。世界知识产权组织对商标的定义是：“商标是用来区别某一工业或商业企业或这种企业集团的商品标志。”世界贸易组织在 TRIPS 协议中对商标作了这样的定义：“任何一种能够将一个企业的商品或服务区别于其他企业的商品或服务的标记或标记的组合均应能够构成商标。”《欧共体商标条例》规定：“商标可以由书写表示的任何标志，特别是文字（包括人名）、图案、字母、商品形状或其包装组成，只要这些标志能够将一个企业的商品或服务同其他企业的商品或服务区别开来。”而我国商标法规定：“任何能够将自然人、法人或者其他组织的商品与他人的商品区别开的可视性标志，包括文字、图形、字母、数字、三维标志和颜色组合，以及上述要素的组合，均可以作为商标申请注册。”可见，法律意义上的商标是指商品经营者或服务提供者在商品或者服务上使用的，用以区别商品或者服务来源的可视性标记，通常由具有显著特征的文字、图形、字母、数字、三维标志和颜色组合，以及上述要素的组合构成。

简言之，商标（Trade mark）是指文字、图形、字母、数字、三维标志和颜色组合，以及上述要素组合的生产者、经营者把自己的商品或服务区别于别的商品或服务的商品标记。经我国商标局核准注册的商标为注册商标，包括商品商标、服务商标、集体商标和证明商标；商标注册人享有商标专用权，受法律保护。当注册商标使用时，要用“R”或“注”明示，意指注册商标。商标具有以下法律特征：

（1）商标是用于商品或者服务上的专用标记。商标与其所标识的商品或者服务密不可分，它依附于商品或者服务而存在，离开了商品或者服务的任何标记都不是商标，例如国徽、交通标记、红十字会标记等。

（2）商标是识别商品或者服务来源的专用标记。商标使用的最基本作用在于识别商品的来源或者服务的提供者，以此来判明相同或者类似商品或者服务的不同来源、质量、性能、信誉和特点，使消费者能够根据各自的需要认牌购物、认牌消费。这是商标区别于其他商品标记的重要特征。如安全标记、质量认证标记、商品通用名称等因不能直接识别商品的生产者或者服务提供者，虽然使用在商品上，但不是商标。

（3）商标是由文字、图形、字母、数字、三维标志和颜色组合，以及上述要素的组合构成的可视性专用标记。商标是经过人的设计，有意识地置于商品上的。商标设计必须具有特别显著性，才能起到识别作用。而且由上述要素构成的商标还必须是置于商品外表或包装上的显著标记，需让人能够一目了然，不能深藏不露。

2. 相关概念之区分

（1）著名商标与驰名商标的区分。

根据商标知名度的不同，商标可分为著名商标和驰名商标。

著名商标是指知名度高于普通商标的商标。但由于各国对这一概念理解不同，所以国际公约中无统一定义。如法国、德国、西班牙、挪威、日本等大陆法系国家认为著名商标是声誉和知名度高于驰名商标的商标；而我国的著名商标主要是指由省、自治区、直辖市一级的工商行政管理部门认定的，在该行政区划范围内具有较高声誉和市场知名度的商标。

驰名商标是指为相关公众广为知晓并享有较高声誉的商标。各国的法律及国际公约均对驰名商标规定了特别的、优于普通商标的保护措施。

（2）中国驰名商标与中国名牌的区别。

中国名牌是指在中国区域内享有相对知名度的品牌，泛指有名的商标、商号、商誉，有时也可以指知名商品。[①] 如名牌商品、名牌产品等。其实，将名牌等同于商标、商号是不妥当的，名牌实际上是一个综合体，商标、商号等要素是名牌这个综合体项下的一部分。[②] 二者区别如下：

第一，认定的主体不同。中国名牌的评价机构是中国名牌战略推进委员会，由国家质检总局监督和管理，中国名牌战略推进委员会是非常设机构，由中国工

① 李德顺：《品牌实质上也是知识产权》，载《WTO经济导报》2005年第4期，第38页。

② 杨军著：《名牌战略与知识产权法律保障制度研究》，知识产权出版社2010年版，第38页。

业经济联合会负责其日常工作。中国驰名商标的认定机构是国家工商总局商标局和商标评审委员会；另据最高法院的司法解释，人民法院可以对商标是否驰名作出认定。

第二，认定的标准不同。根据《中国名牌产品管理办法》的规定，中国名牌应具备的条件是：符合国家有关法律法规和产业政策的规定；实物质量在同类产品中处于国内领先地位，并达到国际先进水平；市场占有率、出口创汇率、品牌知名度居国内同类产品前列；年销售额、实现利税、工业成本费用利润率、总资产贡献率居本行业前列；企业具有先进可靠的生产技术条件和技术装备，技术创新、产品开发能力居行业前列；产品按照采用国际标准或国外先进标准组织生产；企业具有完善的计量检测体系和计量保证能力；质量管理体系健全并有效运行，未出现重大质量责任事故；企业具有完善的售后服务体系，顾客满意程度高。

根据《商标法》第十四条的规定，认定驰名商标须考虑以下五方面的因素：相关公众对该商标的知晓程度；该商标使用的持续时间；该商标的任何宣传工作的持续时间、程序和地理范围；该商标作为驰名商标受保护的记录；该商标驰名的其他因素。

第三，认定和保护政策不同。中国名牌是主动评价，成批保护。中国驰名商标的认定是针对个案，适用特殊保护。

（二）品　牌

品牌囊括了企业的产品、产品的商标、企业的服务和文化等元素，它的背后有着价值不菲的知识产权作支撑。世界级的知名品牌，往往拥有驰名于世的商标、诚信卓著的商誉、先进的核心专利技术、富有创意的外观设计和独家拥有的商业秘密。

品牌是一种商品区别于另一种商品的标志，是商品独特个性的代表。随着某种商品逐渐受消费者的喜爱，其品牌也越来越受人们的欢迎。品牌已不仅仅是代表一个产品的符号，而是体现了产品的内在价值。良好的品牌声誉是企业最重要的无形资产。

品牌具有如下特点：

第一，特定的品牌只和特定的产品或企业联系在一起，即品牌具有排他性。品牌所表达的理念和价值取向对具有相同理念和价值取向的消费者具有“锁定”效应，当消费者在同种产品或同类产品中进行挑选时，对一种品牌的认同意味着对其他品牌的不认同。

第二，品牌具有品牌价值。美国可口可乐公司董事长伍德鲁福曾说：“只要‘可口可乐’这个品牌在，如果有一天，公司在大火中化为灰烬，那么第二天早上，全世界新闻媒体的头条消息就是各大银行争着向‘可口可乐’公司贷款”，这正是品牌的价值所在。[①]

第三，品牌具有丰富的内涵。不同于名称或标记外在所表现的那样，品牌不仅仅是一种产品区别于其他产品的标志，一个品牌之所以能吸引消费者，除了它本身的产品质量和产品的一些特点外，在这个品牌背后还有许许多多的附加价值，或者叫无形价值。这些无形的价值包括文化、生活方式，还有一些是历史遗产。这是品牌真正能吸引人的地方。

第四，品牌的塑造需要一个过程。传统理论认为，新品牌成为名牌的成功率只有5%左右，亦需巨额广告费支持。

（三）商标和品牌的联系与区别

1. 商标和品牌的联系

品牌与商标是极易混淆的一对概念，一部分企业错误地认为产品进行商标注册后就成了品牌。事实上，两者既有联系，又有区别。有时，两个概念可等同替代；而有时却不能混淆使用，品牌不完全等同于商标，商标也并不完全等同于品牌。

商标和品牌之间有十分密切的关系，既有深刻的历史渊源亦有现实的紧密联系。

在人类社会发展的历史长河中，在产品、物体和牲畜上打上一个记号以标示其所有者和生产者的做法，古今中外都普遍存在。在不发达的古代社会，人口稀少，家养的牲畜放养于广袤的牧地，为了不至于混淆，牲畜的主人会在家畜身上打上一个特别的记号。如在牛身上烙上一个火痕。不同的痕迹表示为不同的主人所有。这种现象在我国一些比较落后的农村地区至今仍然存在。这就是品牌最早的起源，也是英文品牌（Brand）一词的最原始的解释：烙印。随着社会生产力的进步，商品经济逐渐发达，一些手工业者和商业者从自给自足的农牧业中分离出来，专司产品的生产制造和经营活动。在这个过程中，一些生产者的产品质量好、信誉好，回头客频频光顾，逐渐地有了声誉，可谓“酒香不怕巷子深”，良好的声誉就是良好质量的口碑。由此，认准标识（Mark）或商号购买的情形开始出现，一些质量上乘的产品获得了很好的口碑，传至大街小巷，甚至在一定范围内家喻户晓，如张小泉剪刀、全聚德烤鸭等老字号。与此同时，假冒现象也出现了。如张小泉、同仁堂等都深受其苦。为了避免被假冒，北京同仁堂公告天下，“同仁堂”为北京独有且无分店，以示唯一正宗。然而，这仍然无法保护优良口碑的商家权益，假冒伪劣者仍层出不穷，无法避免。到了近代在资本主义高度发展的欧美国家，一些著名的商家和实业家深感假冒伪劣之可恶、可恨，因此联名要求国

① 张冰著：《品牌将死吗》，广州经济出版社2001年版，第15页。

会或立法院制定反假冒的法律。法国、英国、美国几乎在同一时期制定并通过了类似我们今天称为《商标法》的法案。于是第一批被称为商标（Trade mark）的标识和名称产生了。可口可乐、柯达等就是最早一批诞生的商标，它们受到了法律的保护，具有专用权。因此，商标是在品牌、标识基础上发展出来的，是经过法律程序和法律确认的品牌，是受到法律保护的品牌。从这个角度讲，品牌——现代意义上的品牌——都是商标。商标和品牌从表现形式上看实在没有什么区别。所以，从大众使用角度看，品牌就是商标，商标就是品牌。

但是，从品牌的内涵看，两者还是有区别的。品牌要成为企业的资产，获得排他性使用权，必须注册为商标。一个品牌可以是多个注册商标，还可以是多个名称的组合（本书在第三章会有专门论述）。不过，一个品牌的某些要素（虽已形成独特性）是不能注册的，它们不是商标或商标的一部分（如颜色及其组合、口号、音乐等），但却是品牌的有机组成部分。所以，品牌涵盖的内容多，商标涵盖的内容少。品牌与商标之间不是一一对应的关系，而是包含关系。一个品牌里必须至少有一个商标，有时甚至几个商标，以商标的独占性来建立品牌识别性和品牌资产。

2. 商标与品牌的区别

（1）商标的构件小于或等于品牌的构件。

根据前述商标的定义，商标法核准注册的商标形式只有两类，一是文字，二是图案，当然也包括两者的结合，而不包括色彩、音响或某种物质主体形象。但品牌的构件不仅包括文字、图案，还有特型设计、图案的颜色对比等。

就个别商标而言，一个公司在申请注册时，可能发生其中某一部分被核准注册，另一部分却未能批复下来的情况。例如有的商标图案注册成功了，而文字却失败了；也有的公司文字注册成功，但其图案因与别的企业相似而未能注册。还有一些产品，由于其商标名就是其产品名，因而也未能成功注册，如“中华鳖精”。而最早生产“中华鳖精”口服液的浙江圣达公司，未能成功地把握商标与品牌的区别，把宣传重点放在“中华鳖精”四个字上，当时为他们做广告的马俊仁伸出大拇指说：“中华鳖精，支支强劲。”可“圣达”商标却几乎看不到影子。后果是各种“中华鳖精”蜂拥而起，泥沙俱下，“圣达”也从此一蹶不振。

（2）商标权有国界，品牌使用无国界。

世界各国的商标法律都确定了一国范围的地域性，在一国注册的商标仅在该国内有排他性使用权，超越国界后就失去了排他性权利。我国的一些著名商标由于没有及时到出口国注册，在当地市场赢得一定声誉后，被国外的一些投机商人捷足先登，抢先注册。我国的产品如还要出口，就需更换商标，重新注册，并重新开拓市场；或者交付商标使用费后才能出口销售。韩国的 LG 公司在中国市场也碰到类似的问题。由于LG商标已被我国一家电梯公司率先注册，韩国LG商标就失去了在中国电梯产品上的使用权。因此，商标只有在注册国家才是商标，在未注册的国家就不是商标，不受保护。

品牌与商标不同。在中国，“凤凰”及其图案是品牌，在其他国家它也是品牌。你可以使用，他也可以使用。另外，某一个品牌可以没有注册或注册失败，但作为一个品牌却被长期使用，可以有很强的识别性。这样的例子也是存在的，例如浙江五芳斋粽子公司，早年其注册商标是“鸡”牌。然而，“鸡”牌商标鲜有人知，五芳斋作为粽子的标识作用很强，数十年的使用已使它成为远近闻名的品牌。1996年，公司终于意识到了这一点，赶紧去注册了“五芳斋”这一商标。

（3）商标需经法律程序审批，而对品牌的使用企业可以自己决定。

商标在这里指的是注册商标，必须经过法定程序才能取得，在注册成功之前称之为商标宣称有独占性权利是不恰当的。一个标识、一个名称或两者组合能否成为商标，不是取决于企业，而是取决于国家的商标管理部门，在我国叫商标局和商标评审委员会。

品牌则不同，公司随便取一个名称请人画个图案，就可以宣称这就是我的品牌，而且用不用、怎么用都不需要谁来批准。未经注册使用的品牌在没有名气之前，一般人不会去关注它，但一旦小有名气，品牌的含金量上去了，如果你不去注册就有可能被别人注册掉，从而失去使用权。另一种可能的问题是，你的品牌不错，别的公司也看中了，取了相同或相似的名称。如果市场分隔清晰倒也罢了，若是相同行业，麻烦很可能就来了。例如某市有两家“大富豪”饭店，在一次食品卫生检查中，其中的一家厨房卫生条件极差，被当地电视、电台、报纸公开曝光。然而一般消费者只记住了“大富豪”，不分是这家大富豪，还是那家大富豪，后来两家“大富豪”最终一起倒闭了。

因此，尽管品牌选择和使用是企业可以自主决定的，但为了安全起见在选了品牌之后去注册是必要的，注册成功了，品牌变成了商标，这样品牌开发者的利益也才能得到有效保护。

（4）从时效上讲，商标和品牌也不同。

商标的有效性取决于法律，世界各国的《商标法》的规定不尽相同。有的国家规定得长些，如20年，有的国家短一些，如7年。我国规定为10年。当然，如果商标权人需要继续使用该商标，则可以续展，由此，商标权实际上是一种永久性权利。

但品牌则不同，法律上有效不等于市场有效，品牌角逐场上的走马灯现象非常普遍，一个品牌的经济寿命可能远短于其法律有效期。

（5）品牌可以延伸，商标则需重新申请注册。

品牌延伸，也就是某类产品的品牌用到另一类产品上去，如从娃哈哈营养液，到娃哈哈果奶，再到娃哈哈纯净水等就是品牌的延伸。品牌延伸并没有改变品牌，因为其品牌名不变，品牌的标识、图案不变。但按我国的规定，当品牌延伸到一种新产品时，必须作为一件新商标重新办理商标登记注册，同时商标注册时必须严格注明用于什么产品。如可口可乐公司在美国申请商标时要注明是用于碳酸气软饮料。

二、商标与品牌的功能与意义

（一）商标与品牌的功能

商标是用于商品或者服务上，以识别商品或者服务来源的专用标记。品牌是囊括了企业的产品、产品的商标、企业的服务和文化等综合元素的识别标记。所以，品牌与商标之间并不是一一对应的关系，而是包含关系。品牌涵盖的内容多，商标涵盖的内容少。一个品牌里必须至少有一个商标，有时甚至几个商标，以商标的独占性来建立品牌识别性和品牌资产。

1. 商标的功能

商标是识别商品或者服务、识别商品经营者或者服务提供者的最简洁、最有效的手段。商标可以帮助消费者将不同企业经营的商品或者提供的服务区别开来，从而让消费者作出自己满意的选择；作为某一特定的商品或者服务的商标，往往标示了该商品或者服务的质量和信誉；反之，某一特定商标的知名度及价值又依赖于使用该商标的商品或者服务的质量和信誉；商标宣传是一种最有效的广告方式，商标本身就是一个有效的广告载体，传达着商品的各种信息，通过商标广告宣传，可以使商标声誉日益提升，商标也成为广告宣传的核心。

2. 品牌的功能

首先，品牌具有识别商品的功能，为广告宣传等促销活动提供了基础，对消费者购买商品起着导向作用；有法律保护的商标专用权，将有力遏制不法竞争者对本企业产品市场的侵蚀；商誉好的商标，有利于新产品进入市场；品牌商品对顾客具有更强的吸引力，有利于提高市场占有率，有利于产品参与市场竞争。

其次，品牌是商品质量内涵和市场价值的评估系数和识别徽记，是企业参与竞争的无形资本。企业为了在竞争中取胜，必然要精心维护品牌的商誉。对产品质量不敢掉以轻心，害怕砸自己的牌子。创名牌的过程必然是产品质量不断提高和树立良好企业形象的过程，这将有利于提高产品质量和企业形象。

再次，品牌是销售过程中产品品质和来源的保证。品牌有助于消费者购买自己偏好的商品，以得到最大的满足。当产品质量出现问题时，有助于消费者的损失得到补偿，有利于保护消费者利益。

“随着现代市场经济的发展，品牌已经成为商品发展所必须具备的市场竞争要素，已经成为国际竞争中一个国家实力的象征。”① 事实证明，一个享有盛誉的品牌，将是企业一笔巨大的财富。在世界上，品牌价值超乎一般的经济计价。据2002年度世界知名品牌排行榜，位居首位的“可口可乐”，其品牌价值达696亿美元；2002年中国最有价值的品牌是青岛的“海尔”，品牌价值489亿元人民币；其次是“红塔山”，价值460亿元人民币。品牌具有巨大的经济价值，这固然是企业长期经营的成果，更是由于产品质地优异和市场营销组合得当。经验表明，品牌塑造得正确、品牌设计得科学、品牌保护的得力对企业经营成功有着十分积极的作用。

（二）商标与品牌的意义

1. 商标的意义

商标是识别商品或者服务、识别商品经营者或者服务提供者的重要标识，其意义在于区分不同产品与服务，区分不同的产地与类别；商标可以帮助消费者将不同的商品与服务区别开来，从而让消费者行使选择权，选择自己满意的商品与服务；商标可以作为某一特定的商品或者服务的质量和信誉的载体，反映一定商品或者服务的质量和信誉；商标的知名度与一定的质量和信誉相联系，反之，商标的知名度及价值又依赖于使用该商标的商品或者服务的质量和信誉；商标是一个广告载体，传达着商品的各种信息，通过商标广告宣传，可以使商标信誉日益提升。

2. 品牌的意义

品牌囊括了企业的产品、产品的商标、企业的服务和文化等元素，它的背后有着价值不菲的知识产权作支撑。世界级的知名品牌往往拥有驰名于世的商标、诚信卓著的商誉、先进的核心专利技术、富有创意的外观设计和独家拥有的商业秘密。

品牌的灵魂就是知识产权。知识产权是品牌具有竞争优势和可持续发展的实质与关键所在，没有知识产权的产品，不可能占领市场，取得竞争优势，更难以成为“品牌”。温家宝总理曾多次指出：“品牌就是知识产权，她代表竞争力和利益，所以应该受到尊重。”“世界未来的竞争就是知识产权的竞争，集中表现在一流的技术、一流的产品。我们要从实现国家繁荣昌盛和民族伟大复兴的战略高度出发，鼓励我国的优秀企业争创世界顶级品牌。”当前，全国各地纷纷实施“品牌

---

① 杨军著：《名牌战略与知识产权法律保障制度研究》，知识产权出版社2010年版，第55页。

战略”、“精品名牌工程”，创造品牌，推动经济发展。“实施品牌战略实际上就是运用商标法律制度来规范品牌的创建，促进品牌价值的形成与提升以及维护品牌的运作与市场价值的发挥。”①

实践证明：对于一个成功的企业，打造知名品牌至关重要；而要创造自己的品牌，离不开自主的创新；而自主创新的成果需要知识产权加以保护。从这个意义上说，品牌就是自主的创新，品牌就是知识产权，品牌就是竞争力和影响力。要鼓励我国的优秀企业去争创世界顶级品牌，要广泛开展“个人干一流工作、企业创一流品牌、社会造一流环境”的活动，不断提高国家和区域的整体经济素质和竞争力。

“所谓品牌，从语源和语义的角度来看，实际上就是指商标。”② 但本书认为：商标是品牌的前提条件，品牌是商标内涵的延伸和扩展，两者有所区分又有着紧密联系。因此，本书使用“商标品牌”这一概念，将两者统一。

我国企业在国际化过程中，面对日趋激烈的国际市场竞争，应该认识到商标注册、商标保护的意义和重要性，遵循商标——品牌的成长规律，提高商标品牌意识，加强保护措施，尽早针对国外的目标市场进行商标注册工作，为产品进入该市场提供商标权的法律保障。

企业在“走出去”、参与国际竞争的市场开发战略中，必须遵循“品牌营销，商标注册先行”的开拓国际的重要准则，从战略高度上确定目标国家和地区包括将来要进入和涉及的国家和地区，谋划好“走出去”的商标品牌战略。

第二节　市场经济条件下品牌的意义

一、经济全球化与商标品牌

一般认为，“全球化”这个词最早由 T. 莱维于 1985 年提出，用来形容此前 20 年间国际经济的巨大变化，即商品、服务、资本和技术在世界性生产、消费和投资领域中的扩散。国际货币基金组织（IMF）在 1997 年 5 月发表的一份报告中称：“全球化是指跨国商品与服务贸易及国际资本流动规模和形式的增加，以及技术的广泛迅速传播使世界各国经济的相互依赖性增强。”概括起来说，所谓经济全球化，是指商品、服务、生产要素等跨国界流动的规模与形式不断增加，技术与信

① 杨军著：《名牌战略与知识产权法律保障制度研究》，知识产权出版社 2010 年版，第 55 页。

② 杨军著：《名牌战略与知识产权法律保障制度研究》，知识产权出版社 2010 年版，第 29 页。

息在各国间的广泛迅速传播，以及通过深化国际分工，在世界范围提高生产经营资源的配置效率，从而使各国经济相互依赖程度日益增强的经济发展趋势。究竟何谓"全球化"，人们并没有统一的界定，经济学家多指世界经济一体化、市场的一体化，指大公司的跨国经营、金融的国际化、相互依赖的加深。政治学家指的是国际干预的不断扩大，建立世界新格局的全球战略。文化学家多指商业文化、大众文化、消费主义占领文化市场的世界现象。社会学家、未来学家更多关注的是全球性问题。①

经济全球化又叫世界经济国际化，是指世界各国经济在生产、分配、交换和消费环节的全球趋同化趋势，其实质是发达国家由于生产力的发展所引起的生产要素在全球范围流动，以寻找更有利的投资场所的过程。经济全球化的主要表现：生产的全球化，跨国公司越来越成为世界经济的主导力量；市场的全球化，国际贸易迅速发展，国际贸易成为世界经济的火车头；资金的全球化，国际金融迅速发展，巨额资金在各国之间自由流动；科技开发和应用的全球化；信息传播的全球化；国际直接投资迅速增长，并呈现多元化格局。"推动世界经济全球化的根本动力是生产力的发展。进入20世纪90年代，现代技术革命在更深的层次推动着世界经济朝着全球化方向演进。世界经济活动主要由国际贸易和国际金融所组成，其成为推动世界经济全球化的两大源泉。作为第一生产力的科学技术也是推动经济全球化的重要力量，这种力量在现代经济中表现得更为明显。……"②

可以说，经济全球化是建立在知识经济、新经济发展的基础之上的。全球经济的概念不仅是指有形商品、资本的流通，更重要的是知识、信息的流通。各国综合国力的竞争在很大程度上已转化为人才、知识、信息的竞争，并集中表现为知识产权的竞争。

但是，经济全球化是一把双刃利剑。一方面，它为发展中国家提供了难得的发展机遇，有利于吸收外资，弥补国内建设资金不足；有利于引进技术和设备，实现技术发展的跨越；有利于学习先进的管理经验，培养高素质的管理人才；有利于发挥比较优势，开拓国际市场。另一方面，它也给发展中国家带来不利和风险，使发展中国家主权和经济安全受到挑战。经济全球化给发达国家和发展中国家带来的是不均等、不公正的竞争机会，各国综合国力的竞争在很大程度上已转化为人才、知识、信息的竞争，并集中表现为知识产权的竞争。所以，经济全球化给知识产权的竞争与保护方面带来了严峻的挑战。

全球化中知识产权保护面临着挑战。"知识产权是人们对于自己的智力活动创造的成果和经营管理活动中的标记、信誉依法享有的权利。"后来人们将一切来自

---

① 岳长龄：《西方全球化理论面面观》，载《战略与管理》1995年第6期。

② 李琮：《经济全球化新发展》，载《世界经济》1996年第11期。

于知识活动领域的权利概括为“知识产权”①。

人类保护知识产权，已经有几百年的历史，其最初的目的主要是为了保护人们的创造成果，激励人们进行创造。著名经济学家斯蒂格里茨认为，知识产权制度赋予创新者暂时的垄断权力，允许他们在没有竞争的情况下制定高价格。② 也就是说，知识产权制度实质上是一种经济激励制度，国家通过法律赋予创新者一定时期的垄断权力，激励其积极创新，以推动经济的发展和社会的进步。

到了20世纪80年代以后，随着计算机技术的发展，人类社会开始进入信息时代，经历著名未来学家托夫勒所谓的“第三次浪潮”的冲击。托夫勒认为：“在人类社会发展的第三次浪潮中，出现了知识经济这一全新的经济形态，它改变了以往社会的一些基本规则。资本性质的变化、生产方式的变化、就业方式的变化、速度的变化以及价格形成的变化是第三次浪潮带来的五大变化。”③ 1983年，美国经济学家洛莫提出了知识经济理论，他认为，知识能够投资，通过投资能够产生相应的效益，知识和投资是一个良性循环，可以相互促进，永无终点。在知识经济中，知识和技术本身已经变成了产品。近年来，高新技术产业的蓬勃发展就是知识经济来临的一个重要特征。随着知识经济的兴起，各国特别是主要经济大国更加重视知识在经济发展中的关键作用，更加重视知识产权这一知识经济核心要素的保护。

改革开放以来，特别是加入世界贸易组织以来，中国的经济已经逐步融入经济全球化的进程之中。近年来，中国出口贸易和进口贸易同时迅猛发展，已经成为世界第三大贸易国。中国经济成为世界经济发展的新动力，深刻影响着当今世界经济的格局和走向，同时也给自身发展带来许多新的问题。发达国家近年来在知识产权问题上给我们带来的压力，就是一个典型。如2002年年初中国DVD产品在欧洲被海关扣押、温州打火机面临专利付费、2003年的美国思科公司起诉我国深圳华为公司专利侵权、日本丰田告吉利商标侵权和不正当竞争、2005年的德国西门子抢注青岛海信集团“HiSense”商标纠纷等等。无论是在高新技术产业领域，还是传统工业领域，发达国家均已经亮出针对中国企业的知识产权保护运动的战旗。

虽然我国自1982年制定《商标法》以来，用20多年时间走过了其他国家几百年走过的历程，建立起比较完备的知识产权法律制度。但是，目前我国广大企业的知识产权意识还比较淡薄，还不懂得、不善于运用知识产权制度维护自己的

---

① 吴汉东主编：《知识产权法》（第四版），中国政法大学出版社2007年版，第1页。

② ［美］斯蒂格里茨：《知识产权的利与弊》，http：//www. zaobao. com. sg/y1/y1050819_502. html。

③ ［美］托夫勒：《第三次浪潮带来的变化》，载《管理科学文摘》2000年第2期。

合法权益。

针对这种形势，我国坚定不移地实行对外开放政策，适应经济全球化趋势，积极参与国际经济合作与竞争，充分利用经济全球化带来的各种有利条件和机遇；同时又要对经济全球化带来的风险保持清醒的认识，坚持独立自主原则，加强防范工作，增强抵御和化解能力，切实维护我国经济安全，更好地发展和壮大自己。

我国政府在做好知识产权保护工作的同时，应当抽出时间和精力，做好国内企业知识产权工作的指导工作，提高国内企业的知识产权意识，帮助他们制订企业的知识产权战略，积极维护自己的合法权益。

各级政府要重视培育中国的驰名商标，鼓励创新，保护创新。注册商标尤其是驰名商标的多少，代表着一国的经济发展水平和综合国力。我们可以通过采取各种措施，鼓励创新，保护创新，培育更多驰名商标，以谋求和创造知识产权方面新的比较优势。

二、世界竞争与商标品牌

经济全球化时代，知识产权是一种体制的描述，它体现了不同市场主体之间的竞争与合作，体现了企业与政府的合作与促进，体现了跨国组织之间的竞争与合作。它描述了智慧的力量、企业的价值、政府的职能、法律的社会贡献。它描述了势不可当的全球化浪潮，跨国公司进行投资、扩张，特别是进行境外投资、扩张，它们除了投入资金、设备等有形资产以外，更加注重投入技术、品牌、经营、商誉等以知识产权为核心和主要内容的无形资产。定牌加工则是其中很重要的一种知识产权无形资产投入方式，例如美国可口可乐公司的灌装厂遍布世界，它的主要投资无非是它的品牌、以商业秘密保护的“母液”以及经营、商誉等知识产权。

改革开放以来，特别是加入世界贸易组织以来，中国的经济已经逐步融入经济全球化的进程之中。中国开始制定国家知识产权战略，各地陆续实施知识产权战略，部分企业“走出去”，逐步融入世界经济体系，共享世界市场。近年来，中国出口贸易和进口贸易同时迅猛发展，已经成为世界第三大贸易国。中国经济成为世界经济发展的新动力，深刻影响着当今世界经济的格局和走向，同时也给自身发展带来许多新的问题。我国企业在国际化过程中，面对日趋激烈的国际市场竞争，应该认识到商标保护的意义和重要性，加强保护意识，尽早针对国外的目标市场进行商标注册工作，为产品进入该市场提供商标权的法律保障。

截至2005年年底，有来自129个国家和地区的外国企业到中国注册商标，其中通过马德里体系延伸中国的商标超过13万件，仅德国在2002年一年的申请量就达5 158件。中国企业在国外注册的相对较少，通过马德里体系到国外注册的仅有

2 995 件。与此同时，中国企业商标在国外被抢注的形势严峻。据统计，15%的国内企业的商标在国外被抢注。例如有 80 多件在印度尼西亚遭抢注，近 100 件在日本遭抢注，有近 200 件在澳大利亚遭抢注。特别是一些知名商标在境外遭抢注的情况严重，如食品类商标天津麻花“桂发祥十八街”以及北京酱菜老字号“六必居”在加拿大遭抢注；烟酒类的河南著名白酒品牌“杜康”在日本，云南著名卷烟品牌“阿诗玛”及“红塔山”在菲律宾，以及“五粮液”在韩国遭抢注；海信公司的“HiSense”商标（2005 年 3 月初，已经达成和解，该商标将以 50 万欧元转让给海信集团），厦门节能灯商标“FIREFLYKW萤火虫c.c.”在德国遭抢注，“康佳”在美国遭抢注，“科龙”在新加坡遭抢注等等。资料显示，对 2004 年世界品牌实验室公布的“中国 500 个最具价值的品牌”中，有 46%未在美国注册，50%未在澳大利亚注册，54%未在加拿大注册，而在欧盟的未注册比率则高达 76%。

几年前，轰动一时的海信商标被抢注事件最终以海信与德国博世—西门子的握手言和而告终，留给海信的是难言的伤痛。同仁堂、五粮液、狗不理……我国驰名商标、著名商标在海外遭遇“抢注”的警讯频传，令人扼腕。“中国商标已进入了被境外抢注的高峰期”，“警惕海外商人用商标抢注制造贸易壁垒阻挡中国企业进军国际市场”。媒体、专家纷纷发出警告。据国家工商总局统计，约 15%的国内知名商标在国外遭抢注。近些年，我国商标国外抢注案件每年不下百起，涉及化妆品、饮料、家电、服装、文化等多个行业。国外抢注者通过商标抢注或进行商标倒卖，或以侵权之名索赔，或索取高额转让费，更有甚者利用商标抢注，让中国企业蒙受巨大损失。随着中国企业“走出去”的步伐不断加快，企业和产品在国际上的知名度不断扩大，竞争力不断增强，拥有知名商标的中国企业成为国外竞争者的“眼中钉”，他们通过抢注商标设置新的贸易壁垒，试图剥夺中国品牌在国际市场的生存空间，延缓和阻止中国企业“走出去”的步伐。的确，在中国商品昂首步入国际市场时，我国企业的知识产权意识却相对滞后。马德里商标国际注册是商标获得国际保护的重要渠道，虽然我国早在 1985 年就加入了商标国际注册马德里协定，但从知识产权成果展上展示的“历年国内申请人在国际局国际注册量统计表”上，我们可以清楚地看到，1989 年我国申请商标国际注册的只有 4 件，1990 年为 25 件，1995 年以前每年的申请数量一直未能突破 100 件，从 1996 年到 2000 年分别为 109 件、219 件、156 件、152 件、223 件。“走向世界，商标先行”，知识产权成果展打出了这样一句醒目的口号。诚然，谁也不愿意将自己辛苦打造的“金饭碗”拱手送人。吃了苦头、交了学费的中国企业此时也意识到知识产权的重要性，开始制定商标“走出去”方略，以期通过商标“走出去”带动商品“走出去”，从而最终实现企业“走出去”。随着企业知识产权保护意识的不断提高，我国的商标也开始逐渐走向世界。据世界知识产权组织公布的数据，2005

年来自中国的商标国际注册量为 1 334 件，比 2004 年增长 31.4%，居申请量排名成员第八位。

自我国加入世界贸易组织以来，我国的经济已经逐步融入经济全球化的进程之中，部分企业“走出去”，逐步融入世界经济体系，共享世界市场，直接面对世界竞争对手。我国“十一五”发展规划强调自主创新发展战略，其中，明确要求重视商标品牌战略，重视商标品牌建设工作，培育商标品牌，提升自身的核心竞争力，通过竞争力优势实现市场的占有率和较高的经济回报率。

三、市场规则与商标品牌

“知识经济呼唤着企业重新构建以知识产权保护为核心的管理体制”①，企业在“走出去”、参与国际竞争的市场开发战略中，必须遵循“品牌营销，商标注册先行”的开拓国际的重要准则。云南省在遵循国际规则方面有着深刻的教训：云南999 电池股份有限公司的 999 牌系列电池，20 多年来在老挝市场一直畅销不衰，在老挝已享有很高的知名度和市场占有率，但由于 999 牌电池既不是中国驰名商标，也没有到老挝申请注册，而老挝则在此期间建造了一个电池厂并抢注了 999 商标，云南 999 电池股份有限公司的 999 牌系列电池被拒之门外，不得销往老挝，苦心经营了 20 多年的老挝市场就此丧失。

遵循“品牌营销，商标注册先行”的开拓国际的重要准则，要从战略上确定目标国家和地区包括将来要进入和涉及的国家和地区：对于实行注册原则的国家，即通过先注册而取得商标。如日本、韩国、西班牙等国家，应当尽早进行商标注册申请，因为一般国家需要对申请进行审查，而审查的过程有的需要 1 ~ 2 年或者更长，所以提前申请十分必要；以使用原则为主的国家，即通过在先使用获得商标权的国家，如美国、英国、澳大利亚、新加坡等国，应注意收集使用商标的证据，包括合同、广告、宣传材料等等。如果出现商标纠纷如抢注等等，这些证据有利于在商标异议以及诉讼过程中证明在先权利。对于企业重要的商标和知名的商标进行防御性注册，即在类似商品或者服务上以及其他非类似商品上进行防御性注册，这样就建立了完整的商标保护网，维护品牌的整体性。

在国外取得商标注册途径主要有以下两种方式：第一，按巴黎公约或双边协议或对等原则，申请人单独向某一国家提出注册申请。目前，国内企业通过这一途径向国外申请商标的情况较多。第二，通过马德里商标国际注册，即通过国家工商行政管理总局商标局向世界知识产权组织国际局提出申请，同时指定向部分或全部成员国提出领土延伸保护。

---

① 汪琦鹰、杨岩著：《企业知识产权管理实务》，中国法制出版社 2008 年版，第 1 页。

对于企业确定的重要的市场及重要的商标，应在相应的国家委托专业代理机构监测该国商标公告，就指定类别或者所有类别的商品进行商标监视，及时发现任何相同或者类似的商标申请或者注册，以便通过相应的异议或者撤销程序撤销抢注商标。

遵循市场规律，积极采取维权的法律手段；运用法律手段，去应对商标品牌权益的侵害。企业商标在国外遭到抢注，或者企业商标在国外申请遇到驳回、被异议、被撤销之诉，或者企业商标在国外使用遭侵权之诉等等，都应该及时咨询专业律师，通过法律途径去面对和解决。专业律师了解法律程序、实体法律或者推荐合适的当地律师，一起办案，帮助企业解决商标纠纷。通过政府和行业协会的支持和参与解决商标纠纷，如在 HiSense 案件中，中国商务部和中国家用电器协会参与，努力通过官方渠道创造谈判机会并极力促成和解。

第三节　商标品牌战略

一、世界知识产权战略

为了振兴本国经济，维护其在知识产权方面的相对优势，并创造新的相对优势，发达国家非常重视制定与知识产权有关的战略性政策。这里以美、日为例。

20 世纪末至今，美国、日本等国家纷纷制订国家知识产权战略，强调知识产权立国，不断在国内和国际强化知识产权保护。如美国专利商标局在 2002 年发布了一份《21 世纪战略纲要》，强调美国专利商标局要发展成一个以质量为核心，工作效率极高，对市场反应灵敏的组织，以支持市场驱动型知识产权制度。① 日本在 2002 年出台的《知识产权战略大纲》，在 2003 年成立了“国家知识产权本部”，由其首相亲自领导。这份战略大纲提出了知识产权保护的四大战略：知识产权创新战略、知识产权保护战略、知识产权应用战略、知识产权人才战略。②

1. 美国战略

知识产权战略是美国最为重要的长期发展战略之一。20 世纪 70 年代，欧亚发达国家与新兴工业国家和地区在经济上崛起，使美国产业界感到了巨大的竞争压力。朝野上下对此进行了深刻反思，结论之一就是美国在经济竞争中最大的资源和优势在于科技和人才。为此，美国时任总统卡特在 1979 年提出“要采取独自的政策提高国家的竞争力，振奋企业精神”，并第一次将知识产权战略提升到国家战略的层面，第一次将知识产权战略作为国家发展战略提了出来。从此，利用长期

---

① 张平：《知识产权战略：中国人才的欠缺》，http：//www. iplaw. pku. edu. cn。

② 张平：《知识产权战略：中国人才的欠缺》，http：//www. iplaw. pku. edu. cn。

积累的科技成果，巩固和加强知识产权优势，以保持美国在全球经济中的霸主地位，成为美国企业与政府的统一战略。

30 年来，美国实施知识产权战略主要沿着三个轨迹不断延伸。一是根据国家利益和美国企业的竞争需要，对专利法、版权法、商标法等传统知识产权法律不断地修改与完善，扩大保护范围，加强保护力度。二是国家加强调整知识产权利益关系、立法鼓励转化创新。自 1980 年的《拜杜法案》到 1986 年的《联邦技术转移法》以及 1998 年的《技术转让商业化法》，1999 年美国国会又通过了《美国发明家保护法令》，使美国大学、国家实验室在申请专利，加速产、学、研结合及创办高新技术企业方面发挥更大的主动性。2000 年 10 月参众两院又通过了《技术转移商业化法案》，进一步简化归属联邦政府的科技成果运用程序。三是在国际贸易中，一方面通过其综合贸易法案的“特殊 301 条款”设置“非贸易壁垒性报复措施或者说是一种威胁措施”[①] 对竞争对手予以打压，另一方面又积极推动 WTO 的知识产权协议（TRIPS）的达成，从而形成了一套有利于美国的新的国际贸易规则。

20 世纪 90 年代，美国经济保持了持续增长的势头，据美国专利商标局的统计，10 年来，除个别年份外，美国的专利申请量一直保持快速上升势头，特别是 1995 年以后呈加速趋势，每年的专利申请增加率接近或超过 10%。

作为支持国家知识产权战略实施的基础，美国的科技活动近十余年也处于十分活跃的时期。美国 1993 年的 R&D 投入为 1 174 亿美元，2000 年达到 2 万亿美元。

2. 日本战略

日本于 2002 年出台了《知识产权战略大纲》，明确提出了“知识产权立国”的国家战略。2002 年 7 月 3 日，日本政府在知识产权战略会议上发表了《知识产权战略大纲》，将“知识产权立国”列为国家战略。同年 11 月 27 日，日本国会通过了政府制定的《知识产权基本法》，为“知识产权立国”提供了法律保障。[②]

3. 其他发达国家战略

同样，在很多发达国家的企业，特别是跨国公司早已把知识产权发展战略作为企业发展战略的重要组成部分。同时，这些国家也采取各种措施，不断在国际贸易中推动加强知识产权的保护：

一方面，在 TRIPS 全面强化知识产权保护力度的基础上，发达国家正在积极推动知识产权保护国际规则的进一步变革。如发达国家正在采取各种措施在世界

① 汪琦鹰、杨岩著：《企业知识产权管理实务》，中国法制出版社 2008 年版，第 343 页。

② 杨军著：《名牌战略与知识产权法律保障制度研究》，知识产权出版社 2010 年版，第 17 页。

知识产权组织等场合推动“世界专利”制度的形成，即建立一种通过一次申请，在个别国家或者国际组织进行审查并授予专利权，就可在各国获得保护的专利制度，以突破《保护工业产权巴黎公约》确立的保护知识产权的独立性原则，从而控制各国专利权的产生和行使，削弱各国在知识产权保护方面的国家主权。

另一方面，在双边场合，发达国家利用其在国际贸易和国际政治方面的比较优势，不断向中国等发展中国家施压，要求这些国家对其知识产权提供更多、更强的保护。近年来，在中国保护知识产权的法律制度已经全面与 TRIPS 等国际规则接轨的情况下，美、欧在知识产权保护问题上向中国施压的重点已经从要求完善知识产权保护法律制度转向要求加大知识产权保护力度上，并屡次在中美、中欧的高层商贸会谈中指责我国对知识产权保护不力，向我方施压，知识产权保护政治化的趋势越来越明显。日本也在其“知识产权战略大纲”中明确提出要在海外实施全面取缔侵犯日本知识产权的行动，近年来多次派出大型的访问团，与我国有关部门商谈其知识产权保护问题。

此外，发达国家的跨国公司也不断强化针对我国企业的知识产权战略部署，打压我国企业的市场竞争力和创新能力。如 2002 年年初中国 DVD 产品在欧洲被海关扣押、温州打火机面临专利付费、2003 年的美国思科公司起诉我国深圳华为公司专利侵权、日本丰田告吉利商标侵权和不正当竞争、2005 年的德国西门子抢注青岛海信集团“HiSense”商标纠纷等等。无论是在高新技术产业领域，还是传统工业领域，发达国家均已经亮出针对中国企业的知识产权保护运动的战旗。

发达国家近年来在知识产权问题上给我们带来的压力，就是一个典型。为此，我国应当在以下方面谋求应对之策：

首先，应尽快制订中国的国家知识产权战略，将知识产权保护上升到国家政治层面。其次，要积极培育我国的自主知识产权，促进我国自主知识产权产品出口，变被动挨打为主动出击，以大幅度提高我国自主创新能力和国家核心竞争力，适应经济全球化和知识产权规则国际化的发展趋势，增进和维护我国国家利益。

2005 年 1 月，我国有关部门已经正式启动制订我国的知识产权战略，建议将知识产权战略与科教兴国战略、可持续发展战略、人才强国战略等战略并列，作为国家发展的总体战略。①

二、商标战略定义及内容

战略是指有关指导或决定全局性的计划和策略。②

---

① 《国家知识产权局正式启动制定国家知识产权战略》，载《中国知识产权报》2005 年 8 月 12 日。

② 《现代汉语词典》，商务印书馆 1996 年版，第 1583 页。

商标战略是一个集经济、法律、管理、文化等多学科为一体的综合性系统工程。一般而言，商标战略是制定者为了自身的长远利益和发展，运用商标制度提供的法律保护，在非技术性因素竞争和市场竞争中谋取最大经济利益，并保持自己非技术性竞争能力优势的整体性战略观念与谋略战术的集成总和体。因此，可以简单地将商标战略定义为：商标战略是一种基本战略，它是指为获得与保持市场竞争优势，以运用商标制度提供的各种手段，达到树立商标形象和知名度，促成产品或服务占领市场的总体性规划。

商标战略是激励技术创新的知识产权战略的一大支柱。制订一个科学、合理的商标战略必须以自身的各种具体实际为基础，通过综合考虑发展战略的市场目标、环境等多方面因素来确定商标的开发、设计、使用、保护和推广，以达到消费者购买的目的。商标战略的制订必须因地制宜、实事求是，把战略制订工作建立在切实的调查与研究之上。

商标战略有不同层次和不同领域，也有不同的级别：一级是注册商标；二级是省、市著名商标；三级是国家驰名商标。从商标战略所涉及的经济领域来看，有整体商标战略，即各行各业商标战略的总和；有产业或行业商标战略，如：工业商标战略，农业商标战略，商业贸易商标战略，餐饮商标战略，交通运输商标战略，通讯邮电商标战略，金融保险商标战略，建筑工程商标战略等；有产品或项目商标战略，如：汽车商标战略，家电产品商标战略，电子产品商标战略，服装商标战略，化妆品商标战略，粮食产品商标战略，水产品商标战略，家庭服务商标战略，企业中介服务商标战略等等。从商标战略涉及的范围来看，有世界商标战略、国家商标战略、地区（省市）商标战略、企业商标战略等，本书侧重讨论的是国家商标战略和省区商标战略。21 世纪是知识经济时代，也是市场经济更加深化发展和品牌经济的时代。在品牌经济更加发展的 21 世纪，商标品牌战略具有愈来愈重要的意义。我国商标品牌战略的直接目标是创立、发展和保护中国驰名商标和中国品牌。驰名商标和品牌是一个国家、一个地区、一个企业的经济实力和竞争力的象征和标志，它更加广泛而深入地渗透到经济生活的各个领域和方方面面，会为提高企业国际竞争能力注入无限的生机和活力。

三、我国的商标战略

在品牌经济进一步发展的 21 世纪，创立、发展和保护驰名商标和品牌是各国经济发展要务中的大事，也是各国知识产权战略中的重要组成部分。通过商标战略的制订和实施，创立、发展一大批代表一个国家、一个地区、一个企业的经济实力和竞争力的驰名商标和品牌，以提高其国际竞争能力和市场的垄断能力。

近年来，美、日、欧等发达国家及韩国、新加坡等发展中国家都纷纷制订或即将制订本国或本地区的知识产权战略。世界知识产权组织、联合国国际贸易与可持续发展中心、英国知识产权委员会等机构也对知识产权战略的制订作了非常深入的研究。面对这种形势，2005 年 1 月，国务院成立了以吴仪副总理为组长的国家知识产权战略制订工作领导小组，积极开展制订中国知识产权战略的工作。

我们党和政府非常重视知识产权工作，党的十六大报告明确提出，要完善知识产权保护制度。2005 年以来，胡锦涛总书记在中央政治局第 18 次集体学习、视察中科院和看望著名科学家时，多次提到大力提高我国自主创新能力，要求把自主创新摆在全部科技工作的突出位置。温家宝总理来山东视察时也提出了“世界未来的竞争就是知识产权的竞争”的观点。

知识产权是 21 世纪国家发展的第一战略储备，其重要意义绝不亚于粮食安全、能源储备等；知识产权是国家竞争力提高的根本体现；知识产权是在衡量国家创新能力时衡量产出的最重要指标；知识产权是知识经济社会真正的经济增长发动机；知识产权是先进的生产力的代表。国家的知识产权战略，强调的应当是制定政策、建立机制、提供平台和服务、营造环境来促进知识产权的产生、利用、保护等。

战略制订中应当体现的原则和重点，一要保护与发展阶段相适应；二是满足最低的标准；三是我们应该加强知识产权反垄断措施；四是认真了解实际需求和企业的需求，明确我们的战略重点。

总之，知识产权战略是我国 21 世纪为推动经济和社会发展而作出的重大战略决策，也是与我国的科教兴国战略、人才强国战略和可持续发展战略紧密相关的重要战略举措。对于知识产权战略，我们应该积极、缜密地制订，稳妥、谨慎地实行。

国家知识产权战略的最基本核心在于国家知识产权战略的四大支柱，按由重到轻的次序分别是：第一是推进知识产权的获得，也就是在世界上有说话权利的自主权利的获得，应该是国家知识产权战略的第一要务；第二，严格知识产权的保护；第三，加速知识产权的流转；第四，健全知识产权的制度。

2008 年 6 月 5 日，国务院印发《国家知识产权战略纲要》。6 月 11 日，《人民日报》第 15 版全文刊发《纲要》，并配发评论员文章《实施知识产权战略　建设创新型国家》。国家知识产权战略，包括 1 个纲要和 20 个专题，商标战略是其中的一个重要专题，商标品牌战略是国家知识产权战略重要的组成部分。

商标品牌战略为：依据国家建设创新型国家的目标，紧密联系当前经济社会发展实际，围绕解决影响我国商标事业发展的突出问题，更好地发挥商标作用，推动经济社会发展，提出了促进我国从商标注册申请大国向商标竞争力强国迈进的总体规划。创立、发展一批驰名商标和品牌，有了自己叫得响的民族品牌，以商标的国际化带动知识产权战略，使我们的品牌发展成为全球化品牌；在市场营销方面，坚持树立自己的商标品牌，保护好自有驰名商标，确立全面的品牌保护意识。主要措施包括：完善商标法律法规体系，建立能适应我国经济又好又快发展需要的商标管理体制和机制，加强商标行政执法和司法保护力度，加快商标代理监管的立法，指导企业利用商标走出去参与国际市场竞争，充分发挥农产品商标和地理标志在建设社会主义新农村中的作用，建立功能强大的商标自动化技术支撑体系和公共服务平台，加大商标对外宣传和对内教育的力度以及积极开展商标国际交流与合作等。

四、制订商标战略的必要性

商标是企业核心竞争力的物化和商品化的表现。制订和实施商标战略，创立知名品牌，创建著名商标、驰名商标，引导企业运用商标战略占领市场，增强企业竞争力，促进经济发展具有重要的现实意义。

一般而言，商标战略是制订者为了自身的长远利益和发展，运用商标制度提供的法律保护，在非技术性因素竞争和市场竞争中谋取最大经济利益，并保持自己非技术性竞争能力优势的整体性战略观念与谋略战术的集成总和体。

制订商标战略既必要又迫切，原因有三：一是知识成为重要经济来源，越是发达的国家知识在财富中所占的比例越大，我们亟待提高我国的自主创新能力。二是在经济全球化背景下，我们要走出国门就必须遵守国际规则，我们必须了解和掌握国际规则。三是完善的制度和良好的环境是创立、发展商标品牌的必要条件，我们需要下大力气完善和改进相关制度。

实施商标战略的主体是企业，这需要有三个条件：一是压力，市场竞争的压力；二是动力，长期追求利润最大化的动力；三是能力，企业的发展能力。我国企业在国际化过程中，面对日趋激烈的国际市场竞争，应该认识到商标保护的意义和重要性，加强保护意识，尽早针对国外的目标市场进行商标注册工作，为产品进入该市场提供商标权的法律保障。

确立品牌意识，树立自己的商标品牌。在知识经济时代，品牌之“名”越来越在于产品的知识含量之高，企业应保持产品在知识含量上的优势来谋求产品的竞争优势，只有企业掌握了过硬的知识产权，才能在市场上推出叫得响的民族品牌，才能在国际市场上占有一席之地；有了自己叫得响的民族品牌，更应该树立品牌保护意识。洞悉跨国集团在华运用的商标战略，强化商标意识，以商标的国际化带动知识产权战略，不仅要利用国内的资源条件和市场，更要充分利用国外的资源与市场，进行跨国经营，使我们的品牌发展成为全球化品牌。例如在海尔的国际化经营中，坚持“出口创牌而不是出口创汇”的信念，坚持打自己的品牌，在走出去时坚持先难后易，海尔首先把冰箱的出口地选在德国和美国，把彩电的出口地选在日本，在这些家电强国市场的胜利使海尔品牌一举在国际市场打响，成为世界最有影响力的100个品牌中中国内地唯一的入选企业，成功地树立了企业的形象和品牌知名度。目前在我国家电行业中处于领先地位的TCL为了树立自己的商标和保持对企业的领导权，拒绝外国公司与它们品牌合资的要求，而与愿意使用TCL商标的香港公司合作，看着现在发展一路走强的TCL公司，我们不得不佩服其公司决策层在知识产权策略方面的前瞻性。而“小土豆”的掌门人在10年时间成就亿万财富靠的也是其商标策略。

从企业参与国际竞争的角度分析，大量抢注的情况说明了中国企业参与国际市场的竞争力不断提升，引起国外公司的关注。从企业内部分析，显现了中国企业目前在知识产权保护意识上、资金投入上以及知识产权管理和制订战略等方面存在的问题，其原因可以归纳为企业由于在创业、成长的初期，创立的品牌的影响力不大；缺乏保护意识以及在国际化过程中的通盘策略；嫌在国外进行注册、保护的费用高；只在目前有出口和销售的国家和地区注册；只在目前销售的产品上注册；注册滞后于产品的销售等。从国外企业来看，中国产品价格具备竞争优势；产品转换灵活，适应市场需求；国际大企业更懂得游戏规则，或者滥用市场优势等。这些问题的存在和疏漏，为那些抢注的行为提供了可乘之机。

企业在“走出去”、参与国际竞争的市场开发战略中，必须遵循“品牌营销，商标注册先行”的开拓国际市场的准则。在国外取得商标注册途径主要有以下两种路径：第一，按巴黎公约或双边协议或对等原则，申请人单独向某一国家提出注册申请。目前，国内企业通过这一途径向国外申请商标的情况较多。第二，通过马德里商标国际注册，即通过国家工商行政管理总局商标局向世界知识产权组织国际局提出申请，同时指定向部分或全部成员国提出领土延伸保护。目前马德里联盟共有70多个成员国。这与逐一国家申请相比较，优越性显而易见：省钱、省时又省事。两种路径的选择，应取决于战略目标国家和地区属于哪种法律制度和是否为马德里协议缔约国。按照不同目标国家和地区包括将来要进入和涉及的国家和地区的法律制度的不同，选择相对应的措施。对于实行注册原则的国家，须通过先注册而取得商标；对以使用原则为主的国家，即通过在先使用获得商标权，但须注意收集使用商标的证据。

对于企业确定的重要的市场及重要的商标，应在相应的国家委托专业代理机构监测该国商标公告，就指定类别或者所有类别的商品进行商标监视，及时发现任何相同或者类似的商标申请或者注册，以便通过相应的异议或者撤销程序撤销抢注商标。例如，由于我国的一些企业在早些年没有商标保护意识，大量的国内驰名商标被在国外抢注，例如“同仁堂”、“青岛啤酒”等，使这些企业在国外的发展受到了重重阻力。在2003年2月14日，五粮液集团的商标代理机构四川超凡商标事务所的韩国合作方监测发现，一名韩国人将五粮液的汉语拼音“WULIANGYE”在韩国抢先申请注册，并于2003年1月23日发布了公告。积极采取维权的法律手段，运用法律手段去应对是维权的明智之举。企业商标在国外遭到抢注，或者企业商标在国外申请遇到驳回、被异议、被撤销之诉，或者企业商标在国外使用遭侵权之诉等等，都应该及时咨询专业律师，通过法律途径去面对和解决。专业律师了解法律程序、实体法律或者推荐合适的当地律师，一起办案，帮助企业解决商标纠纷。通过政府和行业协会的支持和参与解决商标纠纷，如在海信西门子商标争端HiSense案件。海信以生产电视机等家电产品为主，海信公司于1993年在中国工商局注册了“海信”商标，外文名为Hisense。1999年1月，“海信”商标被认证为“中国驰名商标”。但几乎是在同一时间，下属于德国西门子集团的博世—西门子公司在德国和欧盟同时注册了HiSense（第三个字母大写）商标。根据《马德里协定》有关规定，德国公司注册的商标使用权同样适用于欧洲其他18个国家。这就意味着，“海信”产品将不能进入欧洲市场，否则就会被视为“侵权”。海信与西门子持续了五年的权属之争，由于中国商务部和中国家用电器协会的积极参与，努力通过官方渠道创造谈判机会并最终促成和解。

从现代社会化大生产与市场贸易的发展趋势来看，商标战略在国家知识产权战略体系中的地位逐步上升。因此，我们要建设创新型国家，就要制订和实施商标战略，就要提升企业自主创新能力，就要提出整体性战略观念与具体的计划和策略；企业需要开拓知识（商标品牌）的来源，提升知识在财富中所占的比重；企业要走出国门，就必须遵守国际规则，在企业“走出去”参与国际竞争的市场开发中，自觉遵循“品牌营销，商标注册先行”的国际的规则；我们要保护好自有的商标品牌，就必须了解、运用法律；我们要实现战略目标，就必须完善我们的体制、机制，营造良好的社会环境；因此，制订和实施国家商标品牌战略是必要的。

五、商标战略的选择

我国商标战略的选择，既是历史的选择，也是社会经济发展的必由之路。

（一）历史的选择

商标品牌因有着企业的“黄金名片”、企业走向国际市场的“金护照”的美称，因此发达国家政府与企业高度重视，纷纷制订并实施国家商标品牌战略，成为不可例外的选择。

在经济全球化与信息化的背景下，商标作为知识产权的重要组成部分，正以越来越重要的频率出现在经济生活中。通常来说，品牌是与企业的商标、商号等企业标识不可分割的，在某种意义上，品牌与商标也是等同的。当市场竞争由产品竞争转向品牌竞争的时候，商标品牌战略就成为提升企业核心竞争力的重要因素。商标品牌战略就是企业为获取与保持市场竞争优势，运用商标法律制度提供的保护手段，以达到树立企业形象、促进产品或服务占领市场的总体性谋划。①

企业商标品牌战略是国家商标品牌战略的基本组成部分，商标法律制度从宏观的角度体现了国家的商标品牌战略，企业品牌战略则从微观的方向体现着国家的商标品牌战略。美、日等国为了自身的利益和垄断国际市场的考虑，较早地提出和制订本国的商标战略。

美国作为当今世界头号经济强国，其拥有最强有力的品牌竞争能力，拥有许多闻名世界的知名品牌。日本作为发达国家，是全球第二大经济实体，也拥有最具竞争能力的品牌，拥有许多世界级的知名品牌。美、日等国制订和实施商标战略，主要是频繁修改商标法，一方面反映和适应本国和世界经济的变化和发展，另一方面与保护商标的国际公约协调一致，从而使得美、日的商标法不仅促进了本国经济的发展，提升了本国企业的国际竞争力，同时与商标国际法律制度协调一致，占据了世界商标“宪兵”的地位，《保护工业产权巴黎公约》、《世界知识产权协议》、《马德里协定》等知识产权方面的公约都与美国和日本保护商标权有着密切联系。使得美、日关于商标制度的意志在制定国际公约、协定时能得到体现，其利益在制定国际公约、协定时能得到保障，从而也拥有较大的“话语权”，可以对世界商标事务指手画脚。

商标品牌战略的选择，不是以个人意志为转移的客观规律，是历史发展之必然，也是历史的选择。

（二）社会经济发展的必由之路

商标战略的作用，主要体现为以下几点：

（1）商标战略推进企业可持续发展。

商标战略的实施有利于市场竞争的有序化，有利于企业可持续发展。经济的可持续发展、社会的可持续发展、环境生态的可持续发展都是商标战略不断追求的制高点。高新技术产品、节能产品、生态平衡产品或绿色产品，都应该是商标战略着重开发的新领域。

（2）商标战略可提升一个国家或地区的核心竞争力。

从一定意义看，现代市场经济就是品牌经济。在品牌经济时代，驰名商标和世界品牌就是一个国家、一个地区、一个企业的经济实力和竞争力的象征和标志，是一个企业最具核心竞争力的表现。商标战略的直接目标就是要创立、发展和保

① 冯晓青著：《企业知识产权战略》，知识产权出版社2005年版。

护企业的驰名商标和品牌，就是要随着市场经济的发展培育更多的商标品牌，从而赢得更多的市场份额和经济回报，这成为现代经济不可例外的选择和必由之路。因此，商标品牌战略具有越来越重要的意义，越来越深入人心和社会生活的方方面面，对一个国家、一个地区、一个企业的经济实力和竞争力越来越具有不可估量的提升力。

当然，商标品牌战略的实现，还是应当建立在货真价实、不怕推敲、不怕挑剔的产品或服务的基础上的，这才是商标品牌战略之根本。只有品质过硬、服务上乘，消费者满意认同，商标品牌也才能誉满天下，所向披靡。

（3）商标战略可促进竞争区域的拓展。

“所谓品牌，从语源和语义的角度来看，实际上就是指商标。”① 一个品牌的萌芽最初是以商标为表现形式，特别是著名商标、驰名商标，既凝聚着产品的科技含量，更凝聚着知识含量，体现着企业的文化、企业的信誉，代表着企业的综合竞争能力。一个国家、一个地区拥有多少个驰名商标，直接体现该国家、地区的经济实力。相应地，一个驰名商标的诞生，标志着一个产业、一个区域经济的崛起。经济发展的一个规律，就是区域经济的梯度推进，而区域经济的发展则是靠具有驰名商标品牌的强势企业拉动的，因此，区域经济的发展或者国际市场的开拓，驰名商标是先锋，是“金钥匙”。

发达国家早于发展中国家开拓世界市场，早已建立起分割世界市场的格局，想方设法对发展中国家参与世界竞争予以阻击。在这一背景下，要鼓励中国企业“走出去”、开拓国际市场，就应该实施商标品牌战略，推进商标形象革新、改善商标品质、提高商标品牌的影响力、加大商标品牌的保护，融入世界市场中生根开花。“入世”后的今天，经济全球化浪潮正席卷着我国许多企业的产品或服务，如何迎接这样一个机遇与挑战，已经成为国内许多企业家制订发展战略的重要因素，商标的国际化战略也已经提上日程。对企业来说，要注意商标的国际化战略首先要考虑自己产品或服务的出口国家或地区的法律要求和民族风俗，以避免在中国可以注册的商标在国外却不能得到注册，使得在国外要重新打造一个品牌；还要及时甚至抢先在自己未来的出口国家和地区申请注册商标，以防止其他国家的企业抢先注册。

实施商标战略涉及许多方面，无论是商标品牌的形成和创造，还是商标品牌的发展和扩张，或是商标品牌的推广和保护，都有许多具体的实施战略，这些都是一个商标品牌的成长必需的过程；也是由内强到外展的必经之路，通过商标战略的实施，可以帮助我们的企业开拓世界市场，分享世界市场，改变世界市场的

① 杨军著：《名牌战略与知识产权法律保障制度研究》，知识产权出版社2010年版，第29页。

份额格局，确立中国的世界市场的应有地位。

我国实施商标品牌战略以来，各地有非常成功和卓著的经验和成效。例如上海市，2005 年，上海已有 50 项中国名牌、422 项上海名牌、40 件中国驰名商标和 318 件上海著名商标。还有 8 项列入了商务部重点培育和发展的出口名牌。上海有效注册的商标已经达到 8.7 万件。2005 年 11 月 29 日，上海市经委、市工商局、市质监局联合推出了《上海推进实施品牌战略行动方案》的征求意见稿，提出上海实施品牌战略的发展总体目标是：力争到 2010 年培育形成 5 个左右在世界上有一定影响的著名品牌，10 个左右体现上海城市活力和魅力的区域性品牌，50 个左右在国内领先的知名品牌。“宝钢集团、上汽、上海电气、江南造船、振华港机、上海广电、中芯国际、海立集团、上海化工区、张江高科技园区”被授予“先进制造业十大品牌”。可以想见，当这些在世界上有一定影响的著名品牌，体现上海城市活力和魅力的区域性品牌产生和出现之时，就是具有开拓世界市场能力之日。

六、商标战略实施策略

实施商标品牌战略涉及许多方面，无论是商标的形成和创造，还是商标品牌的发展和扩张，或是商标品牌的推广和保护，都有许多具体的实施策略，这些具体的实施策略构成实施商标品牌战略的策略体系，具体表现在以下几个方面：

第一，完善商标法律法规体系，建立能适应我国商标事业发展需要的商标管理体制和机制。

为适应客观经济形势的发展变化，体现立法为促进经济发展、服务经济、服务发展的思想，应健全和完善我国的商标法律法规体系。完善我国的商标法律法规体系，要反映我国经济的变化和发展，促进我国商标事业的发展；要建立健全能适应我国发展需要的商标管理体制和机制，从法律制度上确立能适应我国发展需要的商标管理体制和机制，使之制度化、法律化；要建立和完善提高商标审查能力、缩短商标注册周期，更好地发挥商标作用的制度，强有力地推动商标事业和经济社会发展；要与保护商标的国际公约协调一致，要将我国在商标保护方面的国际权利和义务在我国的商标法中具体化，国内的商标权利义务大体上是国际权利义务的体现，有利于国际权利义务的执行，使国内商标法具有时代性和国际性，为提升我国商标品牌的国际竞争力从法律制度上提供指引和保障。

第二，加大宣传商标法，提高全社会的商标意识。

加大商标对外宣传和对内教育的力度，形成全社会尊重商标、重视商标的社会意识；普及宣传商标法，让人们普遍了解和知道商标法的基本制度，使商标法律意识深入人心；人民自觉遵守商标法律规定，企业能够主动运用商标法律注册、续展、维护自己的商标。

商标品牌是多种因素综合作用、多年努力渐次积累的结果。例如美国企业十分重视商标品牌的宣传，其投入之大、普及率之高，都相当惊人。“注册优先”的原则，在美国可以说是妇孺皆知，很少听说过美国商标被人抢注的事情。为了防止假冒与侵权，美国企业还将同类产品中与自己产品商标相似的文字、图形进行注册，对商标的管理也特别细致和严格，一旦发现他人申请的商标与自己注册的商标相同或相似时，他们会及时提出异议，运用法律手段保护自己的注册商标，这是商标意识强、自觉运用法律的体现。

第三，培育和扶持企业注册商标。

商标就其本义来讲，它是区别不同生产经营者或者服务提供者的商品与服务的文字、图形、色彩等的特定标志。然而，商标成为企业的标识后，作为企业开拓产品市场的先锋，其含义已远远超过了作为产品或服务的识别标记本身，而成为产品或服务质量、信誉、知名度的载体，凝聚了企业投入的大量智慧、心血和投资，构成了企业的一笔价值可观的无形财产。由于商标不仅表征着商品来源，而且表征着产品或者服务的质量品质与市场信誉度，这种非技术要素与技术要素的不可分割的、天然的辩证统一关系，导致要使商标成为品牌，成为企业的一笔价值可观的无形财产，就必须走合理设计、依法注册、科学运作之路。

但在我国，并不是所有的企业都具有商标注册的意识，有的企业甚至不知商标对于企业的意义，有的企业惧怕注册商标程序烦琐，等等，因此，政府就应当加强宣传商标知识，介绍商标的意义，在政策上和服务上培育和扶持企业加大注册商标的力度。只有拥有足够的数量，才能产生相当比例的精品；只有企业都力行商标注册，才会有商标事业的繁荣。

同时，针对我国现行商标管理体制机制存在烦琐、冗长、呆板的诟病，应当在建立健全法律制度的同时，从制度上解决提高商标审查能力、缩短商标注册周期的问题，以便于建立更为完善和高效的商标注册制度，更好地发挥商标作用，推动经济社会发展，促进我国从商标注册申请大国向商标竞争力强国迈进。

第四，从现有的商标中遴选著名商标，给予特殊保护。

商标品牌战略的推行，根本的目的就是要创建一大批具有较高知名度，能够为企业带来巨大利益的驰名商标，驰名商标具有较大的知名度和良好的声誉，具有很高的市场价值，为驰名商标所有人带来了巨大的经济利益和社会利益。而驰名商标的培育和产生，是由梯次层级逐步培育产生出来的，有其成长的客观规律。如由知名商标到著名商标，再由著名商标成长为驰名商标。因此，遴选著名商标，培育著名商标，是发展驰名商标的必由之路。要培育驰名商标，就必须从知名商标中遴选出著名商标，加以培育和扶持，只有夯实著名商标的基础，拥有足够数量的著名商标，才能产生出一定数量的驰名商标。

著名商标具有良好的知名度和声誉，具有一定的市场价值，也可以为著名商标所有人带来较好的经济利益和社会利益，因而，著名商标遭受仿冒和不正当竞争侵害的程度也较大，应当有特殊政策给予特殊保护。申报著名商标，省、市著名商标认定，是为保护知识产权、维护企业的合法权益采取的一项具有法律意义的工作。被认定为省、市著名商标，不仅是企业的一种荣誉，也是提高产品、商标及企业的知名度和信誉度的手段，更重要的是这些商标将受到国家法律的特别保护。

第五，积极推选驰名商标，做大做强品牌商标。

驰名商标是一个国家、一个地区、一个企业的经济实力和国际竞争力的象征和标志。[①] 商标品牌战略的直接目标是创立、发展和保护企业驰名商标。从著名商标中推出和培育出驰名商标，产生出一定数量的驰名商标，是驰名商标成长的规律。驰名商标具有巨大的商业价值，是企业知识创新和知识产权商业化的重要载体，也是企业无形资产的构成要素之一。驰名商标是企业产品、服务质量和企业形象的载体，是企业经营状况、市场信誉和消费者认可程度的体现。企业要积极推进驰名商标的认定，可以行政认定和司法认定双轨并行，节约时间、降低成本，最大限度地产生驰名商标，政府应当简化程序，缩短受案时间，双轨并举，提高认定效率。

商标作为知识产权的重要组成部分，正以越来越重要的频率出现在经济生活中，其作用已经日益凸显。当市场竞争由产品竞争转向品牌竞争的时候，驰名商标就成为提升企业核心竞争力的重要因素，企业为获取与保持市场竞争优势，运用商标法律制度提供的保护手段，以达到做大做强商标品牌、促进产品或服务占领市场的总体性目标，就必须提升对驰名商标的保护水平。

第六，充分发挥农产品商标和地理标志在建设社会主义新农村中的作用。

加强农产品商标和地理标志审查和保护工作，坚持并完善地理标志注册申请单独排队、提前审查的“绿色通道”的经验，使之进一步制度化、规范化、程序化和法治化。加大农产品商标和地理标志注册、管理与保护工作的力度，积极引导农产品商标和地理标志证明商标、集体商标的注册，大力推行“公司 + 商标（地理标志） + 农户”产业化经营模式，进一步提高农民进入市场的组织化程度，充分发挥农产品商标和地理标志在农业现代化、产业化、规模化中的作用；及时总结推广各地“商标富农”的工作经验，充分发挥农产品商标和地理标志建设社会主义新农村中的作用。

各级工商行政管理机关大力加强农产品商标和地理标志的注册和保护工作，

---

① 张朝栋主编：《中国驰名商标攻略》，中国经济出版社 2010 年版，第 33 页。

指导农民和涉农企业运用农产品商标和地理标志发展特色农业，促进农业增效、农民增收和新农村建设。

推行地理标志工作政务公开、信息公开，继续将地理标志注册申请材料目录、范本以及已注册地理标志名录等信息在国家工商总局官方网站上予以公布。

要“支持海峡西岸和其他台商投资相对集中地区的经济发展，依法保障台湾同胞正当权益，竭诚为台湾同胞服务”①，要积极引导台湾农产品生产商和经销商在大陆通过注册普通商标、证明商标或集体商标等方式，获得《商标法》的保护；要求商标管理、公平交易、广告监管和消费者权益保护等职能部门相互配合，充分发挥 12315 网络的作用，引导消费者提高对“台湾产地水果”和“台湾品种水果”的鉴别能力，保护消费者的知情权，及时受理和处理消费者的申诉和投诉，不断提高保护台湾农产品商标的整体执法效能。

第七，指导企业利用商标走出去参与国际市场竞争。

在鼓励中国企业“走出去”、开拓国际市场的战略下，也应该指导企业如何利用商标“走出去”参与国际竞争。要积极引导企业推进商标形象革新，实施商标的国际化战略。入世后的今天，经济全球化浪潮正席卷着我国许多企业的产品或服务，如何迎接这样一个机遇与挑战，已经成为国内许多企业家制订发展战略的考量因素，商标的国际化战略也应该提上议事日程。我国许多企业商标缺乏国际化意识，一方面，许多企业产品或服务的商标由产生之后就一直沿用，甚至百年不变，难以跟上时代的步伐，这也是许多企业在市场中失利的主要原因；另一方面，许多企业商标设计之初都是针对国内消费者，其知名度与影响力较为有限，企业难以融入世界经济一体化的进程，这是导致我国缺少一些国际驰名商标的主要原因。

最近几年，随着改革开放的不断深化和全球经济一体化进程的进一步加快，一大批优秀民族品牌急需走出国门参与全球范围内的经济竞争。对企业来说，要注意增强国际意识，遵循商标国际规则，确立国际化的商标战略。商标的国际化战略首先要考虑自己产品或服务的出口国家或地区的法律要求和民族风俗，以避免在中国可以注册的商标在国外却不能得到注册，使得在国外需要重新打造一个品牌；其次要及时甚至抢先在自己未来的出口国家和地区申请注册商标，以防止其他国家的企业抢先注册。同时，也要维护好自己的商标权益，防止自己的商标被盗用和假冒，防止被他人抢注。②

第八，建立功能强大的商标自动化技术支撑体系和公共服务平台。

重视利用现代信息技术提高工作效能和社会服务水平，商标局的办公自动化

① 温家宝：《第十届全国人大四次会议政府工作报告》2006 年 3 月。
② 汪琦鹰、杨岩著：《企业知识产权管理实务》，中国法制出版社 2008 年版，第 140 页。

和信息化工作要不断取得新的进展。在国家工商总局商标局顺利完成商标注册与管理自动化一期工程系统向二期工程系统的转换后，即确定了自动化建设的新目标（即“四个网上”——网上公告、网上查询、网上申请、网上缴费和“一个全面提高”——全面提高商标工作自动化水平）的基础上，进一步改进和完善“中国商标网”，在“中国商标网”上滚动发布初步审定公告的商标、商标法律法规、商标申请程序、规费收取标准、公告商标异议裁定书以及其他商标工作信息，向社会开通商标注册信息网上查询系统。

要将国家工商总局商标局的网上服务水平和政务公开程度大幅提高，使商标注册和管理工作信息化。运用信息技术成为商标自动化技术支撑体系和公共服务平台的重要手段，“中国商标网”也已成为国家工商总局商标局公布政务信息和中外公众获取商标政务信息的公共服务平台。

第九，积极开展商标国际交流与合作。

认真落实《关于大力加强我国企业商标境外注册建立健全海外维权机制提高国际竞争力的通知》，为实施“引进来”和“走出去”战略提供更加有力的支撑，积极开展商标国际及港澳台地区交流与合作。努力拓展国际交流合作的广度和深度，不断提高我国在商标领域的国际地位。继续加强与世界知识产权组织等国际组织及有关国家（地区）商标主管机关的交流与合作，参与制定与修订商标国际规则和国际组织有关议程，参与国际商标领域秩序构建，增强我国在国际商标领域谈判的话语权，从根本上维护我国国家利益；充分利用多、双边商标领域合作机制等形式，保护我国企业在国外的合法商标权益，为我国对外贸易和经济发展创造良好的商标保护国际环境。

充分利用区域间商标保护合作机制，加强区域商标保护合作。努力营造有利于自主品牌成长发展的环境。加大打击假冒伪劣产品和保护自主知识产权的力度，营造公平竞争的市场环境。

第十，加强商标行政执法和司法保护力度。

首先是加大知识产权保护的行政执法力度。随着知识产权保护法律制度的逐步完善，中国知识产权保护工作重点逐渐由立法转向执法，通过日常监管与专项治理相结合，加大知识产权保护的行政执法力度。各有关行政执法部门在商标权、著作权、专利权保护等重点领域，在货物进出口、各类展会和商品批发市场等重点环节，在制假售假相对集中地方等重点地区，以查处重大侵权案件作为突破口，积极行动，严格执法，打击侵犯知识产权的违法分子，净化环境，清除各类违法侵权。

其次是加强行政执法机关与公安机关、人民检察院保护知识产权的工作联系机制。建立起行政执法与刑事执法相衔接相配合的工作机制，形成打击侵犯知识产权违法犯罪活动的合力，有效保证涉嫌犯罪案件及时进入刑事司法程序。司法机关要及时依法审理侵犯知识产权的各类案件，知识产权民事案件中被侵犯人的经济损失必须及时得到赔偿，有效打击侵犯知识产权的违法犯罪行为。

再次是加强行政执法机关反抢注职能，建立健全反抢注机制，积极做好反抢注的预防和规制工作。要设立专门的商标管理机构，及时防范、及时办理商标国外注册，了解国际惯例，尊重他国的法律。要形成一套完整的商标尤其是驰名商标保护策略，建立一个商标品牌国内外市场的“监测预警”系统，及时发现恶意抢注现象，运用法律维护自有商标权益和追究恶意抢注人的责任，形成自有商标品牌反抢注的保护机制。

第二章　世界各国商标品牌战略分析

第一节　美国商标品牌战略分析

一、美国的知识产权战略概况

知识产权战略是美国最为重要的长期国家发展战略之一，美国作为世界上成功实施知识产权战略的典范，有许多值得世界各国借鉴的地方。20 世纪 70 年代，亚欧传统发达国家和一些新兴工业国家在经济上迅速崛起，使美国在全球经济上的霸主地位受到挑战，美国感到一种巨大的压力。经过认真的思考与调查，美国政府和产业界达成共识，即美国在世界经济竞争中的优势在于科技和人才，而这是创造知识产权的前提与关键因素。然而，由于知识产权保护不力，使得国外企业能够轻易大量模仿，并且凭借廉价的劳动力和制造业成本优势，迅速打开市场，实现了经济的腾飞。这样一来，美国为了保住全球经济霸主地位，开始将知识产权作为抵御国外竞争的战略手段，并从法律和政策的层面完善知识产权制度，在国外有效保护美国的国家利益采取了一系列措施。美国政府在卡特总统时期将知识产权战略上升为国家战略。克林顿政府时期则宣布将知识产权作为国家的最高政策列入其全球贸易政策的优先日程，将知识产权战略作为冷战结束后保护其国家经济安全的重要战略之一。美国通过实施知识产权战略，利用长期积累的科技成果，巩固和加强知识产权优势，从而继续领跑全球经济与科技。

美国知识产权战略主要体现于相关知识立法、知识产权利益关系的调整、对外贸易政策以及在美国极力推动下达成的 TKIPS 协议等方面。

（一）以立法为主导，为知识产权战略提供保障

美国作为世界上较早进行知识产权立法的国家之一，对知识产权的保护可以追溯到 18 世纪时制定的美国《宪法》。该《宪法》第一条明确规定，国会授予作者和发明者就他们的作品和发明在有限时间内的专有权利，旨在促进科学和艺术的发展。在 1790 年美国即颁布了第一部《专利法》。近年以来，美国为维护其在

全球的国家利益和适应企业发展，修改、完善了《专利法》、《商标法》、《著作权法》等知识产权法律，加强知识产权保护，同时扩大知识产权保护范围。这些法律的修改、完善推动了知识产权战略的实施，为美国国家知识产权战略的开展提供了最基本的立法保障。通过立法展开知识产权战略，例如对《专利法》的修订，促使美国专利的保护水平得到提高。此外，为了保证美国对高新尖端技术的垄断，美国政府经常利用《出口管制法》、《国家安全法》等法律，对关键技术、尖端技术进行严格保密。美国政府为促使知识产权成果的产业化，调整知识产权利益关系，还相应制定了其他一些调整知识产权利益冲突的法律。知识产权立法的发展与完善为美国政府实施知识产权战略，确保美国在全球的经济利益和经济安全不受侵犯铺平了道路。

（二）通过对外贸易政策，推行知识产权战略

20 世纪 80 年代以来，美国日益把知识产权保护列入对外贸易政策之中，将知识产权保护与对外贸易联系起来。为了保持美国在全球的科技、经济霸权，美国极力主张知识产权保护的国际化，限制尖端科技资源的国际利用与转让，并主张将知识产权制度纳入关贸总协定（GATT）的体制。在这一时期，美国的立法和政策充分反映了知识产权保护在促进美国经济发展，以及国际贸易和国际投资体系中的重要作用。“知识产权保护不力不仅被美国视为一种传统观念中的对文化、科学技术财产的侵犯，而且被视为贸易壁垒和投资壁垒。因此，知识产权保护成为美国贸易壁垒政策的核心问题之一。”①1988 年修订的《综合贸易竞争法》的“特殊 301 条款”主要用于对不遵守知识产权规定的国家实行贸易制裁，以保障美国专利权人在海外的利益，促进美国的出口。在美国的压力下，印度尼西亚、新加坡、马来西亚、韩国及我国台湾地区也相应修改了有关法律。美国还利用“特殊 301 条款”迫使日本开放半导体市场，使美国对日本出口的半导体增加了 20 亿美元，迫使韩国同意优先为美国的发明提供专利保护。“特殊 301 条款”是美国评价其贸易伙伴是否充分、有效地保护了美国的知识产权，是否给美国知识产权人公平进入其市场而设置的一种法律程序，旨在按照美国的标准和要求保护其在该国的知识产权，以达到保护其产品进入他国市场的目的。根据该条款的规定，美国贸易代表署可以调查其他国家对美国知识产权保护的状况，以确定“侵权”的重点国家，并展开与这些国家的双边谈判。如果达不到美国提出的要求，美国将采取报复措施。我国在 1992 年被美国以保护知识产权不充分为由列入了报复名单，后来经过艰难谈判，最终才达成《中美关于保护知识产权的谅解备忘录》，从而避

① 祝晓莲：《美日两国知识产权战略：比较与启示》，载《国际技术经济研究》2002 年第 4 期。

免了一场贸易大战。[①] 1994 年，美国根据《乌拉圭回合协议》修正了《关税法》第 337 条“关于不公平竞争的规定”（简称“337 条款”）。“337 条款”被用来防止以不公平竞争的方式向美国出口和销售产品，侵害美国企业利益和侵犯美国的知识产权。如果这些产品侵犯了美国的专利权、著作权、商标权或半导体芯片设计的权利，而在美国已有或正在筹建同样厂家在生产和制造该产品，即构成违反“337 条款”的行为。[②] TRIPS 协议是关贸总协定乌拉圭回合谈判的 21 个最后文件之一，于 1994 年 4 月 15 日由各国代表签字，并于 1995 年 1 月 1 日起生效。TRIPS 协议提高了知识产权的保护水平，首次将最惠国待遇引入到知识产权的保护领域，同时规定了将成员之间的知识产权争端纳入 WTO 争端解决机制，加强了该协议的约束力。TRIPS 协议在很大程度上是美国积极推进以国际立法的形式实现其包含专利等在内的知识产权战略的重要体现。美国知识产权战略鼓励广大发展中国家对知识产权实行严格保护，然而，对于发展中国家来说，超越本国经济、科技发展水平的知识产权保护，在一定程度上会制约了本国经济发展，过于严格的保护制度会使发展中国家付出沉重代价，而最终受益的可能就是美国这样的发达国家。美国依靠其强大的经济、科技实力，竭力主张在全球建立以其为标准的知识产权保护体制，无视广大发展中国家的利益，是其霸权主义在知识产权保护领域的体现。

（三）21 世纪美国的知识产权战略

2002 年，美国专利商标局发布了 21 世纪发展战略纲要，其中重要的一条就是以“知识产权保护”作为重要的手段，用知识产权来保护整个美国经济，推动美国在全球的经济战略。美国推行知识产权战略的好处已经显山露水，如在品牌战略方面，美国尽管很少生产电冰箱，市场上的电冰箱中一大部分都是从中国、马来西亚等国家进口的，但美国通过品牌授权，从各国的冰箱生产中赚取的利润几乎是一些国家制造工厂利润的四到五倍。知识产权是美国在全球市场取得成功的重要因素，美国经济要保持在全球的优势，在全球范围内有效保护知识产权是不可或缺的条件

二、美国的商标品牌战略

在商标品牌领域之中，《商标法》有着与《专利法》、《著作权法》不同的特质。《商标法》从保护权利人的专有权出发，在大多数情况下同时涉及保护公众的利益，主要因为商标侵权除了侵害权利人的利益外，往往也侵害了消费者的利益，扰乱了市场的正常秩序。美国法院在评论中甚至认为，商标法立法的出发点就在

---

① 冯晓青：《企业知识产权战略》，知识产权出版社 2005 年版，第 51 页。

② 吕薇等：《知识产权制度：挑战与对策》，知识产权出版社 2004 年版。

于保护公众，而不是商标权人的利益。[①] 尽管此种说法并不完全正确，但却表明了《商标法》在强调保护商标专有权人利益的同时，也同样担负着保护社会公众的利益，以维护正常的市场秩序。

(一) 美国商标法律制度

美国于1870年颁布了第一联邦《商标法》，从1905年开始，美国把注册商标与虽未注册但其使用超出了一州地域的商标，都纳入了联邦《商标法》的调整范围。现行美国商标法是1948年颁布的《兰哈姆法》，载于《美国法典》第十五编，该法在1982年10月作了修订。美国各州都有商标立法权，有商标的“州级注册权”，并设有州级注册机关。在美国，商标权的地域性特点不仅反映在与他国之间，而且还反映在州与州之间。但是各州商标局均无权接受外国人的商标注册申请，即使外国人在美国从事贸易活动的范围仅以一个州为限，要想获得商标注册也只能向联邦专利商标局申请。美国商标法中还包含了制裁不公平竞争活动的规定。美国商标法的主要内容有：

1. 商标注册应具备的条件

任何文字、符号、标记，或其组合作为商标，均可申请注册。有下列之一者不得注册：

(1) 不道德的或违反公共秩序的标记。

(2) 与国际公约及美国法律所禁用的一些国旗、国徽、国际组织标志相同或相似的标记。

(3) 未经本人同意而使用他人姓名或肖像的标记。

(4) 可能引起混淆的标记。

(5) 说明性的标记或该说明与商品内容不符的标记，包括地名与产地不同的地名标记。

2. 注册商标的使用

美国商标法规定，获得注册的商标必须在商标图案上加“注册商标”字样或标记。商标所有人对于商标局不批准注册的决定不服，或者利害关系人对商标所有权有争议，可以按照《民事诉讼法》向联邦区法院起诉或者向巡回上诉法院起诉，也可以按《商标法实施条例》中规定的商标审定及申诉委员会申诉，而后向关税与专利上诉法院上诉。在权利纠纷诉讼中，如果当事人的任何一方选择了按民事诉讼起诉的程序，另一方就不得再按《商标法实施条例》的程序起诉或应诉了，也就是说，民事诉讼的程序是优先的。

《兰哈姆法》规定，服务商标、集体商标和证明商标在法律上受保护的地位与

---

① 曾彤：《中美商标法比较研究》，载《中华商标》2001年第6期。

商品商标相同。美国是第一个在成文法中把服务标志与商品商标等同对待的国家。美国商标法对注册商标有使用要求，如果经过法定时间不使用商标，则该注册商标即失效。商标注册的有效期为20年，续展期也是20年，可以无限续展。商标权人可以转让商标或许可他人使用，商标的转让必须连同企业本身或企业信誉，而不能单独转让。美国的判例法同时规定，如果企业倒闭或注销，其经营信誉即不复存在，企业的有形财产可以转让给第三方，但商标权不能转让，否则视为转让无效。凡在联邦注册的商标，转让时都必须在联邦专利商标局登记，否则转让无效。①

3. 商标侵权与保护

（1）美国认定商标侵权的标准。

美国认定商标侵权的标准是存在产生混淆的可能。由于构成商标侵权只需存在混淆的可能性，并不要求有混淆的事实，因此，构成混淆的范围可能很大。根据相关的判例，主要有以下一些：

①商品和服务的相似性。有时，商标可能并不十分相似，而商品和服务却非常相似以致被判定为相似，有时近乎一样的商标也可能被判定为不构成侵权，前提是它们被用在完全不相关、不相似的商品和服务上。商品和服务的相似要通过调查产品和服务在大多数消费者心目中是否相似才能判断。大多数消费者的反应在判定相似商标方面可能起着决定性的作用。

②在商标形状、发音、含义和印象方面的相似性。在外形设计、发音、心理、商业和社会含义及重要性、配色或者语言特点上，商标可能产生混淆性相似。

③贸易渠道的相似性。产品和服务是否以相似的渠道销售也是不可忽视的。差异很大的两类消费者在购买两种不同的产品和服务时，不大可能发生混淆。例如，一方如果只通过批发渠道将带有某种商标的产品销售给其他商人，而这些商人再将这些带有商标的产品零售给消费者，这样，即使这些带有商标的产品非常相似，也不可能发生侵权；销售各方以完全不同的方式销售，即零售和批发，也可能意味着不会发生混淆，因为这两类消费者完全不相同。

④售货条件，主要指冲动的和考虑成熟的购买者。一般消费者是否会被用于相似产品或服务上的商标混淆，可能取决于消费者所处的环境，在冲动的情况下去超市购物，商品又紧密地堆放在一起，消费者就可能不太注意商标，混淆的可能就很大。当要购买昂贵的物品时，消费者就会特别小心而富有判断力，混淆几乎不可能发生。

⑤商标的影响力。商标的性质可能和商标的相对影响力相互影响。一个奇特

① 王连峰：《商标法》，法律出版社2003年版，第297页。

或虚构的商标可能要比一个普通词组得到更多的保护，也更具有影响力，因此更容易识别，特征更加突出。①

（2）美国商标侵权的救济。

美国商标法对商标侵权的补救措施是禁令救济：估算被告获得的利润；原告所遭受的损失，必要时可能是实际损失的三倍；"特殊情况"的律师费用；其他费用。这些补救都是累计的，这样原告不仅可以收回被告所获得的利润，而且还可以获得赔偿金。在禁令救济方面，总的原则是要考虑公众的利益，这是它的显著特征。它通常不仅保护原告免受侵害，而且也将保护公众的利益不受侵犯。

法院应对索赔的利润和损失进行估算或按其指示进行估算。估算利润时，要求原告对被告的销售提供证明；估算损失时，要求被告对各项成本或折扣提供证明。对估算的损失，法院可根据案情，作出高于实际损失的裁决，但不得超过3倍。当法院发现根据利润的数字不足或超出实际数字，可根据案情，对不足或超出部分作出适当裁定。根据《兰哈姆法》提出的商标侵权诉讼，不论涉及的金额多少，都不能由州法院受理，而要由联邦法院受理。在权利冲突的诉讼中，已在联邦商标局"主簿"中注册的商标的地位优于未在该簿注册的商标，一般情况下法院均判定在"主簿"的注册人为商标权的当然所有人。②

4. 驰名商标保护

商标品牌战略的推行，根本的目的就是要创建一大批具有较高知名度，能够为企业带来巨大利益的驰名商标。驰名商标具有较大的知名度和良好的声誉，具有很高的市场价值，能为驰名商标所有人带来巨大的经济利益和社会利益，因而，驰名商标遭受仿冒和不正当竞争侵害的程度也最大。

《保护工业产权巴黎公约》1925年海牙文本首先规定了驰名商标的保护，之后在1994年签署的TRIPS协议全面提升了对驰名商标的保护水平。美国对驰名商标的特殊保护体现在美国的《联邦商标反淡化法》中，该法将"淡化"定义为：减损、削弱驰名商标识别性和显著性的行为，而不管驰名商标所有人与使用人之间是否存在竞争关系或混淆和误解的可能性。淡化行为会使消费者对商品或服务的来源以及行为人与驰名商标所有人之间的关系产生误认，即混淆的结果，淡化行为还会对驰名商标本身造成损害，即淡化了驰名商标的特色和声誉，使得商标与商品的关系弱化乃至使驰名商标演变成商品通用名称。此外，驰名商标由于蕴涵巨大经济利益，也成为抢注的对象，因此，要加大对驰名商标的反抢注保护。

（二）美国企业的商标品牌战略

商标就其本义来讲，它是区别不同生产经营者或者服务提供者的商品与服务

---

① 曾彤：《中美商标法比较研究》，载《中华商标》2001年第6期。

② 王连峰：《商标法》，法律出版社2003年版，第298页。

的文字、图形、色彩等的特定标志。然而，商标与企业联系后，作为企业开拓产品市场的先锋，其含义已远远超过了作为产品或服务的识别标记本身，而成为产品或服务质量、信誉、知名度的载体，凝聚了企业投入的大量智慧、心血和投资，构成企业的一笔价值可观的无形财产。商标因而有着企业的“黄金名片”、企业走向国际市场的“金护照”的美称。

在经济全球化与信息化的背景下，“知识经济”或“信息经济”已经取代“工业经济”成为当今世界经济的主要特征。商标作为商标品牌的重要组成部分，正以越来越重要的频率出现在经济生活中，其作用已经日益引起各国政府与企业的高度重视。通常来说，品牌与企业的商标、商号等企业标识是不可分割的，在某种意义上，品牌与商标也是等同的。商标品牌具有巨大的商业价值。商标品牌是知识创新和商标品牌商业化的重要载体，也是企业无形资产的构成要素之一。商标品牌已经成为企业产品、服务质量和企业形象的载体，是企业经营状况、市场信誉和消费者认可程度的体现。当市场竞争由产品竞争转向品牌竞争的时候，商标品牌战略就成为提升企业核心竞争力的重要因素。商标品牌战略就是企业为获取与保持市场竞争优势，运用商标法律制度提供的保护手段，以达到树立企业形象、促进产品或服务占领市场的总体性谋划。① 企业商标品牌战略是国家商标品牌战略的重要组成部分，商标法律制度从宏观的角度体现了国家的商标品牌战略，企业品牌战略则从微观的方向体现着国家的商标品牌战略。美国作为当今世界头号经济强国，其拥有最强有力的品牌竞争能力，拥有许多闻名世界的知名品牌。美国的企业商标品牌战略主要包括以下几方面。

1. 注重品牌的技术含量

美国科学技术发达，美国的企业和企业家在把科学技术转化为生产力方面有着卓越的历史贡献。美国的企业往往把最新的技术用在新产品的开发上，美国的许多大公司都有着自己极为强大的技术开发能力，每年都要推出多种多样的新产品，这些产品都拥有着最新的技术和最新的实用功能，这样的产品在世界市场有着巨大的竞争力，是保证企业发展壮大的必要条件，同时也日益增强了美国经济的竞争力。因此，是技术保证了美国的产品在质量上总是处于领先地位，从而保证了美国品牌的国际竞争力。

知名品牌的崛起与企业注重品牌的技术含量息息相关。且不说像微软这样的本身就是高技术的品牌，就是像耐克这样的品牌，能够在阿迪达斯、彪马等世界知名品牌占领市场的情况下，很快发展为世界品牌，也与它本身比较注意产品的科技含量有直接关系。美国品牌的高科技含量有它们得天独厚的社会条件。美国

---

① 冯晓青：《企业商标品牌战略》，知识产权出版社 2005 年版，第 56 页。

有比其他所有国家都优越的科学技术环境，更有着能够使得技术参与市场竞争的市场环境和法律环境。特别是美国雄厚的人才储备，为各种技术的应用提供了人才基础。

2. 品牌宣传和保护战略

名牌不是企业的固有资产，而是多种因素综合作用、多年努力渐次积累的结果。美国企业十分重视品牌的宣传，其投入之大、艺术性之强以及回报之丰厚，都相当惊人。以可口可乐为例，可口可乐至今已有114年的历史，其成分多数是水，而销量却占全世界碳酸饮料的50%，其中的奥妙不能不说是广告宣传。该公司将自己所获利润的2/3用于发展社会公益事业，使关于它的传说在公众中经久不衰。可口可乐的宣传，十分注意立体效应，不管在地球的哪一个角落，只要产品一到位，其形形色色的宣传品、宣传广告、宣传活动也旋即到位，出众而抢眼的红白标志顷刻便铺天盖地，充斥了人们的视听空间。美国企业在大力宣传自己品牌的同时，又把保护品牌作为一个常规性的工作贯穿在日常经营活动之中。“注册优先”的原则，在美国可以说是妇孺皆知，很少听说过美国商标被人抢注的事情。为了防止商标被人抢注，美国企业还将同类产品中与自己产品商标相似的文字、图形进行注册。对商标的管理特别细致和严格，一经发现他人申请的商标与自己注册的商标相同或相似时，他们会及时提出异议，运用法律手段保护自己的注册商标。

3. 名牌创新战略

名牌没有终身制。名牌要始终占领市场，就要不断地进行技术创新。在美国，从政府到企业，都非常重视在科技革新方面的投入，每年用于科技研发的经费约占国内生产总值的3%。他们还根据产品的生命周期理论，将产品区分为导入期、增长期、成熟期和衰退期四个阶段，并由此提出名牌产品要想常领风骚，就必须有一支不断开发新产品的技术队伍，以便在一种产品进入衰退期之前，果断地利用另一种新产品来替代，从而延长名牌的使用寿命。另外，他们还在一个名牌下发展产品线和产品项目使之形成一个具有相关特性的名牌家族，使各产品线、产品项目相辅相成，收到系统整合的效果。

4. 服务配套战略

好花尚需绿叶扶持。名牌产品要想在顾客的心目中永葆青春，就必须有高质量的名牌服务与之相配套。在一些优秀的美国企业里，奉行“服务至上”的原则，几乎到了痴迷的程度。他们把服务尤其是售后服务视为压倒一切的经营策略，总是尽最大可能为顾客提供最好的服务。IBM公司为了与对手之间拉开档次，以取得竞争优势，公司承诺：保证24小时内回答每一个顾客的问题，答复顾客的每一条意见。为了了解对顾客的服务态度，该公司每3个月就进行一次职工态度调查，各部门的负责人还坚持按时走访用户。通过创一流的服务巩固和扩大市场，已经成为 IBM 公司的一条经营秘诀。此外，公司董事长、总经理和全体高级管理人员，每月还能收到一份关于客户变化情况的报告，公司决策层据此作出反应。

5. 美国品牌战略的一元化

在品牌战略的设计思路上，美国不少企业采用的是一元化战略。所谓一元化品牌战略是指一个企业只用一个品牌，而且品牌名称和企业名称往往是统一的。提到品牌人们自然就想到这个企业，提到企业人们立刻就知道它的品牌。典型的如可口可乐，既是其主导产品的品牌，又是企业的名称。类似的还有耐克、微软、柯达、惠普、麦当劳等世界知名的品牌。但是，在美国也有不少企业和品牌战略专家不赞成品牌一元化战略。他们认为，品牌一元化战略对于企业来说意味着过大的风险，一旦该品牌下的一个产品或产品系列出现问题，特别是在质量或市场营销方面出现某种危机之后会影响到该品牌下的其他产品或产品系列，而一旦发生这种“多米诺骨牌”效应，会使一个品牌出现意想不到的市场坍塌，那对一个企业是灭顶之灾！

三、美国商标品牌战略对我国的启示与借鉴

（一）突出政府在商标品牌战略中的作用

政府不仅是公共政策的制定者也充当干预者，同时又承担谈判者的角色。如 2001 年年底，美国政府就提出了要改革其现行的专利体系，使其既能进一步促进技术创新又能保护创新技术。同时，美国政府从立法上把国内法运用到国际上（如“特别 301”的实施）。由于知识产权已成为世界各国激烈竞争的焦点之一，国际社会从来没有像现在这样如此热衷于运用专利、商标、版权来维护自身利益。知识产权被作为衡量指标已与综合国力、科技竞争、经济贸易直接挂钩，成为提高国家科技经济竞争力的重要武器，成为跨国公司在国际投资与贸易中的“杀手锏”，更成为发达国家处理国与国之间政治、经济、贸易问题的一个重要手段。

品牌虽然是以企业为主体创造的，并且只有在市场激烈竞争的环境中才能孕育和发展，但并不意味着政府在品牌战略中无所作为。商标品牌虽然属于私权范畴，但政府为了保护创新动力，促进科技发展，规范市场竞争，必然要进行干预和保护。民族品牌的发展，同样也需要政府的正确引导和积极推动。

我国正在开展的“品牌万里行”活动，在品牌战略推广，提升企业品牌意识，树立民族品牌信心等方面，正在起到巨大的促进作用。作为品牌战略的滥觞与发端，其更为丰富的内涵和现实意义将在未来品牌战略的深化中逐渐凸显。政府在国家品牌战略中的作为，至少将在以下几个方面体现：

（1）制订品牌战略推进计划，设立具体目标，有步骤地推进国家品牌战略。

(2) 创造良好的品牌孕育和促进环境，强化企业品牌意识和商标品牌意识。大力向企业普及、宣传品牌创造及保护的相关内容及制度体系，积极引导与推动企业、行业建立与完善自有品牌的创造及发展机制、品牌的管理与保护机制，推动企业成为品牌发展与保护的主体。

(3) 在遵守 WTO 相关规则的基础上，加强政府公共服务职能，加大公共产品的投入；采取政策扶持措施，积极培育和推广中国民族品牌，进而推动中国品牌的国际化。

(二) 商标品牌保护应该立足国情

保护商标品牌应该立足自己的国情，主动积极地制订商标品牌战略，合理地保护商标品牌。一方面，我们应加强商标品牌保护，这是我国实现从“制造”到“创造”的必然选择。另一方面，我们不能一味地以西方的标准来实施商标品牌保护，保护商标品牌应以国家的利益为标准，以合理为度；无论美国如何变换花招，也无论其施加的压力多大，我们应时刻记住：商标品牌保护应以适合我国国情、有利于我国国家利益为准则。

将“中国制造”变为“中国创造”，这是解决中美商标品牌冲突、更是发展中国经济的根本之道；我们还应加强中美之间的政治、经济和文化交流，增进彼此之间的了解，同时可以借助美国的经验来完善自己的商标品牌制度，提高有关人员的业务水平。

(三) 强化商标品牌的管理与保护力度

品牌是知识创新和商标品牌商业化的重要载体，也是企业无形资产的构成要素之一。品牌的作用不仅仅局限于识别性，它已成为产品、服务质量和企业形象的载体，是企业经营状况、市场信誉和消费者认可程度的体现。当市场竞争由产品竞争逐渐转向品牌竞争时，品牌战略就成为提升企业的核心竞争力的重要一环。有学者将此战略定义为：“企业为获得和保持市场竞争优势，运用商标制度提供的保护手段，达到树立企业形象，促成产品或服务占领市场的总体性谋划。”

跨国公司几乎都拥有自己的知名商标，在培育自主品牌时往往不遗余力投入巨额资金和大量智力成果，凝结着企业的全部智慧结晶。在经营策略上，跨国公司通过商标战略来占领市场的制高点，扩大自己的行业领先优势。他们在全球市场的激烈竞争，已经形成了从品牌设计、品牌选择、品牌注册到品牌经营、品牌管理和品牌保护等一整套成熟的品牌战略运营体系。而我国企业，则因为自有品牌的缺乏，经常在国际贸易中陷入不利的地位。因而，通过大力实施商标品牌战略，强化品牌管理与保护力度对于增强我国的商标品牌竞争力具有重要意义。构建包括品牌在内的对外贸易商标品牌保护体系，保障品牌在市场中的正当权益与公平竞争环境。对内完善立法和执法体系，形成企业、行业协会、商会以及政府联动的商标品牌协调管理机制，加强商标品牌的进出口预警和监测机制；对外强化我国商品和服务品牌与商标的海外保护，完善商标品牌争端的解决机制，积极维护我国企业的品牌利益。

第二节　日本商标品牌战略分析

一、日本的知识产权战略概况

（一）日本知识产权立国

日本在知识产权领域居于世界领先地位，通过实施知识产权战略促进和保护了本国经济和科技发展，增强了本国经济在世界上的竞争能力。2002 年 2 月，日本首相小泉纯一郎在第 154 届日本议会的讲话中指出：日本所拥有的专利权等知识产权在世界上已是首屈一指，日本的国家目标是将研究活动和创造活动的成果作为知识财产，进行战略性地保护和运用，从而强化日本产业的国际竞争力，为此，要建立知识产权战略会议，从而强有力的推进相关政策。2002 年 7 月，日本知识产权战略会议发表了《知识产权战略大纲》，将“知识产权立国”列为国家战略。2002 年 11 月，日本国会通过《知识产权基本法》，为知识产权立国提供了法律保障，同时在 2003 年 7 月出台了《知识产权推进计划》。

日本知识产权立国政策的提出，目的在于以知识产权的创新、保护和应用，促使日本经济的国际竞争力的提高。将知识创造作为国家战略，在进一步提高物品制造技术的同时，将产业发展的基础建立在技术、品牌、设计以及音乐、影视节目等信息化产品的知识创造上，进而实现日本经济社会的新发展。日本的《知识产权战略大纲》的内容主要是：

（1）最迟在 2003 年的国会例行会议上提出知识产权基本法。

（2）基本法的内容包括：把扩大知识产权的开发、保护、应用的良性循环作为国家目标；设立知识产权总部；制定知识产权战略计划。

（3）知识产权立国的重点政策是：加强取得“世界专利”的对策；实质性完善“专利裁判所”的职能；加强制止盗版的对策；加强保护企业机密；改变大学脱离实际的现状；培养知识产权方面的专业人才。

（二）日本的知识产权战略内容

1. 知识产权创造战略

所谓创造战略，就是以大学、公共研究机构和企业为中心，充分发挥个人的聪明才智和创造力，促进知识创新和发明创造，这是知识产权战略的基础和核心。该战略在强调充分发挥大学、研究机构和企业的创造力的同时，也积极提倡培养知识产权方面的人才，强调企业的首要任务是如何应对日益激励的全球化竞争，指出企业应鼓励发明创造并在世界上通过申请专利的形式确立专利权，政府应当提供完善的知识产权服务，引导知识产权战略的实施与发展，充分发挥政府职能。

2. 知识产权保护战略

保护战略就是从专利的审查到专利权的获得、转让和运用，都实行有效的保护政策。保护知识产权不仅是保护知识财产所有者的利益，而且是保护知识创新者和发明创造者的积极性。与物质产品不同，知识产品不仅可以反复地使用，而且还很容易被模仿和复制，这就是所谓的知识产权侵权问题。如果知识创造者辛勤劳动的成果被轻易窃取，其发明创造就会大为贬值。而如果知识产权侵权行为成为一种普遍的社会现象，知识创新者就会失去忘我奋斗的激情，社会就将失去发展的动力。所以，保护知识产权创造具有重要的意义，是知识产权战略的重要内容。

3. 知识产权应用战略

该战略的目的在于合理推进知识产权向产业的转化，合理评价和应用知识产权，通过使受保护的知识产品充分地运用，使其迅速地转化为现实生产力。

4. 人才培养战略

知识产权战略的核心是知识创造，而知识创造主要是依靠个人创造性的劳动，因此，知识产权创造需要既具有丰富的专业基础知识，又乐于为知识创新献身和奋斗的优秀人才。在知识产权的保护方面，也需要一批懂法律又懂技术的专门性司法人才。人才培养是知识产权战略成功的保障和基础。

5. 知识产权战略的实施措施

为迅速而有重点地贯彻实施知识产权战略，实现知识产权立国，要在研究制定“知识产权基本法”的基础上，建立“知识产权战略本部”，制订“知识产权战略计划”，由政府各有关部门分工合作地付诸实施。

（三）日本知识产权的发展方向

面对21世纪知识创造时代、经济全球化和电子网络社会化时代的到来，日本各界均认为日本在对知识产权保护和管理方面仍落后于美国，尽管日本专利申请数量大大超过美国，但技术贸易收入却大大落后于美国，需要进一步加强知识产权的保护与管理，提高人们对知识产权意识的认知。近年来，日本特许厅长官召集有关专家进行了全面的分析和讨论，提出日本面向21世纪知识产权报告书。

1. 加强和扩大知识产权保护范围

知识产权制度随着产业技术的发展、科学技术的进步、社会环境的变化，其保护对象和范围将随之扩大。随着日本科技的进步和发展，基础技术和革新技术所占比率不断提高，知识产权的保护对象也将转向创造性、高技术和基本技术的保护，由追求数量向追求质量转变。

2. 增强大学以及研究所的知识产权意识

日本的大学以及科学研究所对于知识产权的重要意义认识不够，专利获取数量大大低于美国。因此，在加强技术转让管理的同时，要对研究人员进行有关知识产权的培训，把知识产权作为研究成果评价的重要条件，鼓励科研人员申请专利。

3. 促进与发展中国家的合作

近年来，亚洲各国加强了知识产权制度的建设，知识产权申请件数大为增加。但在短期内亚洲一些国家模仿日本企业商标、外观设计等事件仍将继续存在，而且伴随经济全球化的趋势，这些模仿品呈现出向世界各国流动的倾向。日本知识产权战略专家认为，为发展与亚洲发展中国家的贸易投资，促进技术转让，需要为亚洲发展中国家建立知识产权保护体制提供适当的帮助。同时，对亚洲各国有关知识产权法律适用情况和侵权状况进行调查，保护日本企业的知识产权，促进亚洲国家加强对模仿品等侵权行为的监督和打击。

4. 建立世界统一的专利体系

随着知识产权研究开发的国际化以及经济全球化的发展，在同一个时期内，发明人有可能在不同国家和地区取得同样内容的专利。为了降低获得这些专利的成本，早日行使其权利，需要通过国际合作建立专利的国际体系。实现世界统一的国际专利体系应当通过世界知识产权组织以及世界贸易组织就各国专利制度及其运用进行协调。日本专家普遍认为，要实现世界统一的专利体系，日本首先要建立起一流的专利审查制度，争取使日本研究开发的成果能领先于世界，使之成为国际标准专利，并且得到切实的保护。为此，要缩短专利审查的时间，同时修改专利申请以及审查方面的制度，建立完善的专利审批制度。

5. 政府采取相应的措施

日本政府特许厅制定了“2005 年专利行政展望”。其主要内容包括：

（1）提供世界一流的专利申办服务，缩短从技术开发到权利获得的时间，实现信誉高、顾客满意的申请、审查、批准的实时操作和创造世界一流的检索环境。

（2）专利权的有效利用，创设专利市场，发展技术中介产业，向风险企业提供利用专利发展事业的机会，充实纠纷处理机制。

（3）开展专利国际合作，建立世界通行的专利制度和申请程序，提高国际专利的占有率，促进亚洲各国采取切实有效的措施保护知识产权。

（4）建立专利信息高速公路，实现专利申请、审查、批准全过程的电子化。①

二、日本的商标品牌战略

品牌的价值及其重要性在市场经济条件下早已为广大的企业经营者所认识，

---

① 吕薇：《知识产权制度——挑战与对策》，知识产权出版社 2004 年版，第 78 页。

然而，我们通常认识的“品牌”仍然是一个较为模糊的概念，有的时候指一般的商标，有的时候则指已经享有了一定知名度的商标，但通常是指以商标为核心的在市场上树立起来的企业的整体形象。品牌往往与商标有着密切联系，因此，商标法律制度的发展与完善对于品牌战略的推进有着重要的意义。

（一）日本的商标法律制度

日本作为发达国家，是全球第二大经济实体。日本现行的商标法是1959年4月13日制定的，其间经历了28次修改，最近一次修改是2001年6月29日。经过频繁修改后的日本商标法一方面反映了日本经济的变化和发展，另一方面与保护商标的国际公约协调一致，从而使得日本的商标法不仅促进了本国经济的发展，提升了本国企业的国际竞争力，而且其立法具有时代性，在国际社会中也不落伍。经过多次修改后的日本商标法，增加的主要内容有：①引进了立体商标的保护，允许立体商标申请注册；②强化对商标权的法律保护；③简化了商标的申请程序；④对法人侵权实行重罚；⑤增加了地理标志的保护以及有关葡萄酒或白酒地理名称禁止注册的规定；⑥对外国的驰名商标给予一定的保护。

经过多次修改的日本现行商标法体现了自身的一些特点，主要包括以下几方面：

（1）通过频繁修改，促进经济发展。日本经济经历了从20世纪60年代的高速发展到90年代的缓慢发展甚至出现衰退，直到近年来才有所恢复，在此期间，无论是在经济发展迅速时期还是缓慢时期，为适应客观经济形势的发展变化，日本积极地、不失时机地进行了商标法的修订工作。商标法的频繁修改，既反映了日本剧烈的社会经济变迁，又反映了立法为促进经济发展、服务经济、服务发展的思想。正如现行《商标法》第一条所说的：“本法以通过保护商标，谋求维护进行商标使用者业务上的信用，且有助于促进产业的发达，同时保护需要者的利益为目的。”

（2）积极与商标国际法律制度协调一致。商标法起源于欧洲，欧洲和美国对商标法律的研究和对商标权的保护由于经济发展水平的要求而在世界上有着重大的决定性影响，《保护工业产权巴黎公约》、《世界商标品牌协议》、《马德里协定》等商标品牌方面的公约都与欧洲和美国保护商标权有着密切联系。日本虽然是亚洲国家，但从其经济发展水平而言属发达国家，在思想观念上也属于西方国家。因此，日本的商标法律制度十分注重与国际公约协调一致，并积极参加各种商标品牌保护的国际公约。同时，日本为履行自己的国际义务，将自己在商标保护方面的国际权利和义务在日本商标法中具体化。日本参加的关于商标方面的国际公约、协定是当今世界关于商标法律制度的主要国际法框架体系，加入并执行这些国际公约、协定，既对日本经济发展有促进作用，又是对世界商标权保护制度的一种贡献，同时，使日本关于商标制度的意志在制定国际公约、协定时能得到体现，其利益在制定国际公约、协定时能得到保障。

（3）以刑罚保障商标注册的真实客观。日本的商标注册实行注册主义原则，商标注册是商标获得保护的基础，因此，商标注册的真实、客观是十分重要的基础性工作。为了保障商标注册工作的客观公正，日本商标法规定了刑罚措施，对商标注册过程中的各种欺诈、弄虚作假行为进行严厉处罚。

（4）重视权利冲突的解决。商标权作为商标品牌的一种，不可避免地可能会与其他权利发生冲突。如何有效解决这些冲突，合理分配利益，保护权利人的合法利益，是商标品牌学术界探讨的主要问题之一。日本的商标法对商标权与其他权利发生冲突时如何解决进行了全面的规定，对商标权与名誉权、姓名权、肖像权、特许权、著作权等进行了规定，较好地解决了商标权在与其他相关权利发生冲突时的解决办法，有效保护了权利人的合法利益。

（5）借鉴商标使用主义的精神。日本在商标权的取得上采用注册主义原则，但是近年来，在国际上出现了英美法系商标权使用取得主义影响扩大的态势，德国等大陆法系国家也在立法中出现将使用主义精神在法律中加以采用的现象。现行日本商标法也有这方面的规定。例如规定：在他人的商标注册申请前，在日本国内，不具有不正当竞争的目的，在属于商标注册申请的指定商品或服务范围内，或者是类似的商品或服务范围内，进行该申请注册的商标或类似的商标使用，结果在商标注册申请时，在社会一定范围内被广泛认知，则在该商品或服务范围内有进行该商标使用的权利。

（6）重视商标权利的保护。日本商标法为加强对商标权人的保护，防止一些人利用商标注册尚未确定的情形而损害商标注册申请人的利益，规定：商标注册申请人提出商标注册申请后，提示将记载与该申请内容有关的文件进行警告，在该警告后商标权的设定注册前，在该申请指定的商品或服务范围内，对使用与该申请注册的商标有关的人，可以请求支付由于该使用而在业务上发生的损失金额。同时，日本商标法为适应国际上商标法发展的变化，对立体商标加强了保护。

日本商标法的宗旨是：通过保护商标，维护商标使用者在业务上的信誉，促进产业的发展并保护消费者的利益。现行日本商标法的体例和内容主要有：

（1）商标注册与商标注册申请。

日本商标法对商标作了明确的定义：商标指由文字、图形、符号，或立体图形，或它们的组合，或者它们与色彩的组合。

①商标注册的要件。

商标注册的要件为在与自己业务有关的商品或服务上所使用的商标，除下列以外都可以取得商标注册：

a. 仅以普通方式表示其商品或服务通用名称的标志组成的商标。

b. 商品或服务上所惯用的商标。

c. 仅由商品的产地、销售地、品质、原材料、效能、用途、数量、形状、价格或生产、使用的方法组成的标志。

d. 仅以普通方式表示常见的姓名或者名称的标志组成的商标。

e. 仅由极其简单且常见的标志组成的商标。

f. 除前各款所列者外，消费者不能分辨出是与某人业务有关的商标或服务的商标。

同时，日本商标法也明确规定了不能获得注册的商标的范围，主要包括与国旗、勋章、奖章或者与外国的国旗相同或近似的商标，以及与国际组织的标志相同或相似的商标，与表示国家、地方公共团体及其机关的标志相同或近似的商标，其他可能违背公共秩序或善良风俗的商标均不能获得注册，此外还包括其他一些不能获得注册的标志，在此不一一列举了。

②商标注册的申请。

商品的所有者或服务的提供者要取得商标的注册必须向特许厅长官提交记载有以下所列事项内容的申请书，并且附上必要的图样。

a. 商标注册申请人的姓名或名称、住所或居所。

b. 欲取得商标注册的商标。

c. 指定商品或者服务的分类。

申请受理后，由特许厅长官认定有关商标注册申请的申请书提出之日即为商标注册申请日。对于不符合要求的申请书，可以要求商标注册申请人在指定期间内对申请书进行补充。填写申请书时实行一商标一申请的原则。当有两个以上相同或近似的商标在相同或类似的商品或服务上于不同的日期提出注册申请时，只有最先提出商标注册申请的申请人才能够获得该商标的注册。如果是在相同的日期提出商标注册申请的，则由申请人根据协议决定仅有一个商标注册申请人就该商标取得商标注册。如果不能达成协议或者在前项规定中指定期间内未能呈报协商结果的报告时，特许厅长官将根据公正的方法进行抽签，由抽中的商标注册申请人取得该商标的注册。

（2）审查和授权。

日本商标法规定对于申请注册的商标由特许厅进行形式审查和实质审查后，认为无驳回理由的，则在商标公告上发表。一经公开，则任何人均可在两个月内对该商标提出异议，特许厅把异议副本转给申请人，由申请人在限期内提出答辩书。随后特许厅根据双方的理由进行裁决，并把结果通知双方。如果当事人仍然不服的，可以提出诉讼。法院判决异议成立的，申请人则要放弃申请。公告后无人提出异议的或者有异议但异议理由不成立的，特许厅将作出审定，通知申请人，同时刊登商标公告。商标权的保护期限为10年，期满前可以续展。

（3）商标注册异议制度。

商标异议期为两个月，从商标权利公告之日起开始计算，任何人均可以提出异议。异议理由可以在提出异议申请的期限两个月过后的一个月内提出。对于在外国居住的人，可以延长期限。异议可以针对每项指定商品或者服务提出。异议被受理后，根据审判官的一致同意，可以审理异议。若权利公告后提出异议的，经裁定异议理由成立，商标权视为从未存在。收到取消商标注册决定的商标权人，可以向东京高等法院提起诉讼。异议人提出异议后，特许厅将异议资料副本送给商标权利人，但商标权利人没有必要提交答辩书。如果特许厅决定维持商标注册，不需要征求商标权人的意见，接受这一决定的异议提请人不能再提出不服。对商标异议审定结果将单独刊发审定公报，登载异议理由、审定结果、申请与异议引证商标图案。商标注册异议制度是保护商标权人利益的一项有效的制度。[①]

（4）商标侵权及保护。

日本商标法第三十七条将下列行为规定为侵害商标权或者专有使用权：

①在指定商品或者指定服务范围内，使用与注册商标近似的商标的，或者与在指定商品或者指定服务类似的商品或者服务范围内，使用注册商标或者与之近似商标的。

②为了转让或交付，持有在指定商品或与指定商品或指定服务相类似的商品上或其商品包装上附以注册商标或与其相近似的商标的行为。

③为了提供服务用的物品，而持有或进口在指定服务或与指定服务或指定商品相类似的服务中供被服务者利用的物品上附以注册商标或与其相近似商标的行为。

④为了提供服务用的物品而转让、交付或为了转让、交付而持有或进口，使用在指定服务或与指定服务或与指定商品相类似的服务中供被服务者利用的物品上附以注册商标或与其相近似商标的行为。

⑤为了在指定商品或指定服务上或在与其相似的商品或服务上使用注册商标或与其相近似的商标，而持有表示注册商标或与其相近似商标物品的行为。

⑥为了使他人在指定商品或指定服务上或在与其相类似的商品或服务上使用注册商标或与其相近似商标，而进行转让、交付或为了转让、交付而持有表示注册商标或与其相近似商标物品的行为。

⑦为了自己或使他人在指定商品或指定服务上与其相类似的商品或服务上使

① 郝玉强、姚坤：《日本商标法律制度概况》，载《中华商标》2001年第6期，第44页。

用注册商标或与其相近似的商标，而制造或进口表示注册商标或与其相近似商标物品的行为。

⑧只是为了制造表示注册商标或与其相近似商标的物品，而以制造、转让、交付或进口所需物品为业的行为。

针对以上商标侵权行为，商标权人或者专有使用权人对于侵害自己的商标权或者专有使用权的行为，可以请求该侵权者停止侵害。同时对于故意或过失造成的损害，商标权人或者专有使用者可以提起赔偿损失的诉讼。对于损失赔偿额的确定，如果是侵权人因侵权行为而获得利益时，推定该获得的利益即为商标权人或者专有使用权人所受遭受的损失额；如果侵权人没有获得利益或因侵权行为所获利益难以计算的，则损失赔偿额可以参照使用该商标时一般获得的金额加以计算。

(二) 日本的商标品牌战略

日本商标品牌的竞争力仅次于美国，其品牌战略有自己的特色，这种特色在很大程度上带有东方文化色彩，尤其是儒家文化的色彩，典型的是企业所表现出来的团队精神。

1. 具有良好的企业品牌的质量意识

日本企业特别重视自己品牌的产品质量，可以说企业将产品的质量视为企业品牌的生命。日本企业特别重视自己品牌的产品质量。说日本企业视质量为企业品牌的生命，可以说一点也不为过。在第二次世界大战以前，外国人根本不知道日本有什么高档消费品，更有甚者，在不少外国人眼里，标有“Made in Japan”(日本制造)的商品，一定是质量低劣的产品，更谈不上什么名牌产品。在战后，美国和欧洲人提起日本产品，大概就是仿中国油纸伞、和服、玩具和一些不值钱的小玩意儿。20世纪50年代，日本企业在政府的扶植之下，开始引进外国先进技术，相继制订和实施机电产品振兴法案和电子产品振兴法案，使产品质量不断提高。60年代，日本逐步实行经济自由化政策，各企业更注重通过引进技术来提高自己的产品质量，通过增强企业的技术研究和开发能力，创立名牌产品。如日本的松下电器公司最先引进荷兰飞利浦的电子制造技术，从过去只能生产一般的电灯插口，发展到生产世界闻名的各类松下电器。松下公司在创立品牌的过程中，始终把握产品质量这一关。松下电器的宗旨就是，制造者的使命就是要生产优质产品，即使是1%的次品，对于用户来说也是100%的次品，松下的质量理念是以用户满意为标准，完全站在用户立场上考察商品，而不是单纯地考核技术指标，松下专门设置产品质量检查所。凡是新产品进入市场之前要在质量检查所召开审查委员会通过，最后由总经理亲自批准，才投放市场。松下还最早实行销售和售后服务相结合，销售店同时搞维修服务，便于进行质量反馈。松下电器公司正是凭借产品的质量创立了世界电子产品的名牌地位。如今，松下在全世界 38 个国家建立了 150 多个生产基地，公司营业收入中的将近 60% 来自海外。

重视产品质量的日本企业，除了松下，在电器行业还有索尼、日立、三洋、东芝、夏普等知名品牌企业。索尼的盛田昭夫在谈到产品质量与广告的关系时认为，不要迷信广告万能，质量低劣的产品，靠广告的宣传也是无法推销的；而靠降价处理，则是破坏企业品牌声誉的、最坏的办法，真功夫要用在提高企业产品质量上。日本在汽车行业的几大名牌也是依靠严格的质量标准逐渐打开国际市场的，有人认为，日本汽车占领国际市场主要是靠便宜的价格和灵活的市场营销手段，这是不准确的，价格和营销当然是产品竞争力要素或者说是核心要素，更重要的则是产品的质量。日本汽车的质量虽然比不上欧美产品的豪华，但在 1973 年世界石油危机之后，日本汽车厂商开发生产的汽车，具有省油、轻便、灵活的性能，以新的市场质量标准赢得了客户，从而占领了市场。特别是日本的丰田、日产、本田等，正是靠着信得过的质量，已经发展成为世界颇有影响力的汽车品牌。

2. 树立商标品牌的战略化发展之路

（1）实施品牌国际化。通过实施品牌国际化，使企业最高管理者有明确的意识和战略目标，适时提出品牌国际化战略，提高企业国际化程度，加快企业品牌国际化进程。

（2）认真分析和识别战略性市场。通过分析和识别战略性市场，选择和进入的市场范围更广，重点突破国际主流市场。加强企业之间的信息交流和共享，建立由政府、行业协会以及企业参与的信息网络，加快建立健全的信息服务体系，加强对重点国家和地区市场环境、投资环境的分析研究，为品牌国际化提供准确、及时的市场信息。

（3）强化广告传播对品牌国际化的重要性，通过与国外零售商合作、采取赞助的方式做广告，积极通过有影响的媒体或事件做广告。加大广告宣传投入，提高广告宣传水平，积极发挥本土的营销人才或专业机构的作用，积极推行广告传播，整合营销传播整体推进品牌国际化的建设。

三、日本商标品牌战略对我国的启示与借鉴

（一）树立强烈的品牌战略意识

通过学习现代企业营销管理知识，了解国内与国际行业发展形势，积极实施和推进本企业品牌战略。只有深刻认识到实施企业品牌战略的重要性，才能使企业在激烈的行业竞争中夺得更大的市场份额，才能求得企业的长期生存与发展。才能塑造出在国际上扬名中外的国际著名品牌。树立强烈的品牌开发战略意识，以高度的政治责任心和紧迫感实施和推进企业品牌战略。努力学习世界各国有关

商标注册的法律知识及对商标品牌侵权行为的处理过程，加快品牌的建设和推广。

（二）树立强烈的品牌经营观念

选择商标要注重显著性、独创性，并重视开发商标文化的经济价值。商业企业通常经营的商品种类，少则成百上千，多则成千上万。实施品牌战略没有必要、也不可能去发展这么多的品牌商品，而是应经过市场调查，从本企业的实际出发，开发一两个品牌（通常一个品牌也就够了）。在目前消费品越来越趋于同质化的情况下，企业品牌开发的重点要体现出异质性——跟着市场走，甚至引导市场走。著名品牌正是突出了与同类别产品的异质性才获得成功的。

（三）加强企业商标品牌的法律保护

加强企业商标品牌的法律保护，是实现商标品牌战略发展不可忽视的关键环节。日本各大企业不论采取什么样的商标品牌组织架构，其内部商标品牌管理流程均十分注重法律的参与。从商标注册到商标品牌的评估、管理和保护等各个环节，有关职能部门都强调与法律部门的沟通，重视从法律角度论证工作的合法性和可行性，自觉地把国家商标品牌制度的法律要求具体落实到企业商标品牌工作的各个方面。有鉴于此，我国企业在推进商标品牌工作时，也应该重视把握商标品牌国际规则以及国际国内有关法律、政策的变化，建立一整套科学合规的企业商标品牌工作流程，将商标品牌法律保护与企业法律风险防范体系建设有机结合起来。同时还要做好商标品牌的纠纷预防和纠纷处理工作，通过建立商标品牌预警机制，学会规避全球经济一体化带来的商标品牌风险，推动企业有效运用商标品牌法律手段，增强处理商标品牌纠纷的应对能力。

第三节　欧共体商标品牌战略分析

一、欧共体商标品牌战略概况

欧洲是世界商标品牌保护的发源地。远在 17 世纪，伴随着资本主义经济的发展，新的财产形式不断出现，财产的范围不断扩大，在当时的欧洲出现了公司这种企业组织形式，从而产生了股权、商号权这样的财产权。为进一步明确这些无形财产的所有权，英国于 1623 年颁布了《垄断权条例》，1709 年制定了《安娜女王法令》，法国于 1857 年颁布实施了《关于以使用原则不审查原则为内容的制造标识和商标的法律》，这些是世界上最早的专利法、著作权法和商标法，标志着专利发明、著作、商标等无形财富具有法律上财产的意义，商标品牌由此产生。它们对后来资本主义各国的商标品牌立法产生了重要影响。

欧洲的商标品牌保护的发展历史大致可以分为三个阶段：第一阶段，1623 年至19世纪末。各国的商标品牌法律法规普遍规定，商标品牌的确认或保护只适用本国法，其空间效力仅仅限于本国境内；第二阶段，19世纪末至20世纪70年代。资本主义进入垄断阶段，伴随着国际商业贸易不断扩大，知识产品的国际市场日渐形成和发展起来，这样商标品牌的地域性限制与技术和知识的国际性要求出现了矛盾，商标品牌的保护不断步入国际化轨道；第三阶段，20世纪70年代起到现在。伴随着欧洲经济贸易一体化进程的加快，欧洲各国的商标品牌保护也出现了一体化的趋势。欧洲商标品牌在保护发展历程中呈现如下特点。

（一）不断追求合法保护和合理限制的平衡

商标品牌一定意义上是一种垄断权，我们可以从世界上第一部商标品牌保护法——1623年英国颁布的《垄断权条例》的名称中就可以看出。因此，欧洲的商标品牌保护发展充斥着加强商标品牌保护和反对垄断之间的论战和斗争。

在欧洲商标品牌保护的起步阶段，各国尽管强调垄断权，但却是有限垄断。许多国家的法律将食品、医药和化学等领域产品的专利保护限制为仅对其制造方法的保护，甚至排除在专利保护之外。如在1623年英国颁布的《垄断权条例》中，对专利保护的对象、发明者、权力适用地域范围、专利权期限（14年）均作了一定的限制。即使是专利大国瑞士在19世纪80年代也曾一度排斥商标品牌保护法，但迫于德国的压力，瑞士最终制定了专利法，却规定了多种排除和防范措施，包括强制实施和强制许可，化学品和纺织品染色被排除在专利保护之外。由此也引起了很大的争议，1850年至1875年，欧洲学术界和政治界曾经引发了一场专利制度是破坏自由贸易原则还是激励发明的辩论。

直到1883年《保护工业产权巴黎公约》、1886年《保护文学艺术作品伯尔尼公约》、1891年《商标国际注册马德里协定》等国际条约的形成，表明了商标品牌的保护开始步入国际化轨道，商标品牌保护制度开始显示出明显的国际化趋势。但即使订立了上述公约，其规则也表现出了相当的弹性。如在《保护工业产权巴黎公约》中允许各国将某些技术领域排除在专利保护之外，可以各自决定专利保护的期限，还允许各国撤销专利和强制许可，以弥补对权利的滥用。

今天的欧盟也同样面临这个问题：是自由贸易，还是地域保护？在欧盟范围内，如果各国严格遵守商标品牌的地域性，对商标品牌实行地域保护，将对欧盟一直倡导的自由贸易产生极大的障碍和冲击。

（二）国家地域保护向一体化联合保护发展

随着国际商品贸易不断扩大和知识产品国际市场的形成和发展，商标品牌的地域性限制与技术和知识的国际性要求之间出现了矛盾，商标品牌的国际化问题提上了日程。

1883年3月20日在巴黎签订了《保护工业产权公约》，有11个国家签字，形成“巴黎联盟”。1886年9月由英、法、德、意等十国发起，在瑞士的伯尔尼举行了世界上第一次多边著作权会议，签订了《保护文学和艺术作品公约》，形成“伯尔尼联盟”。1893年两者合并形成了“保护商标品牌联合国际局”。1891年4月，法、比等国发起了《商标国际注册马德里协定》，作为对《巴黎公约》商标国际保护的必要补充。

二战后，科技革命蓬勃发展，出现了电子计算机、微电子技术、宇航技术、激光技术、新能源新材料、生物科学等各种新科学领域，各类发明大量涌现，专利申请迅猛增长。为了适应新的要求，1949年英国率先对原专利法作了重大修改，20世纪60～70年代欧洲各国纷纷通过新专利法。1967年7月“保护商标品牌联合国际局”通过了《建立世界商标品牌组织公约》。1973年西欧十四国在慕尼黑签订了《欧洲专利条约》，1977年生效，并成立欧洲专利局。

今天，在欧盟，商标品牌领域的协调和统一已经达到了一个相当高的水平，若干商标品牌法规的制定已经形成了一个统一的“欧洲”权利制度。但总体来讲，对商标品牌的保护是由各国通过国内法来调整的，欧共体有关商标品牌的立法主要是协调商标品牌法与反垄断之间的冲突，在对商标品牌权利人保护的同时，维护自由竞争环境，从而在商标品牌保护与建立统一市场之间寻找一个平衡点。在具体实践中体现为法规调整下的各国相互协调和联合行动。如，欧洲理事会1999年1月25日通过241/1999号条例，进一步加强了欧盟的商标品牌边境保护；欧洲议会2004年3月9日启动快速程序，通过联合打击造假和盗版行为的法律。

（三）本地区经济利益决定商标品牌保护的重点

商标品牌发展是紧随着各国经济发展而变化的。欧洲的商标品牌保护重点也是更多取决于各个阶段欧洲乃至世界经济贸易发展状况。

在商标品牌保护制度之初，商标品牌法规更多是保护工业产品，工业专利和版权是保护的重点。随着国际商品贸易的进一步发展，著作权和商标权也成为各国关注的对象，尤其是在美国建国后的一个世纪中对欧洲版权的侵犯，使欧洲商标品牌保护的重点发生了变化。20世纪80年代后，面对信息和生物技术为代表的知识经济的大发展，欧洲也开始更多强调对电子商务等网络技术的商标品牌保护。

二、欧共体商标品牌法律制度

为实现各成员国之间商品、服务、资本及人员的自由流通，欧洲共同体自20世纪60年代初就致力于建立统一的共同体商标体系，并最终于1984年8月31日拟定了《共同体商标条例（草案）》。然而，由于各成员在共同体商标局地址、工作语言等技术问题上争执不下，该条例迟迟未获通过。

欧共体于1986年签订《单一欧洲条约》，确定了“将各成员国之间的关系整体推进到欧洲联盟”的宗旨，为实现这一宗旨，该条约为彻底消除仍存在于各成员国之间的贸易障碍设置了最后期限——1992 年 12 月 31 日。因而，为全面推进商品与服务贸易的自由流通，建立良好的欧共体内部市场运作机制，协调欧共体各成员国之间的商标立法变得刻不容缓。1988 年 12 月 21 日，在《共同体商标条例（草案)》的基础上诞生了《协调成员国商标立法欧洲共同体理事会第一号指令》（以下简称“一号指令”)。“一号指令”出台后，各成员国相继按指令的要求修改、完善了本国商标法。1993 年 12 月 20 日，欧共体终于通过了《共同体商标条例》，条例于 1995 年 3 月 15 日正式生效。“一号指令”的出台，是欧共体商标立法发展史上的一个里程碑，代表了现代商标立法的最新成就，其在客观程度上也推进了欧洲一体化进程，为商品、服务贸易在欧共体各成员国之间的自由流通创造了良好条件。

根据《欧共体商标条例》和《欧共体商标条例实施细则》的规定，在欧共体成员国取得注册的商标被称为欧共体商标，在各成员国具有同等的法律效力，对各成员国均具有法律约束力，其有效性仅限于欧共体成员国。获得欧共体商标的唯一途径是通过商标注册，欧共体商标采取申请在先的原则，由先申请人享有商标专用。申请人可以通过专业代理人或其雇员直接向“内协局”提交欧共体商标注册申请，也可向各成员国中央工业产权局提交。各成员国中央工业产权局自欧共体商标注册申请之日起算的两个星期内应采取一切必要措施，将该申请移转给“内协局”。在移转欧共体商标注册申请时，各成员国中央工业产权局可收取一定的费用。如果移转期超过了 1 个月，该申请将被视为无效申请。欧共体商标注册申请人在审查程序开始时，可以修改、撤销申请或限定商品或服务的范围。欧共体商标注册审查程序包括形式审查和实质审查两部分。形式审查是指“内协局”审查官在收到欧共体商标注册申请后，依据职权对申请条件和申请人资格所进行的审查。实质审查本身包括绝对实质审查和相对实质审查。绝对实质审查是指“内协局”商标审查官依据职权对通过形式审查的欧共体商标注册申请所进行的绝对要素（即禁用条款）的审查。该审查的内容包括：①是否违背了禁用条款的有关规定；②是否具备显著性。“内协局”对违反禁用条款或不具有显著性的欧共体商标注册申请将予以驳回。相对实质审查是指由各成员国中央工业产权局商标审查官在限期内对“内协局”转来的通过绝对实质审查的欧共体商标注册申请依据职权所进行的实质审查。

欧共体商标的注册程序包括公告、异议、注册、有效期和续展五个部分。“内协局”对通过绝对实质审查并在综合相对实质审查检索报告通知日起算的 1 个月后，将刊登欧共体商标公告。“内协局”对公告被驳回的、放弃专用权的、撤销申请的、限定商品或服务范围的及修改的欧共体商标注册申请均应再次刊登公告。

任何利害关系人均有权自欧共体商标公告之日起算的3个月内，对被公告人的欧共体商标提出异议。“内协局”对于在公告期内无异议或异议不成立的欧共体商标在公告期满后予以注册。欧共体商标注册有效期为10年。自申请之日起算。欧共体商标注册人或其被授权人可在其欧共体商标注册有效期满前的6个月内向“内协局”提交欧共体商标注册续展申请。该续展申请可基于全部注册的商品或服务提出，也可基于部分注册的商品或服务提出。欧共体商标续展有6个月的宽限期。

欧共体商标注册人享有对该欧共体商标的专用权。有权禁止他人：

（1）在相同或近似的商品或服务上使用与其注册的欧共体商标相同或近似的商标。

（2）在相同或近似的商品或服务上使用易在消费者中与其注册的欧共体商标产生混淆的商标。

（3）在不同的或非近似的商品或服务上使用与那些在欧共体内驰名并取得欧共体注册的商标相同或近似的商标。

（4）在商品的包装上粘贴与其注册的欧共体商标相同或近似的商标。

（5）在市场上销售或储存与其注册的欧共体商标相同或近似的标志或提供相同或近似的服务。

（6）在相同或近似的商品或服务上使用其欧共体商标并开展广告宣传业务。

（7）以销售代理或代表的名义抢注其欧共体商标（该代理或代表能证明其行为是正当的情况除外）。

欧共体商标注册人在取得注册后的5年内必须在欧共体商业中连续地使用其注册商标。欧共体商标的使用必须是真实的和有效的，而且使用的范围必须覆盖全部注册的商品或服务。如果注册人只在部分商品或服务上投入商业使用，那么未使用部分的商品或服务存在被撤销的危险。

三、欧共体商标品牌战略对我国的启示与借鉴

1. 树立商标品牌战略观

树立商标品牌战略观，是加强企业商标品牌工作最重要的思想基础。国家从立法、司法、行政等方面鼓励自主创新，企业与员工之间形成双赢的商标品牌推进机制，企业高度重视商标品牌的法律保护，形成较为成熟的商标品牌战略意识。借鉴欧共体商标品牌发展的经验，我国企业作为商标品牌战略实施的重要主体，不仅要积极创造商标品牌，而且更要有长远的商标品牌战略。从国家战略和商标品牌战略全局来看，必须动员全社会的力量。要把创新、应用、管理和保护商标品牌作为一个完整的工作体系来考虑。要通过立法、司法、政策等多方面的引导，支持企业实施商标品牌战略。

2. 完善符合国情的商标品牌战略立法

完善符合国情的商标品牌战略立法，是推进企业商标品牌工作最紧迫的外部条件。欧共体各国十分注重根据本国经济社会发展需求和企业特点制定和调整相关法律，其所建立的商标品牌法律制度，注重保护汽车、机械制造、电子、生物制药等强势产业；同时善于利用商标品牌立法手段，合理解决企业发展过程中的突出矛盾。以此为借鉴，我国商标品牌立法在坚持立足国情时，应该特别强调符合我国社会经济的发展阶段和水平，谨防不切实际的趋前或滞后。同时，借鉴欧共体各国的立法经验，抓紧研究制定、规范、完善我国商标品牌战略方面的法律制度，进一步推进我国商标品牌战略发展。

3. 突出大企业在实施我国商标品牌战略中的重要地位

欧共体各国的竞争力首先表现在培育了一大批拥有国际竞争力的大企业、大品牌。比如德国就拥有以奔驰、宝马、西门子、拜耳、巴斯夫为代表的一大批跨国公司、大企业。这些大企业充分利用商标品牌及其规则，构筑起在本行业研发、生产、销售的国际领先地位，形成了德国企业在汽车、机械制造、电子、生物制药等重要产业的国际竞争优势，并获取了巨额利润。德国的做法启发我们，当前推进我国企业商标品牌工作必须突出重点。要通过深化国有企业改革，加快投资主体的多元化和股份制改造，使国有企业真正成为独立的市场主体和竞争主体，从而增强自主创新的原动力。要紧紧围绕迅速提高我国整体的国家竞争能力这个大的目标，采取切实有效的措施，着重提高我国大企业的原始创新、集成创新和引进消化吸收再创新的能力，使我国一批骨干大企业率先成为自主创新的主体，进而尽快形成具有自主商标品牌和知名品牌、国际竞争力较强的优势企业群，加快推进我国创新型国家建设。

4. 培养高素质的人才队伍，落实企业商标品牌战略

欧共体各国大企业都把建设一支商标品牌管理专业队伍作为公司人才培养的重要组成部分，把对员工的商标品牌教育培训作为公司员工培训的重要内容。我国企业商标品牌专业人才匮乏，商标品牌教育培训水平不高，严重制约了企业商标品牌工作的开展。因此，要进一步加强企业商标品牌的对外合作与交流工作，建立良好的商标品牌信息渠道，开阔视野，全面提高我国企业员工的商标品牌意识和专业素质。要通过“一般人员加强培训、骨干人员重点培养”等企业内外结合的方式，加快培养一批懂技术、懂法律、懂管理且熟悉国际规则的商标品牌复合型人才。在企业商标品牌战略和管理指南专题研究完成以后，要适时举办各种类型的培训，以落实专题研究成果为契机，加快提高我国企业商标品牌人才队伍的专业素质。

第四节 世界各国实施商标品牌战略的意义

2008年6月5日，国务院发布《国家知识产权战略纲要》，决定实施国家知识产权战略，而商标品牌战略是国家知识产权战略的重要组成部分，是对我国当前和今后相当长一段时期内商标品牌工作的总体谋划，是以提升商标注册、运用、保护和管理能力为目标的国家战略。纵观世界各国实施商标品牌战略的发展历史，有以下一些经验值得我们学习。

一、商标品牌战略意义重大

商标品牌战略，是指企业在一定时期内运用商标确定企业主要的及长远的目标任务和为实现这些目标任务所采取的商标运用方面的主要行动，是企业重要的经营战略，并随企业经营战略的调整而调整。商标品牌战略是一项系统的工程，由商标设计、商标形象宣传、商标保护等构成。在商标战略运作中，各系统互为一体，在企业商标品牌战略整体规划指导下，发挥各自功能，形成一个有机整体。给品牌取名是一回事，培育一个品牌却是另一回事。企业有了属于自己的“牌子”，如何使其成为一个众人皆知、被人认可的“品牌”，这正是企业需要探讨的问题所在。

据经济学家分析，20世纪80年代是产品经营时代，90年代进入资本经营时代，21世纪则是商标品牌经营时代。商标是识别商品或服务的标记，是关系企业生存和发展的重要商标品牌。商标既是经营者生产产品或提供服务的质量象征，又是经营者独特个性、文化品位、商业信誉等因素的综合载体，是为经营者创造财富的无形资产。商标战略能充分而有效地利用商标本身所拥有的功能和它为商标所有人开拓市场所具备的作用，使其服务于经济发展。

二、培育商标品牌战略意识刻不容缓

增强企业商标注册意识，强化商标注册工作，坚持商标先注册后使用的策略。如果企业的商标先使用后注册，则容易被他人抢注；如果商标注册和使用同步，既有被驳回的可能，又有被他人假冒的危险。只有商标先注册后使用，才有利于企业进行有效的广告宣传和商标专用权的保护。在企业实施商标战略过程中不断在商标的选择、设计、形象宣传、保护、争创驰名商标及商标国际化战略等方面给予理论方面的支持。强化商标保护意识，熟悉商标保护规则。意识是行动的先导，企业只有首先树立起商标保护意识，熟悉商标保护规则，才能主动地利用商标保护规则，积极打击商标侵权行为，充分维护自己的合法商标权益。

三、大力实施商标国际化战略

我国企业在走向国际市场的过程中，在选择和注册商标等方面，也就不能仅仅局限于国内，而应该有国际战略眼光。在国外申请商标注册，最好根据商标注册《马德里协定》，通过国家商标局向世界商标品牌组织提交国际注册申请，这样就可以避免逐国申请的麻烦，达到一次申请，在该公约的成员国中同时获得注册。此外，通过品牌收购策略也是推行商标国际化的一种策略，通过在发达市场收购当地品牌可以迅速占领当地已有一定的市场份额。同时，通过创立自有品牌，在发达市场培育综合品牌形象，符合企业发展趋势，品牌影响较大。另外，通过贴牌策略，采用 OEM 迅速进入国际市场，发挥企业的规模经济效应，赚取稳定利润，这是进入国际市场的捷径，从全球产业分工中找到自己位置。

四、争创驰名商标，加大驰名商标保护

企业商标战略的最高目标是创立驰名商标。驰名商标是指拥有良好声誉、商品或服务质量好、市场占有率高、为相关公众熟知的商标。驰名商标的独占权，不是一般法律意义上的商标专用权，它不但在国内得到保护，而且超越本国范围，在世界各国（至少是巴黎公约成员国）都得到保护。企业拥有了驰名商标，不仅拥有了一笔巨大的无形资产，而且还拥有了在国内外市场竞争中取得优势地位的有力武器。在我国《商标法》和《驰名商标认定和保护规定》的驰名商标认定条件中，商标宣传工作的持续时间、程度和地理范围，包括广告宣传和促销活动的方式、地域范围、宣传媒体的种类以及广告投放量等是必备条件。因而，企业在使用商标时，要加大广告宣传力度，不断提高企业商标的知名度，为企业争创驰名商标做一些必要的准备工作。企业在广告宣传时要做好如下几方面工作：①把商标作为企业广告宣传的重点，成功的广告，都是围绕企业商标进行宣传，才能效果显著，使企业的形象、产品定位深入人心。②广告创意要新颖，独具特色，这样才能把本企业的广告宣传与其他企业同类产品的广告区别开来，给消费者留下深刻印象。③商标广告宣传要与企业文化及经营理念相结合，让消费者看了广告后能产生联想。④广告宣传应长期不断，绝不是一蹴而就之事，要维护商标的知名度，必须不断投入资金，坚持不懈地进行商标宣传。特别是知名商标，如果长时间媒体上没有广告出现，人们就会怀疑这个品牌的企业是否出了问题，时间一长消费者就会把目光投向其他品牌的产品，本企业商标就会逐渐被人们淡忘。因而，像美国可口可乐公司、日本松下公司的商标，虽然已经是驰名商标，但他们每年仍投入巨资用于商标宣传，维持其驰名商标声誉，进一步提高市场竞争力。

五、建立健全企业商标管理机制

企业商标管理是商标战略的重要内容之一，也是企业实施商标战略的保障。强化企业商标管理要结合企业实际情况，做好如下工作：

（1）成立商标管理机构或专人管理商标，对商标申请、使用、印制、出入库及废次商标的处理等方面，要制定相应的管理制度。如商标档案制度、商标印制制度、商标保护制度等。

（2）积极主动维权，为创立名牌商标保驾护航。企业取得商标专用权只是第一步，关键必须做好商标权的维护，商标维权管理主要是对商标公告的监测和市场调查。通过公告检测发现新的商标申请与自己注册商标近似应及时提出异议，阻止对方商标注册成功，保护自己商标专用权。另一方面，进行市场调查，如发现市场上有生产经营者侵权，及时利用法律手段维权，确保企业良好的声誉不受损害。维护商标权不被侵害是一项长期复杂的任务。企业可以聘请商标顾问，利用专业机构协助企业打假维权。企业实施商标战略是一项长期、复杂的系统工程，既要有长远规划，又要做好各方面工作，才能保证企业顺利实施商标战略，提升企业核心竞争力。

六、实施商标品牌战略是企业实现可持续发展的必由之路

企业的品牌战略，是一项极为繁复的系统工程。其前提条件是，必须以企业的战略发展规划为基础，制订一个以企业发展战略为背景的品牌经营计划，它包括两个方面：一是品牌形成的策略与技术研究，如品牌的创意设计、商标策略、营销计划、公关广告计划、品牌扩大与延伸的策略与技术等等；二是品牌的经营策略研究，如品牌实施策略、品牌经营策略、品牌运作策略、品牌保护策略、品牌价值策略等。

品牌战略的竞争是市场竞争的重要形式，一个企业没有品牌战略，就缺乏竞争能力，没有市场准入资格；一个国家没有名牌产品，没有竞争力强的优势企业，就无法形成国家经济竞争力。我国加入 WTO 后，国内企业面对外商大举进入和国内同行业低水平竞争两方面的压力，挑战严峻的市场竞争，更应该以品牌战略为突破口，树立起品牌竞争力，这是未来增强企业核心竞争力、奠定可持续发展基础的必由之路。

我们需要做好以下工作：一是进一步完善商标法法律法规体系建设。二是大力推进商标政策体系构建。三是逐步创新和完善商标注册管理体制机制。四是积极指导和支持市场主体实施商标战略。五是加强对商标权利人和消费者合法权益的保护。六是进一步充分发挥农产品商标和地理标志在统筹城乡发展、区域发展

中的推动作用。七是逐步完善和规范商标中介服务体系。八是全面加快商标管理和公共服务信息化建设。九是进一步加大商标宣传教育与商标专业人才培养力度。十是进一步扩大商标国际交流与合作。

第三章 商标品牌创建策略

在被称为知识经济时代的当今社会，品牌对于一个企业、一个国家、一个民族到底意味着什么？不同的人回答这个问题肯定有不同的角度与措辞，但肯定所有的答案中都包含这样一个信息：重要。是的，在当今竞争激烈的市场上，无论是国际市场还是国内市场，企业的规模已经显得不是那么重要了，企业的地理位置也在信息高速公路高速的情况下变得无足轻重。高新企业，互联网企业一再证明了企业的发展与崛起可以如此的迅速。竞争如此激烈，品牌成为企业脱颖而出的一个重要标识。美国营销专家拉里莱特认为，拥有市场比拥有工厂更重要，而拥有市场的唯一办法就是拥有在市场上有统治地位的品牌。可口可乐总裁说："如果可口可乐公司在全世界的所有工厂一夜间化为灰烬，那么，可以肯定地说，大银行会争先恐后地向公司提供贷款，因为可口可乐这块牌子放到任何一家公司头上，都会财源滚滚。"① 可以说，无论是对于企业还是消费者，都正进入一个品牌的时代。而对于我们还正在成长的民族企业来说，树立强势品牌，在国内市场、国际市场屹立不倒更是一个很迫切的命题。"不少专家学者纷纷为中国企业开出应对的处方，其中'品牌化'被认为是国内企业发展的必由之路"②。

可口可乐不是从来就有的，任何的知名品牌都不是从来就有的。任何一个成功品牌的塑造都有其高明与得意之处。塑造一个知名品牌体现着企业的智慧，体现着企业的管理水平，体现着企业的发展战略思想与思维，甚至体现着企业的文化等等。当然，成功的品牌还依赖于产品的质量与技术。因此，可以说塑造一个成功品牌是一个系统工程，企业的品牌在某种意义上，特别对于消费者，体现了一个企业的全部形象。本章通过对一些成功品牌的经验与案例的分析，来构建一个立体的视角，使品牌的成功过程变得更鲜活、更有说服力，能为本书的结论作一个有益的铺垫。

---

① 张冰：《品牌将死吗》，广东经济出版社 2001 年版，第 15 页。
② 张智翔、向洪、师帅主编：《品牌之殇》，中国时代经济出版社 2005 年版，第 1 页。

第一节　品牌的初始策划

一、品牌的建立

品牌是个很常见的名词。日常生活中，当我们使用品牌一词时，一般并不会有歧义。品牌一词源于古挪威语的“Brand”，意思是打上烙印。[①] 有关品牌的定义很多，一般而言，品牌的意思就是指一种识别商品或是服务的商标，而通常这种商标本身就具有很高的识别性，因而品牌一般理解为是一种识别标志。《Random House 英语大词典》中对品牌的解释是“代表某一种产品或服务的广为人知的品牌名称”[②]。社会生活中，人们常常将品牌视为商标，商标等同于品牌，虽然这样的认识有些偏颇，但为便于论述和理解，本书不作科学区分，而是以“品牌”涵盖商标。

品牌的创立很重要，好的开始并不保证光明的未来，但如果一个品牌在创立之初就有缺陷，那么这缺陷在以后品牌的发展过程中就有极大的可能成为品牌的致命伤，让之前的所有努力付诸东流。这就是品牌初始策划、决策的意义。品牌的初始策划包括很多方面的准备工作与资料分析，任何一个决策都应当建立在慎重的思考之下。

品牌的建立方式包括品牌的创建与品牌的购买两种方式。对于企业来说，创立一个新品牌当然是建立一个品牌的办法，但是，通过各种方式，购买一个已经在使用甚至是有一定知名度的品牌，对于企业的品牌塑造或是在一定区域内打开销售市场都是一个好办法。因此，后一种方法在品牌的建立过程中也不鲜见，有时还是一种捷径。

（一）品牌的创建

顾名思义，品牌的创建指一个品牌的从无到有的过程。品牌的创立并不仅指品牌的命名，但品牌的命名也是创建一个好的品牌首先要注意的第一步。

1. 品牌的命名

现代是个讲求包装的年代，任何商品最终出现在消费者面前的时候都是五光十色，希望能最大限度地激起消费者的购买欲。而对于品牌来说，它不仅仅要引人注意，更要能够代表产品，代表服务，代表企业文化，代表产品背后的整个企

---

① ［英］保罗·斯土图伯特著，尹英、万新平、宋振译：《品牌的力量》，中信出版社 2000 年版，第 3 页。

② ［美］杜纳·E. 科耐普著，赵中秋、罗臣译：《品牌智慧》，企业管理出版社 2001 年版，第 8 页。

业。因此，在企业选择一个新品牌的名称的时候，不能只考虑一方面的因素，更要综合考虑整个企业的特征；不能只考虑眼前的因素，更要从企业的长远发展来考虑品牌的名称。以下是企业在给一个新品牌命名时应注意的几点规则：

（1）名称代表产品的特性。

既然是名称，那么它就应该具备它最基础的功能：告诉消费者产品到底是什么。当然，一般体现或是暗示了产品特征的品牌都是实行一个品牌一项产品的单品牌战略。如果要实行一品牌多产品的战略，使用体现某产品特征的品牌名称当然就不行了。体现产品特征，能让消费者看一眼就知道是什么类型的产品的品牌，能让消费者很快地记住该品牌。并且，在很多时候，消费者在谈论一件产品时，很可能用体现产品特征的品牌名称来指代该种类型的产品。这样的例子很多，商务通、文曲星、背背加、鲜橙多等都是这方面的成功例子。对于一项新产品来说，一个体现产品的品牌名称更是很有益处，企业甚至能把品牌名称塑造成该项新产品的代名词。

（2）名称具有良好联想性。

一个与众不同、充满感召力的品牌，在设计上还应该充分体现品牌标示产品的优点与特性，暗示产品的优良属性。[①] 消费者若一看到品牌的名称，就能通过对该品牌名称的联想和想象想到该产品追求的目标、该产品能达到的功效，那么，可以想象，消费者的购买欲肯定是被刺激了。女性消费者有谁不想身材"婷美"呢？购买洗发水的消费者难道不觉得头发"飘柔"吸引力更大吗？消费者购买产品是为了满足自身的需要，因此，一开始就使消费者产生良好的联想，使消费者产生好感，觉得自己需求能被满足的品牌竞争力当然是很强的。与之相反，品牌的名称若使人产生不好想象，对产品的销售打击有可能是致命的。金利来原本叫做"金狮"，用粤语念出来很像"尽输"，可以想象，改名之前产品不好买。

（3）名称容易记忆、传播。

名称就是为了别人识别方便才使用的，因此，毫无疑问，品牌的名称应该容易记忆、传播，否则，我们几乎可以毫不迟疑地把其否决掉。不能被消费者记住，意味着品牌并没有成功，因此，在为品牌命名时企业当然没理由自己给自己制造麻烦。给品牌命名也是需要智慧的，生活中能被人们记住的品牌几乎都好记，还有一些品牌的名称，甚至能在生活中被人们不自觉地传播，例如"祝你百事可乐，雪碧心情"，就成了一句很常见的祝福用语，可以窥见此两项品牌的名称是多深入人心。当然，不能为了让名字特别就用些古怪的字眼，过于古怪也会让人反感。

---

① 吴健安主编：《市场营销学》，高等教育出版社2000年版，第220页。

（4）名称独特不模仿。

模仿是没有灵魂的，品牌命名应效仿古人“语不惊人死不休”。如今的中国市场上，克隆别人品牌名称，特别是知名品牌的现象比比皆是。但是，在此需慎重指出的是，随意模仿别人不仅仅是在法律上有苛责之处，也会让消费者产生对模仿产品的反感。一个真正有信心、有雄心、有责任心的企业，相信都不会做出如此目光短浅之事。

（5）开阔性的视野。

“逆水行舟，不进则退。”企业只要存在一天就必须谋划不断发展。因此，从长远来看，品牌最终是要进入国际市场的。品牌命名就必须把眼光放到全球的视野中来，以减少区域性的限制和不利因素。实际上如今的全球跨国公司一般都不愿意显露其本土性的色彩，每进入一个新市场，他们都想方设法让自己的品牌既显得目标性十足，又能够融入当地的文化。

（6）一经命名不能随意更改。

从一开始品牌随产品投入市场，到品牌有一定的知名度，企业肯定是投入了不少花费的。一旦要更改，就意味着之前的投入大部分都白费了。同时，消费者对产品新名称的接受程度如何、反应怎样等又都是有风险的，所以企业对品牌命名应一步到位，不要轻易更改。ESS 公司，更名为“Exxon”花费了 2 亿美元；宏基耗费巨资才变为 Acer；樱花变柯尼卡的过程也大费周章。教训应该吸取。

2. 品牌标志设计

国外心理学家曾做过一个有趣的实验，让一些人学习一些他们称作“droodles”的图片。其中有的附加关于图片意义的说明，有的不附加说明。在被试者已经学习了这些图片后，再对他们进行记忆测试，要求被试者重画这些图画。结果显示，凡是得到用以学习这些图片简短说明的被试者，都比未曾得到这种说明的被试者表现出对这些图片的较好记忆。前者正确重画率为 70%，后者仅为 51%。

从实验中可以看出，具备某种象征意义或可以使人联想的图像更容易被人记住。因此，在现代的很多品牌标志的设计中，设计者一般均优先考虑一个用作品牌标志的图形是否具有意义，是否具有某种象征性。不过，由于理解上的差异，每一个设计好的品牌标志在设计者心中都是有意义的，甚至可能是含义深刻的，但对于设计者以外的人，特别是消费者是否理解、接受这种设计者认可的意义，又是另一回事了。

一个好的品牌标志，应该容易让消费者理解其含义，能用一句话或一个词来概括。换句话说，一个好的品牌标志设计应该以消费者容易理解，接受为首要目标，而不是仅仅从设计者自身理解出发。例如金山软件、奥迪汽车、花花公子、标致汽车、别克汽车和古井贡酒的标志。这些标志图案尽管不同的人可能存在不同的描述，但它们给人的印象均是容易描述。又例如，人们通常对以下标志作这样简单的叙述。金山软件的标志像一顶“帽子”，奥迪汽车的标志是“四个圆圈”，花花公子是“一只带着领带的兔子”，标致汽车的标志是“一只站立起来的狼”，别克汽车的标志是“三颗子弹”，中国国航是“一只凤凰”。

一个优秀的品牌标志还应该能够帮助企业传达品牌的象征意义。一个品牌标志设计者，在为产品或公司设计一个品牌标志时，一般都致力于向消费者传达某种明示或暗示的含义，以便让消费者尽早了解该品牌是传达何种产品、代表何种服务甚至代表何种精神等企业想向消费者传达的信息。例如，皇冠是皇室用品象征高于普通民众的阶层。劳力士手表将“皇冠”符号作为自己的标志图案，长久以来，一直占据着高档手表的市场位置。必胜客是快餐店，就把品牌标志设计成一座屋子。给消费者以普通人家居晚餐的感觉。微软视窗产品的标志就像许多重叠的窗口，这一标志形象地表现了其操作系统给消费者的第一感受。耐克的标志是一个“钩”，它容易让人联想到穿鞋运动时脚步落地的一刹那定格的感觉，很生动形象。奔驰的标志是一个方向盘，让人一看就知道是汽车。法拉利的标志是腾空飞奔的马，马是速度的象征，标志象征着法拉利车也像马奔驰一样能带给人一种冲破阻碍，自由驰骋的感觉。消费者都有感性的一面，美好的品牌标志自然能给产品加分。

（二）品牌的购买

企业购买品牌一般有以下两种目的：第一，企业希望通过购买一个品牌来使自己的产品进入一个新的市场或是新的行业。第二，企业希望通过购买品牌来消除自己产品的竞争对手。有很多通过品牌的购买实现了上述目的的例子。我国家电行业的巨头 TCL 就通过收购德国品牌施耐德和美国 Govedio 公司来开展其开拓欧洲和美国市场的计划。而对于一些进入中国市场实力雄厚的外国公司而言，通过购买与其在市场上有竞争地位的中国品牌，最终让自己的产品占领市场的例子也很多。联合利华就是以购买品牌来打入别国市场著名的企业，其旗下品牌夏士莲购买于进入东南亚市场之时，而进入中国市场之后，联合利华更购买了京华茶叶等多个品牌，其中很多都已经在市场上消失了。

购买品牌确实能给企业带来很大的利益，但其中的一些问题也是应该注意的。首先，品牌的购买对于企业来说，一方面是一个新的品牌的诞生，另一方面，购买来的品牌本来就是一个已经使用过的品牌，是旧的。所以，企业如果决定购买一个品牌，首先，一定要处理好这新与旧的关系问题。企业在作购买的决策时，一定要对自己的产品与拟订购买的品牌的关联有一个明确的定位，确定自己要通过购买品牌实现的目标。其次，购买一个品牌，就一定要对此品牌有很深入的了解，例如，拟购买的品牌原来的市场定位、受众人群、声誉、形象、竞争力等要素都应该是重点考察的对象。可以这么说，购买一个品牌，取决于两个因素，一是企业购买的目标，另一个就是在目标指引下的具有符合目标要求且内在素质优秀的目标品牌。最后，有能力购买别人的品牌来实现自己目标的企业一般都会具备一定的实力，但即使如此，购买品牌也要把握好时机才能为企业带来更多的效益。选择在拥有拟购买品牌企业处于危机或是困难中时进行购买当然比正常时购买在价格上更优惠。

但是，购买品牌也是把双刃剑。企业如果在对自身定位、目标品牌定位以及购买目的等方面决策失误，企业的购买也难免失败。

二、品牌使用的战略

品牌的使用战略主要指企业到底是使用单一品牌还是多个品牌进行市场推广，也被称为品牌的标准化与差异化。对于企业来说，在创立一个品牌之后，面临的下一个问题就是只使用此一个品牌，还是使用多个品牌把产品投入市场。品牌使用战略对于企业的整个品牌经营而言，有提升和基础的作用，是企业下一步品牌经营的方向标。同时，品牌使用战略也体现企业对未来发展的规划，体现企业的品牌营销智慧。

（一）单一品牌战略

实行单一品牌的企业很多，数不胜数，实行单一品牌成功的例子也很多。对于企业来说，单一品牌战略有着很大的优点。使用统一品牌“Canon”的佳能公司在其生产的照相机、传真机、复印机、打印机等产品上都使用“Canon”，取得了成功。

1. 单一品牌使企业能集中优势塑造优质形象

单一品牌战略能使企业集中资金，集中智慧，集中人力资源，合理打造企业唯一的品牌，品牌成功的可能性大大加大，同时，品牌使用战略也体现了企业对未来发展的规划，体现了企业的品牌经营智慧。

2. 单一品牌有助于品牌的延伸与产品的推广

因为已有的品牌已经有一定的知名度，企业就可在进入另一个行业、另一个市场时将原有品牌延伸过来，如此一来，新产品、新市场基于原有品牌的信誉度，将更容易被企业打开销路。佳能系列产品均使用同一品牌，正体现了品牌的延伸，这种延伸也给佳能带来巨大成功。云南白药膏、云南白药创可贴、云南白药喷雾剂等一系列用同一品牌的产品也是很好的例证。

单一品牌战略也有着自身的缺点，实行单一品牌战略时就应注意发扬单一品牌的优势，克服固有缺点，如品牌单一会造成产品的风险加大；单一品牌会造成品牌定位的固定；单一品牌容易使品牌大于产品，让消费者对品牌印象深刻，但对具体产品淡化。使用单一品牌的企业大多将其品牌进行向不同行业、不同区域延伸，这样的结果就不可避免地造成了上述的风险与缺点。这就要求企业在实行单一品牌时必须有所决策，例如，要不断加强对品牌的管理，树立良好形象，增强抗风险能力；同时，在进行品牌延伸时，应注意考察产品的相关性，品牌延伸应适可而止。

我国运用单一品牌策略的企业就有很多，比如海尔。世界知名品牌成功运用单一品牌的成功例子也不少。还有企业将自己的多品牌改成了单一品牌。松下就将旗下的 National 品牌取消，全部产品变更为只使用 Panasonic 品牌。香奈尔（CHANEL）于 1913 年诞生于法国巴黎，是世界知名的品牌。从服装开始，一直到珠宝饰品、配件、化妆品、香水，每一种产品都闻名遐迩，对于消费者来说，香奈尔不仅仅是产品，像它的创始人一样，香奈尔是优雅、时尚，甚至是一种生活方式、生活态度。作为一个品牌，香奈尔给消费者的是一种整体的感觉。相对于多品牌策略来说，单一品牌策略更像是一只有力的箭，准确地射向目标的中心点。

（二）多品牌战略

对于一些实力雄厚的大企业来说，为了避免单一品牌带来的一些限制，他们也采取多品牌战略，并取得了成功。实行多品牌战略有以下一些优点：

第一，用多品牌战略有助于企业全面占领一个大市场，满足不同层次、不同消费需求的消费者。一个品牌只有一个定位，只能得到一个消费群体的偏爱，而多个品牌恰好能适应形形色色的消费者占领广泛的市场。一般单一品牌的市场占有率达到 20% 已相当不错，宝洁的三个洗发水品牌曾为其带来 66.7% 的市场占有率。

第二，多品牌战略有利于提高企业抗风险的能力。单一品牌战略下，品牌下某种产品出现问题，就会使品牌下所有产品受牵连。与之相反，采用多品牌策略的公司赋予每种产品一个品牌，而每一个品牌之间又是相互独立的，个别品牌的失败不至于殃及其他品牌及企业的整体形象。企业会遭遇的风险无形中就降低了。

成功运用多品牌战略的世界知名企业很多，宝洁就是之一。宝洁公司的产品有洗衣粉、香皂、洗发水等，其不同的产品线及不同的产品项目使用不同的品牌。其洗衣粉、香皂、洗发水品牌各不相同，洗衣粉中又有汰渍、碧浪等品牌，香皂品牌有舒肤佳，洗发水品牌有飘柔、潘婷、海飞丝等。

多品牌战略在运用过程的劣势也是显而易见的。从消费者角度来说，只会从应用的层面来选择商品，但是不会同一家族的一个品牌到另一个品牌之间产生联想，造成品牌忠诚度比较单薄。当一种产品不再被使用的时候，消费者也许就会忘掉这个企业以及企业的其他产品。当然有弊也有利，因此，运用多品牌战略同样要注意扬长避短。在经营、管理多品牌时，首先要对旗下的多品牌进行准确定位，确定其中的核心品牌，保证各个品牌之间的联系，既向消费者强调各个品牌之间的差异性，更肯定各个品牌的共性。

（三）其他品牌战略的运用

除了以上的单一品牌战略和多品牌战略之外，还有其他一些实践中也经常用到的品牌战略。比如担保品牌、副品牌、联合品牌等不同的品牌使用战略。但担保品牌、副品牌等战略都是和单一或多品牌战略配套使用，以弥补不足。例如，运用单一品牌战略的企业就同时使用副品牌，以使单一品牌下的产品也能实现品牌效应。

第二节 品牌的传播

一、品牌传播的概念

品牌传播的概念是一个大传播的概念。传播并不仅仅只是指广告传播，更是指各种方法、各种途径的传播。大传播的概念所反映的内涵是：企业及其品牌，通过一言一行、一举一动给所有消费群体传达信息。在企业参与市场竞争的过程中，一种有计划的、系统的、策略的品牌传播代表着最高层次的一种竞争效率，它能够给企业带来的是隐性却富有价值的更强大的竞争力。同时，品牌传播策略又是当社会的经济、市场环境和营销环境发展到一定阶段的产物。中国经济在经历了短缺经济时代否定个体的品牌竞争、改革开放初期完败于国际知名品牌的高姿态进攻之后，国内企业对于企业核心竞争力有了更深入的认识，品牌的重要性急剧地凸显。中国企业以前所未有的热情投入到品牌传播大潮中去，央视不断创新高的广告标王纪录便是现象之一。

（一）品牌的广告传播

广告是广告主有偿地使用特定的媒体向大众传播商品或服务的信息，以促销商品或服务为目的的一种传播手段。[①] 如果说我们的当今世界是一个广告的世界，应该也不过分。广告通过各种途径充斥着每个人的生活。企业使用广告来推广其产品，已经不知是从何时兴起，但是，说起传播，人人都会想到广告，然而，不可否认，并不是所有的企业的广告传播都是很有效的，并不是多有广告就会让消费者产生好感，相反，让人反感繁冗的广告也有很多。很多企业花了大价钱做的广告很可能适得其反。因此，作为一种传播手段，广告也应该是科学的、有计

① 杨洁、孙玉鹏、甄翠敏编：《现代市场营销学》，中华工商联合出版社2005年版，第249页。

划的。

1. 广告传播的媒介选择

当今社会已经有很多不同的媒介来传播广告。如电视、电台、报纸、杂志、网络、路边广告、城市广告等等。各个媒体有其不同的特点。如：电视能给观众直观的视听感受，而电台广告则很便宜，平易近人，网络广告可以互动且有新意。企业只要利用得好，都能达到良好的效果。

当前，企业对电视和报纸广告最为重视，常将之作为最主要渠道来传播产品或服务，但我们也看到，相对于这两大传统媒体，其他传播方式也有很多成功的例子。例如，可口可乐更重视终端户外广告，因为可口可乐认为这样可以让消费者需要时就正好看见可口可乐的广告。

网络媒体也是崛起的一个重要媒体。已有第三媒体之称的网络以提供互动式信息传播，激发消费者需求，达到良好效果。同时，随着网民数量的不断增加，网络传播的影响也越来越大，企业选择网络进行广告传播应该说是大势所趋，企业也应该寻求在网络传播中适合自己的方式。

2. 广告传播的原则

（1）广告传播内容应与品牌一致。广告要表达一个集中、简洁的意思，并且，这种表达、表现方式也应该与产品本身品质有一定内在一致性，比如说，让体育明星来代言球鞋就是好选择，有说服力，但若球星代言的是药品，就难免让消费者摸不着头脑。

（2）广告传播的力度应与市场周期相符。如产品、品牌的知名度不是十分知名的产品投放市场初期，投入大量资金极力宣传产品，以获取知名度是可取的。但在品牌有了一定知名度，处于销售平稳时就不必要大量、密集地投放广告了。

（3）广告的内容应创新与优质。商品广告的设计必须充分研究消费者心理活动的特点与规律，增强广告的表现力、吸引力、诱导力，才能获得理想的效果。①我们尽可以将现今很多不知所云、毫无创意的广告称之为垃圾广告。如果广告很好看，让消费者欣赏，甚至是打动消费者，那么，广告的效果当然好。广告也算得上一种文化，好的广告也算得上是艺术，不好的广告企业宁可不要做，也不能任其贬低自己。“在如今的广告创意中，一些头脑简单的广告人拿肉麻当有趣，将亲情、友情包装强迫人们接受，令人生厌到了无法忍受的地步”②，比如，送礼要送“脑白金”。要不断调查广告效果，考查广告对产品销量、市场推广有何影响，以随时调整广告策略。

---

① 苏勇：《消费者行为学》，上海社会科学出版社2001年版，第166页。

② 张智翔、向洪、师帅主编：《品牌之殇》，中国时代经济出版社2005年版，第73页。

（二）品牌的其他传播

1. 促销传播

从市场营销的角度看，促销是企业通过人员和非人员的方式，沟通企业与消费者之间的信息，引发、刺激消费者欲望和兴趣，使其产生购买行为的活动。[①] 促销也是一种很常见的传播方式、有免费、赠品、抽奖等方式，优惠期、打折也是很重要的促销手段。对于促销，企业应重视的是，在促销的同时，企业品牌的形象是否会受影响，例如，经常性的优惠会被消费者认为是廉价的、低档的，而一些不切实际的承诺更会引起消费者的极大反感。因此，促销固然好，对消费者、对企业都有利益，但企业一定要借促销树立自己良好品牌形象，要把握好消费者的心理。在如今打折、降价成风的市场上，消费者也有自己的识别力，企业切忌欺骗，自毁品牌形象。

2. 公益赞助

作为社会的成员，并且是处于强势的成员，企业、公司在今日的世界上被要求要承担自己的社会责任，这是社会、消费者对企业的一种期望。企业应当是有责任感的，有责任感的企业会给消费者留下美好的印象，从而提升其品牌的信誉度。国际知名的跨国公司在这方面都是很重视的，可口可乐为中国的希望工程捐建了52所希望小学，摩托罗拉迄今已为中国教育投入捐资2 100万元人民币。国内企业在这方面也开始有了一定的重视，农夫山泉每瓶矿泉水捐资1角给中国奥运就取得了很好的效果。

3. 抄作宣传

世界上最大的鞋子，用黄金做的厕所等等，我们时常看到媒体报道这样的事件。这些企业的目的无非就是为了宣传。从实际的效果来看，这样的炒作宣传未必有很好的效果，当然，这样的事件易引发争议，对提高知名度有作用。但是，企业的知名度并不等于品牌和企业的良好形象，企业是可以制造一些事件来引起注意，例如，日立公司制造日本第一台大型电动机、第一台冰箱等。“第一”确实让日立因此名声大振。但从一个普通消费者的角度来看，黄金厕所显然是容易招致反感的。

二、品牌的整合传播

（一）整合传播的概念

品牌整合传播的概念与营销的概念有密切联系。营销的概念并不陌生，本质上来说，营销是一种科学、新鲜的经营理念。现代营销学之父菲利普·科特勒认

① 吴健安：《市场营销学》，高等教育出版社2000年版，第274页。

为："市场营销观念认为，组织目标的实现有赖于对目标市场的需要和欲望的正确判断，并能以比竞争对手更有效的方式去满足消费者的要求。"显然，以消费者为主是现代营销观念的核心与主旨所在，也是一大进步。与之相关，在现代市场营销实践中，往往通过综合运用现代广告、公共关系、销售促进等传播实务手段进行营销。于是，"整合营销传播"（Integrated Marketing Communication，简称 IMC）应运而生。1993 年美国西北大学 D. E. 舒尔茨教授等人出版了重要的著作——《整合营销传播》；该书强调由生产导向转入消费者导向后，"消费者请注意"已被"请注意消费者"所取代。消费者已成为整个营销的中心，整合营销传播确立了新方向。对于"整合营销传播"，美国广告公司协会（American Association of Advertising Agencies，4As）的一个工作组所下的定义为：这是一个营销传播计划概念，要求充分认识用来制订综合计划时所使用的各种带来附加价值的传播手段——如普通广告、直接反应广告、销售促进和公共关系——并将之结合，提供具有良好清晰度、连贯性的信息，使传播影响力最大化。至此，营销和整合传播结合在了一起，成为现代企业管理中的一个核心问题。可以说，"在营销力时代，由于市场逐渐走向成熟，广告的作用不再被神化，广告作为一种常规手段与渠道、价格、公关、促销等手段一起为企业的整合营销贡献力量"①。

由上述概念与定义分析得出，IMC 的主要内容有三：一是强调从与消费者需求出发，在沟通互动层面上展开营销活动。企业的一切计划与策略应以消费者为中心，正确确定目标市场的需要与欲望，比竞争者更有效地提供目标市场所要求的满足。② 二是强调把广告、公关、CI、促销、直销、包装、新媒体等一切传播均归属于广告活动，使整个营销活动统一化、规范化。三是强调营销的前提是传播，营销效果的最优化取决于传播效果的最优化。

从 IMC 的这三项内容上，我们可以看到有效的营销关键在于传播，而营销传播的所有方式与法则都指向了品牌，品牌成为在营销传播汇总承载企业的历史与文化、科技与服务等因素的载体。如此，我们完全可以认识到"品牌传播"成为整合营销传播操作的关键，或者说整合传播空前凸显了品牌的重要地位。美国的营销学者乔治·E. 贝尔齐等曾分析了整合营销传播兴盛的原因，他们认为："根本原因是厂商们认识到了战略地整合多种传播机构的价值"；"反映了厂商们对环境变化的适应，尤以消费者、科技和媒体为前提"；以及"公司营销方式的改变"。营销与传播的联姻，营销与传播方式的整合，结合点就在于品牌。可见，"品牌传播"已经是企业现代化管理的需求，并且在企业发展中扮演了很重要的角色。于是，在企业的运作过程中，营销和整合传播结合在了一起，而品牌正是把他们结

---

① 曾朝晖：《中国式品牌——攻略篇》，东方出版社 2005 年版，第 1 页。

② 吴健安：《市场营销学》，高等教育出版社 2000 年版，第 25 页。

合在一起的要素。

（二）整合传播的特点

整合传播对企业的资源进行合理的分配，以消费者的需求为风向标，将企业的各种资源在传播中进行重新分配、重新组合，以实现最大的利益。因此，在这个过程中，传播的基础，即消费者的需求必须是判断得准确无误的，否则，整个整合传播的前提就成为错误的了，整合传播也就没有了意义。同时，传播的目标、策略和战术要得到统一整合传播必须围绕正确的目标、制订清晰的策略和运用灵活的战术手段，合理、有效地分配及利用企业资源。在这个过程中，资源的应用是否符合企业的现实条件，手段的运用是否符合企业的目标，是否体现了企业的策略，确定在哪些方面进行整合成为另一个关键。

整合传播的表现方式是“统一”，也就是过程都必须做到目标统一、策略统一、形象统一，使企业的资源全都朝向一个共同的方向；促成资源的运用更加合理，使组织的搭配更加专业及富有效率，从而使传播真正具有整体效应。从品牌的角度也很好解释，如果不统一，一个品牌又怎能满足市场。品牌的形象可以是活泼、创新的，但其内在品质应当是统一的。

当然，整合传播是具有阶段性的。市场、企业资源、消费者的需求都不是永久不变的。相反，传播也是要适时调整的。这种调整表现分不同阶段使用的传播手段及其组合是不同的，传播的特点也是不同的，整合传播是一个动态的过程。

（三）整合传播的运用

整合营销观念改变了把营销活动作为企业经营管理的一项职能的观点，而是要求所有活动都整合协调起来，努力为顾客的利益服务。① 可以说，整合传播是要求企业能调动到的一切手段、一切方法来对品牌、产品进行宣传，这种传播是一个立体动态的过程，传播也是在具体运用中有规律可循的，是一种科学的传播。

首先，整合传播必须掌握消费者的真实状况，这是整合传播得以正确执行的先决条件。要通过大量的调研与资源收集，掌握消费者的消费心理特点和消费行为特点，了解他们的生活习惯、购买方式、消费特点、娱乐消遣等详细情况，据此来挖掘出合适的传播方式。与此同时，企业还必须准确掌握市场发展变化。市场的变化是迅速的，企业一定要跟得上市场的脚步。营销传播手段必须与市场变化同步，企业不仅要与竞争对手竞争，也要与市场变化竞争。在营销传播手段上，企业务必要创新，也要求技术变革，以把握市场时机。只有把市场变化和消费者需求结合起来，企业才真正把握了整合传播的先机。

其次，企业还必须时刻注意竞争者的动态。竞争者的状况是一个很重要的外

---

① 吴健安：《市场营销学》，高等教育出版社2000年版，第365页。

部条件，不同的竞争状况会影响到企业的整合运作。从某种角度说，整合传播要随着竞争者的变化而变化，也就是所谓的见招出招。孙子兵法云：“知己知彼，百战不殆。”商场如战场，只有对自己的对手也同样了解，才能立于不败之地。甚至，在某些时候，见招出招都是不够的，企业必须事先就判断出竞争对手的策略，以获得先机。因此，了解对手和了解自己对于企业来说是非常重要的。同时，也必须了解产品、行业的运作特点。这也是侧面了解竞争对手的一个方面。不同行业、产品对整合传播的要求是不同的。这一点是很明显的，比如药品和食品，就是两种截然不同的产品、行业，相应地也就需要不同的整合传播方式。

再次，企业要掌握媒体的特点。媒体是整合传播的媒介、平台。时间、空间、地点、事件是在选择用不同媒体整合传播的条件。不同媒体特质不同，关键在于你能否借其东风发扬光大。电视、报纸、杂志、电台、户外媒体、互联网等几种形式，在应用上都具有不同的特点和适用条件，每种形式的运用，其产生的效果都是不同的，而且相同的形式在不同的市场环境下也有不同的运用，因此对于整合传播来讲，必须在策略的引导下正确选择合适的传播形式，而不是全部都要运用，那只是盲目的“组合”，根本不具有策略性，同时对资源也是一种浪费。比如网络，传播速度快、广泛，且费用肯定比电视便宜。以网络的发展速度来看，大有超越传统传媒之势，利用好这些特点，网络传播也许将给企业一个大惊喜。

最后，制订正确、清晰的策略。在对所有因素都有了分析、了解时，需要对传播策略进行正确、清晰地规划，包括总体策略、阶段性策略以及战术计划，确立整合传播的指导思想，分析企业可利用的资源状况。企业的资源条件是整合传播存在的必要条件，必须对企业可以提供的资源进行分析，在允许的条件下进行各种传播形式的整合。资源是每个企业面临的重要问题，而整合传播的开展，就是在策略引导下，合理、有效地对企业资源进行配置，从而提高资源的使用效率，达到企业的发展目标。

第三节　品牌延伸

一、品牌延伸的概念

品牌延伸并不是一个陌生的概念。所谓品牌延伸，就是指一个品牌从原有的业务或产品延伸到新业务或产品上，即单一品牌下的多项业务或产品。品牌延伸是将已有的品牌名称使用到与现有产品或原产品不同的产品上，旨在以更少的营销成本占领更大的市场份额。[①] 品牌延伸是多元化经营企业面临的最重要的战略问题之一，在当今世界，只产生一种单一的产品和只从事单一行业的企业在向更大目标前进时，品牌延伸都是要遇到的问题。品牌延伸的有利之处很多，最为明显的就是，企业可以借助已有品牌的名牌效应来推广另一产品。品牌延伸的概念一般可以延伸出以下四种理论。

（一）相关论与核心价值理论

相关论是品牌延伸与管理方面很重要的一个前提。相关论认为，若企业的两个产品类别相近、技术相似，则可延伸。而核心价值理论，则认为一个品牌能不能延伸，是用一品牌还是多品牌，这首先要以核心价值作为思考的理论基础。就算产品的物理属性天差地别，只要核心价值相同，也可延伸。比如打火机和领带可以用同一个品牌，因为它们都可以是奢侈品牌，象征的是一种身份。此时，打火机的功能就已不是为了点火用的，其物理属性和原始功能退化了，而内在的核心价值凸显。派克笔从高档延伸到低档的失败，就在于消费者接受不了这种核心价值的变化；娃哈哈延伸为什么成功了？是因为娃哈哈的产品给人们的是平易、家常的感觉，在这一点上，它的果奶、纯净水的核心价值可以共融，同时，其一系列产品在物理特性也是有共性的。品牌核心价值理论解决了很多物理属性、原始功能相差很远但都用同一个品牌这样的一个问题，可谓形不似而神似即可，如同中国画讲究写意一样。

（二）企业与消费者竟合理论

竟合论认为，企业关注的是企业的发展、产品的销售，因此，多元化经营，以取得更多利益就是必然。而从消费者角度出发，消费者并不在乎企业是搞多元化经营还是单一化经营，他们所关注的是这个品牌的产品的整体质量（包括内质、包装、服务等）能否满足自己物质和精神上的需要。显然，这种观点是存在矛盾的，企业一味地扩大经营，不断进行品牌的延伸，很有可能偏离消费者的心理，即丢掉老顾客的信任，又得不到新顾客的认可。而企业进行品牌延伸又是企业发展的必经之路，因此，度的问题显得尤为重要，企业一定要重视度的把握。

（三）近因效应

此种理论是从心理学角度分析的，从优先效应和近因效应角度看待人们对企业品牌延伸的反应。优先效应是指在某个行为过程中，最先接触到的事物给人留下的较深刻的印象和影响，并且印象持久、深入。因此，某个品牌极易成为使用这一品牌的第一种产品的代名词，也就是说，在消费者心里，某品牌可能就定位

① 黄静、王文超：《品牌管理》，武汉大学出版社 2005 年版，第 182 页。

于某种物品。而近因效应，是指在某个行为过程中，最近一次接触的事物也给人留下的较深刻的印象和影响。并且这种最近的印象能对初次印象进行巩固或修改，这种印象对消费者的消费购买行为有着很大的影响，因为它离消费行为时间最短。当两种效应协调一致时，即优先效应形成的原有商标意象与近因效应产生的新的商标意象能够对号入座时，两相呼应，能增强消费者的满意度和信任度，促进产品销售。当两种效应不一致甚至发生激烈冲突时，品牌就会在消费者心中产生困惑，定位就会模糊，信任度也就下降了。

二、品牌延伸的具体路径

在品牌延伸的具体运用中，一般有以下几种路径。当然，以下几种路径并不具有排异性，可以并用。

（一）产业延伸

品牌的产业延伸又可分为向上延伸、向下延伸或同时向上、向下延伸。例如石油工业向价值链上游石油开采方向延伸是向上延伸。

还有一种延伸方式，如矿泉水向果汁的延伸，属于平行延伸。应该说这几种具体的延伸在市场上都很常见。

（二）产品线延伸

产品线延伸策略有较多模式，一般分为以下三种。

1. 向上延伸

企业以中低档产品的品牌向高档产品延伸，进入高档产品市场。一般来讲，向上延伸可以有效地提升品牌资产价值，改善品牌形象，对企业获得更大利益也是很有帮助，应该说，对于中档定位的品牌来说，向上延伸一直是其努力想促成的目标。

但是在实践中，这种延伸的难度也不少。比较典型的例子是熊猫手机。熊猫手机一直定位在中低档国产手机，并获得一定的品牌认可度。但当熊猫集团不惜花费巨资，推出高档手机，企图打入高档市场时，却很彻底地失败了。因为其没能更改品牌低档的形象。

2. 向下延伸

企业以高档品牌推出中低档产品，通过品牌向下延伸策略扩大市场占有率就是品牌的向下延伸。采用向下延伸策略的企业可能是因为中低档产品市场存在空隙，销售和利润空间较为可观，也可能是在高档产品市场受到打击，企图通过拓展低档产品市场来反击竞争对手，或者是为了填补自身产品线的空当，防止竞争对手的攻击性行为。

这一策略运用成功的例子很多，宝洁公司就运用了这一策略来反击国内价格更低的竞争者。宝洁旗下的飘柔、潘婷、海飞丝等品牌分别以区隔精准的功能定位和“高档”的品牌形象赢得良好的知名度和美誉度，但因为中国洗涤日化行业竞争的不断加剧，越来越多的国产品牌以更占优势的价位和强力的广告宣传纷纷抢占市场。宝洁也应势而变，推出一系列“平民价位”的产品，有力地保住了市场份额。如今的市场上，“汰渍”洗衣粉的价格之低不逊于任何一国产品牌，但宝洁的这种向下延伸并没有损害其“高档”的形象，反而让消费者觉得很实惠。

3. 双向延伸

即品牌原来定位于中档品牌，随着市场的发展，企业对品牌同时作向上和向下两个方向的延伸，同时向上、向下进军市场，以获得更大的市场占有率。

LG 在中国的品牌策略非常成功，因为从进入中国市场之初，LG 在品牌形象的塑造上一直是以“高端”形象示人，但产品价位却定位在中档，给消费者既实惠又有面子的感觉。在这样一种品牌基础上，一旦实行产品双向战略，向上或向下延伸都不会给人改变大的感觉。

（三）扩展延伸

扩展延伸主要是指单一品牌扩展延伸到多种产品上，成为系列产品。一国一地的品牌可以扩展到世界，成为国际品牌，或是由一个品牌再扩展衍生出另一个品牌。

三、品牌延伸的具体运用

（一）准确定位

市场定位是一个连续的过程，它既要为某种产品和设计塑造鲜明的特色或个性，同时还要通过一系列营销活动把这种特色或个性传递给消费者或顾客。[①] 企业进行跨行业的品牌延伸，应注意使品牌保持稳定，不引起消费者反感。而且，一旦其中某一个方面确定，其他各个方面的定位都必须与之保持价值取向上的一致性。如果是生产洗衣粉，你把它扩展到生产饮料，可想而知，消费者不会买账。品牌延伸必须降低风险，企业品牌的定位既要着眼于现在，更要放眼于未来。要让品牌延伸成为一种长远的企业战略。

（二）作好品牌实力评估

品牌延伸的目的就是要借助已有品牌的声誉和影响迅速向市场推出新产品，因此，品牌延伸的前提就是这一品牌具有较高的知名度，在消费者心中有很高的地位。当某一品牌并不强大并且受到诸多同行强有力的挑战时，品牌延伸就是冒

① 杨洁、孙玉鹏、甄翠敏：《现代市场营销学》，中华工商联合出版社 2005 年版，第 138 页。

险的。深圳巨人集团在最初经营的电脑行业没有取得绝对优势但却迫不及待地进军生物保健品市场和房地产市场，并且，这两个行业无论从相关性还是核心价值都相去甚远。结果因为管理混乱且产品滞销，本来很有希望的企业陷入了重重危机之中。进行品牌延伸的产品质量必须是同行业中的佼佼者，当某一品牌并不强大并且受到诸多同行强有力的挑战时，品牌延伸就是冒险，失败的可能性就很大。

（三）努力提高产品质量

进行品牌延伸的产品质量必须是同行业中的佼佼者，如果新产品的质量还不成熟，加工工艺尚需进一步地改进，这时进行品牌延伸就很危险。新产品若出了问题，连老产品都要受牵连，整个品牌的信誉度都要下降，这对企业是很危险的，很可能多年建立的良好品牌口碑，一夕就化为乌有。

（四）保持相关性

品牌延伸应保持相关性，理论基础就是相关性理论，这种相关性的衡量标准不是企业说了算，或是企业认为衡量产品相关性是否适合延伸品牌，主要分析两种产品的消费者是否一致，以及消费者对产品的要求是否一致。“娃哈哈”品牌从酸奶延伸到纯净水、八宝粥等食品是合适的，因为消费者对这些产品的要求是一致的；相反的，将一些较有知名度的品牌盲目地延伸到与主导产品丝毫不相关甚至在特性方面有冲突的产品上去，消费者很难接受相关性不高的两种产品，在这种情况下，延伸品牌不但得不到品牌联想，反而会对原有品牌形象带来负面作用。“小霸王”品牌从电脑学习机延伸到 VCD 娱乐产品、巨人集团从电脑延伸到保健品上就非常不合适，明显相关性很低，难以得到消费者认同。同时，如果一个品牌被定位在某一特定消费群使用，且这一定位非常成功，那么它的延伸只能围绕这一层次的顾客来开发新产品，否则，就会面临失去老顾客群的危险。

（五）延伸产品的特性与品牌的核心价值要相适应

现今市场上，品牌的跨行业延伸很突出。海尔开始卖药了，雕牌出牙膏了，春兰做摩托车了……这种同一品牌的跨类延伸暴露出中国企业在品牌延伸上的急功近利。而事实证明，消费者往往对此类品牌延伸没有反应，或者说是反应冷淡，往往只是企业一厢情愿。

以上的失误就在于延伸产品的特性与品牌的核心价值不相适应。很多企业在进行品牌延伸时往往只看到市场空隙背后巨大的利润空间，但忽略对自身的品牌定位及品牌核心价值的分析，忽略消费者心中品牌的核心好感在哪里，品牌的消费支持群到底有何消费需求，最终只能以失败收场。如果不针对这些问题作严谨、理性的分析，那么盲目进行品牌延伸就会给消费者一种类似“挂羊头，卖狗肉”的混乱感，继而产生不信任，不仅达不到预期的市场效果，还会对原有品牌形象造成损害，使企业的品牌资产大大受损。在品牌延伸中，品牌核心价值决定了品牌延伸的最大范围。如果具有相同的核心价值，即使是在类别差异甚大、属性各不相同的产品之间也可以进行延伸，反之亦然。海尔一直是“中国家电业第一品牌”的形象，在品牌延伸中由家电延伸到医药，与原有品牌的核心价值相差甚远，消费者最直观的印象只会是做家电的海尔专业，但生产药肯定不专业。雕牌透明皂几乎成了透明皂的代名词，在消费者心目中已根深蒂固，“雕牌牙膏”的出现只能让消费者觉得反感。

但是，并不是说海尔一定不能涉足医药行业。这里面一个微妙的区别就是：企业到底是以企业品牌切入延伸还是以产品品牌切入延伸。宝洁公司旗下产品不仅有洗涤用品，还包括护肤品、食品等，品客薯条就是其中之一。宝洁的成功在于它从进入中国市场之初就十分注重将企业品牌与产品品牌区隔开，竭力打造“宝洁公司，优质产品”的企业品牌的同时，推出一个个产品品牌，使宝洁在跨类品牌延伸时游刃有余，没有自我限制，当然，这也是要在企业实力雄厚的情况下才可行。

（六）增加副品牌

副品牌战略正是在弥补单一品牌战略不足的情况下产生的，很符合中国的中庸之道，为了避免单一品牌延伸的风险，经营者也可考虑采取类似办法——在商标不变的情况下为新产品再起个小名，即副品牌。这样做一方面借了正品牌的光，另一方面又使各种产品在消费者心目中形成一定的差异，有效地降低了“株连”的风险，同时也体现灵活、创新。

四、品牌延伸的几个误区

1. 高品质形象的堕落

高档品牌延伸低档产品，要注意防范负面效应，避免引起消费者的倒戈相向。美国的“派克”钢笔质优价贵，是身份和体面的标志，用派克笔成了阶层的标志。然而，1982 年新总经理上任后，把派克品牌用于每支售价仅 3 美元的低档笔上，结果，派克公司非但没有顺利打入低档笔市场，反而丧失了原有的高档笔市场。其市场占有率大幅下降，盲目延伸品牌，毁坏了派克在消费者心目中的高贵形象，让消费者投入了其他竞争对手的怀抱。①

2. 品牌意识的弱化

若干年前，美国美能公司推出了一种洗发精和润发乳二合一的产品，取名为“蛋白 21”，市场销路很好，消费者接受认可这种混合产品，并取得了 13% 的占有

① 张智翔、向洪、师帅：《品牌之殇》，中国时代经济出版社 2005 年版，第 194 页。

率，成为知名品牌。但是公司受到品牌扩展的诱惑，又接连用这一品牌推出蛋白21发胶、润发乳、浓缩洗发精等产品后，产品销路却一落千丈。由于品牌延伸模糊了“蛋白21”作为二合一洗发护发用品的特征，从而也就淡化了消费者对它的独特偏好，结果“蛋白21”从13%的市场占有率降为2%。[①] 道理其实很简单，一个产品的存在，也许不一定要有多好的品质，但一定应该有其独特存在的意义。品牌不一定要完美，但一定要有个性，只有这样，才能强化消费者的购买意识。而当企业把品牌扩张到一系列产品上时，其实就是人为地把原本留给消费者的特别印象模糊了、冲淡了。

3. 心理冲突

消费者的心理接受是有限度的，很多消费习惯、取向以及生活中的习惯、避忌都是不能受侵犯的，否则企业将会得到贻笑大方的苦果。美国Scott公司生产的舒洁牌卫生纸，本来是卫生纸市场上的头号品牌，但随着品牌延伸到餐巾纸，消费者开始反感。对此，美国广告学专家艾·里斯幽默地评价说：“舒洁餐巾纸与舒洁卫生纸，究竟哪个品牌才是为鼻子策划的?”

4. 跷跷板效应

一个名称代表两种东西时，消费者认识的模糊是必然的，因此，当一个品牌两个产品中的一个产品很成功时，消费者会忽略另一个产品，但当后一个起初落后的产品崛起时，前一产品就有可能被淡忘。在美国，Heinz原本是腌菜的品牌，而且它占有最大的市场份额。后来，公司使Heinz代表番茄酱，做得也十分成功，使Heinz成为番茄酱品牌的第一位。然而，与此同时，Heinz丧失了腌菜市场上的头把交椅，被Vlasic取代。这就是艾·里斯所说的跷跷板效应：一个名称不能同时代表两个完全不同的产品，当一种上来时，另一种就要下去。可悲的是，堡垒从内部被攻破了。竞争对手费尽心机也没能够把Heinz从腌菜第一品牌的位置上挤掉，而Heinz却自己搞掉了自己。[②]

第四节 品牌的成长

一、品牌成长概论

根据自然规律，任何事物都是从弱小经过漫长、艰难的成长期，然后才能强大，才能成熟。人的成长就遵循这样一种自然规律。而对于品牌来说，品牌的成

---

① [美] 艾·里斯、杰克·特劳特著，王恩冕译：《定位》，中国财政经济出版社2002年版，第147、148页。

② 万后芬、周建设：《品牌管理》，清华大学出版社2006年版，第179页。

长也遵循这样一种自然规律。从最初的弱小到成长期，最后进入成熟阶段。品牌的发展需要经历不同的发展过程。著名品牌海尔集团从亏损大户→中外合资琴岛利勃海尔→海尔冰箱为您着想→海尔健康冰箱→海尔王国……→海尔中国造……显然就是这种成长方式不断交变的过程。同时，品牌的成长模式也可以表现为从地区性品牌发展到大区域性品牌，再到行业品牌，接着发展为国内品牌，最后成长为国际品牌的成长过程。在当代社会，由于信息传播的飞速发展，实践中，很多品牌并没有通过很长时间就发展得很成熟，甚至“一夜成名”的企业也很多，但无论如何，企业对品牌的发展始终是很重视的。

品牌在成长过程中有很多有利条件，也有很多制约条件，企业只有很好地了解并利用好有利条件，避开不利条件，才能让品牌更好地成长。

（一）品牌成长的有利条件

1. 综合传播媒体为品牌的成长提供了条件

现代社会，世界已被喻为地球村，人类的信息传播与信息沟通已经很发达，无论企业本身在何处，通过媒体，世界上大部分人都可以认识企业的产品、品牌。可以这么说，现代传媒技术的发展为品牌迅速成长提供了可能性，这种可能性让企业不敢怠慢，生怕落于人后，用尽一切方法宣传、传播自己。而媒体确实也让一个个企业宛如横空出世，一夜成名。互联网的发展就让搜狐、新浪、百度等一夜成为全国知名品牌，而且，我们现在都无法预料这样的神话还会有多少。

2. 竞争促成了品牌成长

竞争是市场经济的核心，竞争促进了品牌的成长，只有在竞争中心几经斗争还屹立不倒的品牌才是优秀的，才是能被消费者关注的品牌。竞争淘汰了那些不优秀的品牌，也使优秀品牌在竞争中不断成长，最后成熟。可以说，竞争的过程就是品牌成长的过程。丰田公司在进军美国市场之初，就是通过打败了实力强劲的戴维逊公司才得以在美国立足的。

3. 品牌特征是品牌存在的基础

这是一个个性的时代，个性甚至成为人们所追捧的对象，品牌没有个性，没有品牌特征，就会让消费者提不起兴趣。咬字不清甚至都能成为周杰伦的招牌，深受其歌迷喜爱，品牌无论如何都必须找个角度来表现自己的与众不同。品牌的成功建立有赖于其核心部分——品牌特征的建立。如果一个品牌的特征能够打动消费者，得到他们的信赖，那么它就已经开始成功了。品牌的成功建立也许与品牌建立者的背景有一定关系，如大公司可以利用原有的其他品牌的影响力打造声势，但是这并不是绝对的。一个白手起家的品牌，倘若有独特的品牌特征，也是能脱颖而出的。

4. 创新是品牌动力之源泉

英特尔公司的一位副总裁说：“要在市场中取胜，最重要的是能将以前的产品取代下来，每一代新产品比上一代性能高得多，其他公司没有机会抢我们的市场。也就是说，防止别人战胜自己的最好办法就是自己战胜自己，不断拿出性能更好的产品。”英特尔公司刚刚研制出286芯片时，并不禁止其他的公司对之进行仿制。别的公司见有机可乘，纷纷进行仿制，获得了大量的利润。个人电脑的市场也被广泛地打开。但英特尔在推出奔腾的时候，就不再接受仿制，因为自己已发展得能控制市场了，使自己成为行业的垄断者。

竞争不仅仅是在竞争对手之间，竞争也在自己与自己之间。一个产品无论多么完善，都会随着时间的推移而逐渐在市场上被取代。因此唯有不断地创新才能不被市场淘汰。一个企业仅仅依靠引进技术来实现产品的升级是远远不够的，还得利用自身力量进行吸收与消化，然后在此基础上进行创新。创新是一个企业、一个品牌的灵魂，企业只有创新，才能真正实现飞跃，企业、品牌才具有永久的生命力。

“小天鹅”集团公司一直推行“末日管理”。小天鹅认为，企业的每一位员工都应该有危机感。无论取得多大的业绩，都只是暂时的。老一代产品难免被淘汰，企业如果没有创新意识，随着产品被淘汰，也就走到了它的末日，只有创新才能走上新台阶。

总之，创新是企业的动力，又是品牌成长的源泉，一成不变只能被日益变化的市场抛弃。但是，新产品的开发又是具有很大的风险性。其成功率能够大于1/5，就很不错了。并且，你在创新、在研制新产品，别的企业、竞争对手也在创新，因此，创新与创新也在进行着竞争，企业的创新并不是口号，而是一场艰苦的战争，企业只有具备相关的良好素质才能胜出。企业的创新能力是企业、品牌发展的强大动力。

（二）品牌成长的不利条件

品牌的成长中的不利条件也是很多的，有的甚至是不可避免的。例如，品牌在发展过程中遇到的各种危机、竞争对手的各种进攻、行业发展的局限性等问题。对于企业来说，不利条件都会遇到，关键在于要提前作好准备，提前作好计划，以饱满的信心迎接遇到的困难。任何一个优秀的品牌都是在不断的磨炼中才成长起来的。

二、品牌的成长实践

在品牌的成长过程中，可以以地域为标准对品牌成长过程中所处的不同阶段进行分类。

1. 区域性品牌

发展范围还局限在一定区域、一个地区，或是一个省甚至几个省，都属区域性品牌的范围。对于大多数企业来说，品牌战略的最初阶段一般均采用区域性的战略，采取一种在地域上从本地不断扩展到别地区的扩张性发展策略，广西黑五类股份有限公司因为核心产品“南方黑芝麻糊”而成为全国性的品牌，而它一开始也是定位于本地区，从玉林地区到整个广西，然后再走向全国的。当然也有墙内开花墙外香的例子，即在外地或国外取得成功满载而归回到本土的，但这样的例子不多。

2. 全国性品牌

区域性的品牌确立之后，下一目标便是全国性品牌了。随着广告、营销范围的扩大，全国销售网和售后服务中心的建立，产品的覆盖率越大，知名度越来越高，最终成为全国性品牌。当然，以上所说的过程是理想状态下的发展过程，实践中，以上每一步都不是一蹴而就的，品牌要从区域性品牌最终成为全国性品牌，企业的各种策划、各种努力都是不可缺少的因素。

3. 国际性品牌

在成为国内知名品牌后，品牌的下一个目标当然是国际性品牌，要走向国际，走向更广阔的市场，企业必须打造国际性知名品牌。这是企业发展所决定的，也是企业不得不应对的竞争。我国目前几乎没有国际性品牌。但是，跨国公司已成为世界经济的主导力量，跨国公司对本国经济的促进作用也是明显的，芬兰的诺基亚已成为该国重要的经济支柱。因此，品牌战略的最终目标应该是国际性品牌。品牌成长的终点也应该是国际性品牌。如果仅仅满足于全国性品牌，不仅不能进一步发展，而且根本无法应对国际跨国公司的竞争。国产品牌一个个消失，国人曾经引以为傲的乐凯也与人合资了，汽车行业更是国产品牌稀有，应该说，打造国际品牌之路是很艰苦的，万里长征才开始了一小步。

当然，品牌的成长并不一定依照上述顺序。它是可以跳跃的，可以是跨越的，可以一步到位。如果一家企业资金和技术力量都比较雄厚，它可以一开始就采取全国性品牌战略甚至国际性品牌战略。像清华紫光，它一开始就以全国性品牌的姿态出现而没有经过地区性品牌的阶段。但对于一种发展规律而言，以上的三步骤是品牌发展所经历的三个阶段。

哲学原理告诉我们，新事物的发展是螺旋式上升的，新事物战胜旧事物的发展一定会遇到挫折，甚至会反复。一个品牌的成长壮大也遵循着这样的哲学规律。“莲花”品牌的成长就是例证。莲花牌味精是我国味精行业的知名品牌，它的市场占有率几乎达到全国味精市场的一半。它已被列为免检出口的产品，出口的国家和地区几十个，这在同行业中是极鲜见的。莲花产品出口量在 1996 年就已达到 1 万吨。而在 20 世纪 80 年代建厂之初，莲花味精的生产厂河南周口味精厂仅有几百名员工，数百万元固定资产。该厂成立之后即大胆革新，用了数十年的时间进行技术改造。每一次技术改造都使得该厂上了一个新台阶。1992 年的年生产能力就达到了 6 万吨，已经成为世界上规模最大的味精厂。90 年代初，组建了莲花味精集团，实现了集团化经营战略。

“双汇”的发展也经历过一段困难时间。在我国的火腿肠市场上，“双汇”是一颗耀眼的明星，然而双汇集团的前身河南漯河肉联厂在建厂之初的 20 世纪 50 年代到 80 年代中期，却一直处于亏损状态。80 年代中后期，漯河肉联厂开始经营冻肉，主要以出口业务为主。这一步走得较稳健，使得其成为当时全国最大的肉类出口生产厂家。90 年代，双汇的出口战略遇到了挑战，产品在前苏联市场遇到了挫折，几乎失掉了这个市场。此时，企业毅然决定改变方向，向火腿肠领域进军，迅速加大在这方面的投入，火腿肠产量大量增加，到 90 年代中期，企业已组建成大型集团公司，利润达到数亿元。而且，已经在欧美和东南亚设立了分厂，国际竞争能力大大增强。“双汇”品牌进一步显示了自己的实力。①

三、品牌的飞跃

在传统的观念中，建立一个品牌需要很多年的时间。一个品牌树立好的口碑不是一朝一夕的事情。从过去事实来看，似乎的确如此。宝洁公司的汰渍和佳洁士都已有四五十年的历史了。但是，互联网、新科技企业的出现让一切变为皆有可能。雅虎的出现，也不过是近几年的事，可今时今日它在互联网上已无人不知，无人不晓。其他的如微软、时代在线等公司，只花了很短时间就进入世界企业 500 强，成为世界知名品牌，这在过去是完全不可能的，这是一个新经济时代，什么奇迹都可以发生。但同时，每天消失掉的企业与品牌也数不胜数，这又是一个竞争激烈的年代，企业生存、品牌生存面临很大压力。1995 年，索尼公司作出了一个重大的决策，准备进军个人电脑市场。时间定在 1996 年的上半年。在此之前，索尼公司对这个计划并未作出详尽的研究，而仅仅是一种概念。在短短的几个月时间里，索尼公司的研究人员和决策人员快速运转，虽然市场环境在迅速变化，软件的升级也在不断地发展，但是索尼公司还是以最快的速度把自己的产品推向了新市场。从开始酝酿到产品设计和生产直至最后将其投放到市场上，总共只花了半年多的时间，索尼电脑这个品牌在极度短的时间里建立起来了。

迅速提高的生产效率使得一个产品从发展再到投产再到上市，一直到最终被更新换代的速度越来越快，手机从黑白屏到现在这样功能强大、精美没用几年时间。企业运转的速度在加快，品牌运营的速度也在加快，企业需要、产品需要在

---

① 2011 年 3 月 5 日，中央电视台披露了河南双汇肉制品厂收购和使用瘦肉精喂养的“健美猪”制作火腿肠，该事件曝光后，“双汇”品牌遭重挫，“双汇”品牌的跌宕印证了产品质量决定品牌的兴与衰之定律。

很短的时间内就打造出个精品品牌，一旦落后于他人，很可能市场就被别人占据，那么，已开发出来的产品就会被别人先推销出去了，后果是很严重的。

通信技术的迅猛发展使得信息的传播变得非常的简单和快捷。这也为品牌的迅速发展提供了硬件条件。消费者只需在键盘上轻轻一点，就会马上获得所需要的信息，这就为品牌的快速建立提供了可能。事实上，快速的决策、各部门之间的整合、成功的公关活动等等都会令企业快速建立自己的品牌目标。容声冰箱原本并没有什么名气，其生产厂只是一个乡镇小厂，如今容声已是我国冰箱行业的著名品牌；广东惠州的 TCL 王牌彩电，从起步到挤进彩电行业的前 5 名也仅仅用了几年的时间。当然，能够快速崛起对于很多企业、企业家们也是个很好的时机，是个展现才华的机会，甚至对中国经济也是个很好的机会。品牌快速崛起的经验有千差万别的一面，但在以消费者为中心和快速反应、有效沟通合作等方面是有共通之处的。

（一）消费者为中心

当今是一个消费的时代，在人类历史上，应该还没有哪个年代有过这样众多、丰富的消费品被等待着去消费。诺基亚有句广告词："科技以人为本。"套用一下，在这个时代，消费以消费者为本。科技的迅速发展使得信息的传播高速化，消费者对信息的选择有了更大的余地。消费者主动或被动接触各种媒介，在形形色色的产品信息中作出选择。互联网的出现，更让网民能主动选择自己需要的信息资源，并且与他人分享自己的信息。网民在网上发表的自由言论都可能对企业品牌构成影响。而消费者拥有了更多的影响品牌锻造的权力。生产者再也不能仅仅按照自己的意愿去塑造品牌，消费者的需求是第一位的。而信息的大量涌现使得消费者的需求也在跟着变化，这就要求生产者缩短品牌塑造的过程，在消费者的兴趣发生改变以前迅速树立自己的品牌，甚至在产品推出一段时间后，企业主动地求新、求异来引导消费潮流，品牌形成过程就缩短了。

在产品的竞争性越来越强的今天，要想消费者心目中建立良好的形象，加强对产品的改进速度是首要的方法。产品改进了，其差异性就大，才能吸引人们的注意力。品牌战略的中心是消费者，企业必须按消费者需求打造品牌，品牌只有扎根于消费者才能有持久生命力。

（二）快速的反应

要快速建立新品牌，营销人员必须缩短策划和执行的时间。市场环境时刻在改变，时间是非常宝贵的。日本人发明的准时性管理，即是为了适应市场竞争而作的应变之策。在企业的生产环节中，最常见的情况是把材料大量地存放于仓库之中以备用，但是这样会耗费许多库存空间和费用，给生产带来不便，而日本人则彻底改变了这种方式。他们的做法是：前道工序所提供的部件，恰好是下一道工序所需要的量。如此，库存成本被大量节减。生产效率提高了，相应的管理水平也要相应提高，才能让速度衔接上。

速度在企业内部很重要，在品牌锻造过程中，品牌项目领导者应设法使公司的每一个人在尽可能短的时间内都了解到“新品牌”的未来形象和总体构想。一个新品牌的确立，外界的反应固然重要，但首先在内部构建一个有利于品牌确立的环境也十分必要。

只有在内部先迅速的营造好良好的氛围，才能为品牌对外发展打下基础，即品牌要先树立在员工心中，才能对别人有说服力。能以行业中领先的速度向市场上推出新产品的企业，将拥有绝对性的竞争优势。于是，企业都加快了创新步伐，技术创新的速度越来越快，产品的生命周期也越来越短。企业为了高效地利用投资并很快得到回报，只有迅速地向市场推出符合顾客需求的产品。市场领导者将是那些灵敏感应市场需求的企业。企业只有能够在生产线上制造多种产品，创造高利润、时间短的生产流程，且能迅速地实现生产线的转移。正如东芝公司的斋藤总裁所说：“顾客希望有所选择。无论是电视机还是洗衣机，他们希望能买到自己真正想要的商品。因此，我们需要多样化、小批量地生产，而不是大量生产。”在过去，开发一个新产品通常需要 3 ~ 5 年的时间，从开发前的可行性研究到产品的试制再到其最终投放市场，都是一个漫长的过程。过去，人们认为漫长的开发过程是不可缩短的，产品的更新换代是缓慢的，但是，当今产品的更新换代速度非常快，尤其在计算机行业，几乎每半年就开发出一种新产品。在 1998 年，586 电脑还是最先进的，到了 2000 年，就落后无比了。这就要求企业在建立品牌的时候必须迅速，否则将难以跟上市场竞争的步伐。在竞争日趋激烈的今天，产品的开发周期一再被压缩，市场运转的速度在明显加快。手机行业是另一个更新产品很快的行业，当然还有 MP3 等等的电子科技产品，都是更新换代很快的行业。

以前，一个产品推向市场必须经过充分的论证调查乃至最后完善才能出现在消费者面前，可是现在，这种方式有了变化。为了适应市场的发展速度，一些开发能力极强的企业为了抓住市场机遇，往往会将一些没有最终完善的产品推向市场，然后再根据市场的反馈信息，不断地对之进行修正和更新。手机市场这样的理念比较明显。每一个新产品都在极短的时间内推出，而此种产品只能满足消费者一时的需求。所以极少有某一种产品的生命超过两年的。新的品牌战略要求对紧张的市场环境作出积极的反应。对消费者的需求有灵敏的嗅觉，进入市场的速度往往决定着竞争的结果，反应缓慢的后果将是无情地被消费者抛弃。

只有 16 年历史的北京燕京啤酒集团公司，它目前已经是全国几家最大的啤酒生产企业之一，在产量上已经超过“青岛啤酒”，是一个啤酒业界快速成功的典型案例。在 1988 年，企业根据国家政策向国家工商局申请商标注册，但是却发现已有人在饮料类中注册了“燕京”商标。企业通过工商局查询得知对方是北京通县的一个校办企业，于是赶紧前往谈判。对方开价3万元，企业总经理李福成没有丝毫犹豫，立刻买下了“燕京”这个商标。强烈的商标意识为“燕京”日后成为中国驰名商标打下了基础。企业领导的迅速反应缩短了品牌的成长过程。企业应当在适当的时候当机立断，不能浪费时间，否则，机会一旦错过就不再来了。

迅捷反应对企业的内在要求是很高的，对企业的高层决策部门来说，更是一个课题。从能否快速应对市场变化，可以看出一个企业的潜力，这也是对企业的一个软性要求。

（三）高效的沟通与合作

效率才能产生效益，高效的沟通与合作是快速建立品牌的保证。要快速建立品牌，必须保证参与项目的各个部门很好地了解整个项目的进度以及自己进度的适应程度，同时要求各部门之间相互协作、共同工作，体现出集体精神。现代化的通讯工具为协作工作创造了硬件条件，无论何时、何地，讨论、沟通都不是难事，高效的沟通与合作能更好地发挥集体智慧。各个部门之间、各个员工之间的沟通是企业能否快速运转的必要条件之一。有效的沟通将会减少信息传达过程中的环节，品牌的快速构建离不开有效的沟通。

由于大大地压缩了产品进入市场的时间，各个部门必须快速地进行运转。产品的制作周期也在不断地缩短。消费者对于产品变化的敏感性越来越高。这无形中增加了建立品牌的难度。传统的那种庞大而繁杂的公司组织机构对于品牌的快速构建是一个障碍。官僚体系只能使员工们多谈论而少工作。新型的管理体制是很必要的，高效的管理才能创造高效的沟通与合作，品牌只有在新的管理体制中才有可能缩短其成长的过程。

高效率的快速决策与沟通，高度的灵活性是有难度的。大量储存的信息虽然为决策提供了足够的依据，但同时也增加了决策的难度。决策者不仅要迅捷地对信息进行分析、分类、整合，还必须具备当机立断的能力，迅速作出反应，甚至，当无法依靠严密的逻辑来作出决定时，经验成了唯一的决定依据。市场的变化非常迅速，一个商业计划还在讨论时，客观形势可能已经发生了完全相反的变化。当英特尔公司决定把公司的产品由内存芯片转为中央处理器时，并没有充分的证据证明他们的决定是正确的。但是，商业直觉让英特尔的决策在之后的日子里被证明是伟大的。灵活性是一种变通的能力，灵活性体现了人在实践活动中超于机器的智慧。一个品牌在构建的过程中，会出现许多意想不到的情况，世界上没有一成不变的经验，不能变通，必将是走弯路。

（四）品牌飞跃的基础——产品

如果一个企业拥有别人无法与之相比的产品，那么快速建立品牌将变得容易起来。南方制药厂之所以能在短短的几年时间里驰名全国，与它的拳头产品“三九胃泰”有关。“三九胃泰”是南方制药厂开发生产的第一个拳头产品，是由第一军医大学的十几位专家、教授连同百余名科研工作者，花费了十几年的心血，耗资上百万元研制开发出的治疗慢性胃炎的高科技产品。由于“三九胃泰”疗效很好，一开始投入市场就大受消费者欢迎。南方制药厂抓住机会，加大投资形成规模生产，使产品生产能够及时跟上销售的需要。同时他们引进了先进的管理模式，建立一套科学而严密的管理体制。成功的运营使“三九胃泰”这个品牌牢牢地在市场中站稳了位置，迅速成为著名品牌。

上海恒源祥绒线公司在20世纪90年代以前所卖商品都是别人的牌子。进入90年代后，市场竞争日趋激烈，企业于是走出一条自创品牌的新路。恒源祥创建于1927年，历史比较悠久，公司便利用这个优势，注册了“恒源祥”、“小囡”商标。“恒源祥”、“小囡”以其高质量形成了这两个品牌的差别化优势。在这两个品牌取得初步成功之后，恒源祥公司利用“恒源祥”的品牌效应，与5家设备先进的大型毛线生产厂建立经济联合体，使企业的生产能力迅速增长。联合体建立后，公司由单一的零售经营转向批发兼零售及对联合体管理的经营。公司通过联合体在全国建立“恒源祥”牌、“小囡”牌绒线的批发和销售网点，扩大了市场占有份额。“恒源祥”和“小囡”这两个品牌没有经历常规的发展过程，是一个品牌速成的典型例子。

（五）质量保证品牌的发展

消费者购买产品就是为使用，产品的使用价值、产品的使用寿命等都是消费者关注的对象，享誉全球的德国奔驰汽车将“质量第一”作为生产的原则，可以说，任何一个知名品牌，其品牌都是以其质量优异的产品为载体的。企业要实行全面的质量管理，通过全体员工的参与，将质量观融入企业的所有活动中，才能取得效益。

（六）品牌忠诚度的培养

品牌忠诚度是品牌资产的重心，拥有一群忠诚的消费者，就像为自己的品牌打造了一道难以跨越的门槛，它能阻挡竞争对手的刻意模仿、破坏性的销价，它也是一个品牌所要追求的最终目标。① 有研究数据曾给过这样一个结论，成功品牌的利润，有80%来自于20%的忠诚消费者，而其他80%的消费者，仅仅创造了20%的利润，这意味着保住老顾客，对企业来说，也许远比开拓新用户更能带来效益。

---

① 黄静、王文超主编：《品牌管理》，武汉大学出版社2005年版，第240页。

“品牌就是一种类似成见的偏见”①，一旦消费者对某品牌形成一定忠诚度，某种对品牌的偏好也会形成。毋庸置疑，消费者对品牌的忠诚对企业有着很高的价值，是企业应该珍视的一笔资产，“回头客”对企业主要有以下的价值：

1. 降低企业营销成本

老顾客购买产品是建立在对产品、品牌已经有了一定良好印象的基础上的，因此，对于老顾客，企业已经不必花费巨资再来宣传、推广，这样，无形中就降低了企业的营销成本。

2. 保住老顾客是对竞争对手最好的防守

任何产品的销售市场均是有限的，可以说，顾客资源是有稀缺性，维持住已有顾客的忠诚度，实际上就是掌握了一定的稀缺资源，就是对竞争对手最有利的回击。对于已经取得很高市场占有率的企业来说，道理就更加明显。

3. 品牌忠诚是对品牌形象的无形宣传

消费者的口碑就是对品牌最好的推广，尽管在当今社会，人们有更多的渠道接触更多信息，但生活中，朋友的推崇、亲友的热爱，均会对消费者的选择产生影响。玛丽莲·梦露对香奈尔 5 号香水的钟爱一直都是香奈尔 5 号最好的宣传，品牌的忠诚对品牌形象的提升起着最传统的作用。

要想使消费者对品牌忠诚，品牌就要“打动”消费者，和消费者建立更紧密的联系，用真诚来构筑消费者的忠诚。实践中，企业一般在以下几个方面培育消费者的忠诚度：

（1）累计奖励计划。

这其实是一个消费者常见的方法，很多企业均会对购买商品达到一定量的顾客给予一定的奖励或是折扣，以回报消费者的支持，比如说积分卡就是这种奖励计划。但是，这种方法实在是太平常，在实践中，很难对消费者形成影响，因为几乎所有企业都可以实行此种做法。

（2）会员制、免费服务。

企业将一定顾客吸收为会员，提供一些专属会员的服务，也是很常见的，甚至有专门以此方法来进行营销的企业，比如著名的贝塔斯曼就以此取得巨大成功。而服务是消费者比较重视的一项消费信息，企业对消费者承诺的免费服务对建立消费者忠诚度、博得良好口碑是很有成效的，例如海尔就以服务树立了品牌的亲切形象及消费者的忠诚度。

---

① ［美］大卫·阿诺著，林碧翠、李桂芬译：《品牌保姆手册——13 个品牌产品推广、重建范本》，台北时报文化出版企业版有限公司 1995 年版，第 11 页。

第五节 品牌维护

品牌在成功创立之后，还要强调维护，这是一个很重要的问题，不维护好品牌，再知名的品牌也有可能很快消失，品牌的维护主要有以下几方面。

一、商标权的保护

有些国家的法律并未强制企业商标的注册，但是，在只有注册商标才会更好地被法律保护的情况下，企业在商标注册的问题上一定要高度重视。很多没有注册的知名品牌都曾经遇到过自己的驰名商标被人恶意抢注的事情，这已经是有很多经验教训的了。在中国加入世贸组织之后，中国企业面对的不仅仅是国内市场，更有广阔的国际市场。在商标保护的问题上，企业也面临着国际保护的问题。据有关媒体报道，中国内地的一批知名品牌就在香港集体遭到了恶意抢注。如此事件，再一次提醒我们广大的企业，一定要重视企业知识产权的保护。

一个商标要能够被注册成为注册商标，有很多要素。首先就要注意商标的名称、标识等必须符合法律的规定，同时，也有一整套的程序方面问题是要注意的。建议：知识产权对一个企业的重要性应该提高到一个新的高度来认识，企业应该有专门的部门来管理商标的注册等知识产权方面的问题。在商标注册问题上，应当寻求专业的商标代理机构的帮助。

近年来，在经济全球化与中国加入世贸组织的推动下，越来越多的中国企业把目光瞄准海外广阔的市场，力图在世界市场分享更大的利益。可是，越是在这样的时候越是要旧事重提，重提曾在商标抢占上吃过大亏的教训。知识产权的世界保护随一系列公约如《罗马公约》、《巴黎公约》等的签订，已经很完美，在WTO的TRIPS协议生效之后，保护的水平已经很高了，我国已加入WTO，国内的知识产权保护制度已同世界接轨，但是国内企业商标保护意识薄弱，忽视商标注册的结果，可能使中国一些经过几十年甚至上百年努力树立起来的品牌被外商抢先注册或者假冒，占为己有，最终使中国的这些企业的份额被一点点蚕食，逐渐地被挤出已有的市场。不遵循世界市场经济的“游戏规则”使中国的许多企业在这方面吃了大亏。

持续五年的海信、西门子商标争端就是国内企业不重视知识产权保护导致的后果，这样的教训对于海信来说是很大的，足以让企业捶胸顿足。

国外企业对商标这种企业无形资产的重视是不一般的。但是在我国，近5万多个商标由于没能及时进行续展注册而丧失注册商标专用权，无形资产的损失无法衡量。在我国与外商合资的200多万个项目中，由于对品牌的管理不善或者对无形资产的轻视，使国有资产流失高达数百亿元。我国企业对品牌的保护已经刻不容缓。

要做好品牌保护，就要加强对品牌保护的认识。品牌保护就要对商标、专利权等无形资产进行保护。一般来说，对商标的保护，包括纵向和横向全方位注册，不仅对相近商标进行注册，也对相近行业甚至所有行业进行注册。

（一）保护性注册

所谓保护性注册指的是企业为了更好地保护自己的注册商标，对与自己的注册商标近似的一些商标也进行注册，以提前进行防卫。例如：娃哈哈对商标的注册不仅包括了娃哈哈，还有娃哈娃、哈哈娃，哈娃哈等等，光是防伪注册就有 70 多种，确保了品牌的万无一失。而对于运用副品牌战略的企业来说，副品牌也是品牌，也代表着产品、企业，因此，有必要对各副品牌名称进行注册。

同时，企业在一开始进行商标注册时，就应该对企业进行综合经营，为品牌延伸预先铺好道路，作好长远计划，比如一个做食品的品牌，不仅在食品行业进行注册，同时要在医药、地产、电器、化妆品等行业进行注册，这样就不会在其他行业出现同名的品牌，品牌在进行延伸时也不会出现法律上的麻烦。这些措施都能预先更好地保护品牌商标。

（二）跨国注册

企业商标的跨国注册对企业来说已是大势所趋，TRIPS 协议也对商标的国际注册提供了便利条件。TRIPS 协议规定了商标注册的国际优先权为 12 个月，企业应把握优先权的时间，为自己提供便利。商标跨国注册有两条渠道：对于《马德里协定》缔约国的企业或个人到该协定缔约国进行商标注册，可通过世界知识产权组织国际局进行商标国际注册；到非《马德里协定》缔约国进行商标注册，一般采用“逐一国家注册”的方式，必须对目标国家逐一进行注册。

（三）装潢及标志形象的保护

对企业产品的包装、装潢，对独特的产品包装风格，应当以外观设计来申请专利保护，以确定不被模仿，如可口可乐的外形包装，其他饮料就不能模仿。

企业使用形象物、象征物非常多见，如海尔的海尔兄弟、腾讯 QQ 的企鹅、世界知名麦当劳叔叔、肯德基上校等等，这些形象的使用成为品牌识别的标志之一，对其的保护，同保护企业的注册商标一样重要，企业应在这方面更加重视。

（四）品牌的网络保护

互联网出现的时间不算很长，但是，其影响力也许到目前为止也并未完全显现出来。如同商标会被人恶意抢注，知名企业的名称、品牌等知识产权也都是容易在网络域名上被抢注。与企业名称、品牌相关的域名被抢注对企业在网络上进行营销、电子商务等都大有影响，甚至为一些恶意欺诈消费者提供了方便。

（五）驰名商标的保护

根据现行的法律，法律对驰名商标的保护是高于一般普通商标的。法律对驰名商标的保护从相同商品上的相同注册扩展到了相似商品的相似注册。因此，这样更加高标准的保护对企业是更有利的，企业应该力争使自己的商标成为驰名商标。一般而言，以下因素是考量是否能成为驰名商标的要件：使用的年限、投入的宣传、作为驰名商标被保护的历史、相关公众的知悉程度。

二、品牌防伪

一段时间，在中国的各种假品牌如雨后春笋般迅速成长，造假成风，已对各企业品牌造成极大的打击，企业品牌经营者们不能完全依靠政府提供保护，国家的保护毕竟也是有限的，企业应该主动出击，做好防范工作，全力保护自身品牌。

（一）积极开发和应用专业防伪技术

有些品牌和包装的技术含量低，使制假者能轻易伪冒，这也是有些品牌的假冒伪劣产品屡禁不止的一个重要原因，所以必须采用高技术含量的防伪技术来有效保护企业品牌。用技术遏制假冒之风，同时，也为消费者的识别提供方便。

1. 防伪技术的概念

防伪技术经常在使用，是很常见的。有单独使用一种防伪技术，也有几种防伪技术一起使用的。尽管使用防伪技术会提高产品的成本，但是，在今天这样一种情况下，使用防伪技术已经成了企业不得不为的一门功课。

防伪技术，是指能增加加工难度、降低其制造仿真度的技术措施或手段。防伪技术可以从不同角度进行分类。一是从功能上分为保真防伪和辨假防伪；二是从应用领域分类，分为产品防伪、标识防伪、信息防伪；三是防伪技术使用与辨识的范围可分为公众防伪（明防）、专业防伪（暗防）、特殊防伪三种。

从使用的手段上来分，防访技术有以下几种：一是物理学防伪技术，也就是应用物理学中结构、光、热、电、磁、声以及计算机辅助识别系统建立的防伪技术。二是化学防伪技术，即在防伪标识中加入在一定条件下可引起化学反应的物质。三是生物学防伪技术，是指利用生物本身固有的特异性、标志性为防伪的措施。这种防伪技术特殊一些，一般用于特殊的物品。四是综合防伪技术，也就是说两种或两种以上方法的综合利用以防伪。五是商标防伪的综合防伪技术。

2. 企业开发和应用防伪技术的有效途径

（1）企业自己独立开发防伪技术。

（2）企业与专门防伪技术厂商合作开发自己需要的防伪技术。

（3）专业防伪厂商开发出的防伪技术产品。

经营者们要有清晰的认识，保持高度的警惕，采用现代高科技含量的防伪技术是有效保护品牌尖端技术，使一般造假者难以仿制。事实上，世界上几乎所有的知名品牌都采用了各种防伪标志来对自己的品牌进行保护。娃哈哈纯净水也采用了电子印码、激光防伪、图案暗纹等多种防伪技术。

然而，魔高一丈，道高一尺。拥有防伪技术并不是万能的。有防伪技术，也有反防伪技术、造假技术。目前我国产品市场上，防伪技术的应用比较混乱，防伪技术专业企业良莠不齐，行业缺乏自律，也缺乏国家有效的专门管理与指导，使这个本应具有严格保密的行业并没取到应有效果，许多防伪产品陷入了防伪——假冒——再防伪——再假冒的恶性循环，一些企业即使频繁更换防伪标志，假冒者也一再攻破防伪技术。所以，必须不断加强对防伪技术应用情况的监督和管理，让防伪技术真正发挥作用，更好地保护品牌。

（二）积极投入“打假”活动

假冒伪劣作为一种违法、犯罪行为，在一定时期是不可能消失的，企业应当立足于现实，长期、持久地同假冒行为进行斗争，运用多种手段、方法来打击假冒行为。

假冒伪劣对有的企业打击沉重，企业自身在打击假冒方面也是付出颇多。云南红塔烟草集团生产的“红塔山”香烟，被称为中国的“万宝路”，深受消费者欢迎。但是，全国除西藏、新疆外，各地都已发现假冒的“红塔山”香烟。仅 1992 年 1 月至 11 月，该企业用于打假的费用就高达 500 万元。

许多知名企业为了更有效地打击假冒，都成立了专门打假机构，配备专职打假人员，积极参与打假，并且取得了显著成效。娃哈哈集团公司在这方面就作了很有益的尝试。娃哈哈于 1993 年 5 月成立了打假办公室，积极配合政府执法机关的打假工作，为公司挽回直接经济损失 320 万元。

企业还必须加强对品牌的管理，制定专门的品牌管理制度，把商标管理纳入全面质量管理之中。对商标的使用、标识的印刷、出入库、废次标识的销毁等，都要进行严格管理，对企业员工进行培训，增强企业员工的对品牌保护意识。此外，还应当向消费者普及品牌的商品知识，让消费者了解企业的产品，使消费者自觉地拒绝假冒，让假冒丧失市场和存在的基础。

三、保护品牌商业秘密

申请专利要公开技术，而很多与企业生死攸关的技术、配方是不能公开的。专利要求具有新颖性、创造性、实用性，企业的很多技术虽然重要，但达不到专利的要求。于是，商业秘密、专有技术就形成了。这些专有技术、商业秘密虽然也受到法律保护，但企业自身对这些秘密的保护是首要的。

差异化是现代企业参与市场竞争的基本战略之一。[①] 品牌的机密就是构成这种差异化的要素之一。维护品牌，就要控制品牌机密，可口可乐、百事可乐永远不会把其可乐的配方公开，企业的核心技术机密有时对企业的生存起着决定性作用，因此，保护企业的专有技术秘密是十分重要的。当然，相关的法律，如《反不正当竞争法》，也对专有技术、商业秘密提供了保护。

企业一定要有保密意识，并且要把这种意识灌输给每个员工，让员工认识到泄密会带来多种后果，以及个人要担负的法律责任。同时，也应控制可接触到机密的人员，甚至采取分人保管、负责的方法来保护商业秘密。河北旭日集团由一家乡镇小企业跃升为中国茶饮料的领头羊，其秘诀就是其生产的旭日升茶饮料系列另辟蹊径。该公司针对专利法的年限规定，没有申请产品专利，而是采取所有员工只了解部分工序，配方锁在公司保险库内，钥匙由两人分管等措施，使该品牌配方得以保存。也正因如此，旭日升系列茶饮料才能在中国饮料行业中异军突起，成为茶饮料企业的明星。

经调查显示：在世界上，每一项新技术新发明领域中，有40%左右的内容是通过各种情报手段获得的，而许多经济间谍正是打着参观的幌子来盗取情报的，品牌经营者有必要谢绝技术性参观和考察，或是不能拒绝时对考察、参观过程可以监控。据说，一次，有一批日本客人到法国一家著名的照相器材厂参观，在观看一种新的显影溶液时，一位客人俯身靠近盛溶液的器皿。精明的陪同人员发现，这个日本人的长领带已沾到了溶液，马上向一位服务员吩咐了一番，当那个日本人走出实验室门口时，服务员马上走到他跟前说："先生，您的领带脏了，请换条新的。"随后递上一条崭新的领带，保住了新型显影的配方。

四、避免恶性竞争

市场竞争是激烈、残酷的，适度的竞争是必要的，但过度的竞争会产生巨大的破坏作用。1992年我国就有中原大战，1993年变成矿泉壶大战，1997年是VCD大战，1999年又有水制品大战，2001年房地产品牌之战，竞争日益激烈，但要避免不正当竞争，恶性竞争对市场的伤害，要努力建立公平、有序、竞争适度的市场。

（一）禁止恶性降价竞赛

降价是一项极为有效的促销手段，可以增加企业产品的销售工作，我国的很多企业更是把它作为杀手锏来用，格兰仕几乎每月有降价活动，清洗整个微波炉市场；联想集团、清华紫光也用低价占领笔记本市场；国美的发展壮大更是靠价

① 黄静、王文超：《品牌管理》，武汉大学出版社2005版，第305页。

格战取胜的。然而恶性价格战，即使是胜者也会付出巨大的代价，利润微薄不仅对企业的创新、生产造成困难，也让整个行业遭受打击，可以说，价格战无胜者。

1992 年的中原商战，最后也演变为降价大比武，先是紫荆商场推出“同类商品全市最低价格”，而后，商城大厦把价格降到不能再降的地步，华联、商业大厦也不甘寂寞加入战团，亚细亚更是变成只要你比我价格低我就还降价。由此郑州陷入了前所未有的大战，其战斗的结果是利润下降，名誉受损。这样的价格大战把所有企业都拖入困境。

（二）切忌诋毁别人商誉

前些年，麦当劳快餐店曾在荷兰各地推出一系列促销广告，其中一则广告上醒目地写着：“不！不！不要吃中国餐！”这则广告立刻引起荷兰华人社团的严重抗议，诋毁别人商誉不仅是法律不容，而且，也让自己的形象受损，信誉下降。竞争应该是公平、公正的，一个自重、有远见的品牌是绝不应当有此行为的。

五、品牌危机的处理

任何商业活动都是存在风险的，品牌的经营和管理一样充满了各种各样的风险与考验。当品牌危机出现的时候，企业如何应对，如何减少危机给品牌带来的负面影响，甚至借应对危机展现企业的责任感，获取消费者的好感。这些问题，都是任何一个有远见的企业应该未雨绸缪的。

（一）危机预防与预警

危机的发生不可避免，首先，企业应该明白这个很浅显的道理。而事实上，就连很多著名的企业也免不了发生危机。肯德基、可口可乐，到今天的宝洁 SK－Ⅱ被检测出不良成分，危机数不胜数。不仅企业和其管理层要明白这个道理，也必须使企业的每个员工都明白这个道理，上上下下都树立起忧患意识。同时，也避免当真的危机来临时的慌乱与异常。

尽管危机的出现有时候并不能避免，但是，做好预防措施至少能避免一部分危机的产生，同时也能减少危机带来的伤害。毫无疑问，做好预防措施就一定要在做各项工作的时候都避免出现任何的差错。无论是管理还是生产，都要尽可能做到尽善尽美。与此同时，相应的预警措施是必不可少的。首先，企业必须明确对哪些事项需要建立预警措施，并且明确预警的责任人员。其次，预警措施要起到作用，就必须确保预警的向上报告渠道是畅通的，是及时的。最后，要拟订危机来临时的处理计划。及时报警并及时处理同样重要，企业的相关各个部门都应当制订详尽、有效的危机处理计划，在有条件的情况之下，不妨可以进行一下演习，以考察处理计划的可行性。“一个具有较强实用性的计划一般包括三部分内容：一个主导计划或是原则、针对具体情境的计划和不同管理层次的部门行动计划”①。

（二）快速、及时处理危机

危机往往意外发生，且如果不及时正确处理，就会造成很大损害。因此，快速、及时地处理危机是非常重要的。这里要指出的一个问题是，在不能及时报告时，必须赋予直接接触危机的企业人员权力在第一时间先行处理危机。同时，也应该让员工树立危机来临时敢于作出决策，勇于承担责任的责任感。

（三）诚实信用原则

危机其实是一种灾害，受害的不仅仅只有企业，消费者一样是受害者。并且，在很多情况下，企业对危机的发生是有责任的。因此，一个有责任感的企业在危机来临时是应该诚实面对消费者。俗话说，患难见真情，越是危机之前，企业越要把消费者放在首位，做到诚实信用。不管情况如何，企业对消费者都应该如实相告，确保消费者的知情权。企业要树立品牌的良好形象，就必须即使在危机之中也用行动来坚持诚实信用形象。诚实信用不仅能帮助企业更好地渡过难关，也能让企业在危机过后收益不少。

（四）保证信息传递的畅通

危机来临之时，企业往往是处于媒体和公众的关注之下。各种各样的信息都在传播，企业必须重视信息的传播。应该及时、快速地把信息准确地公布，公众和媒体的任何猜测和枉断对危机的处理都是不利的。流言飞语对企业是非常有害的。

（五）积极处理，作好善后处理

对处于危机的企业来说，总结失误是危机之后的工作，而查找危机直接原因和善后处理是首先面临的问题。做好善后处理可以减轻危机给企业带来的损害，减轻企业形象的负面影响。对于消费者来说，企业如何采取补救措施，也是最重要的。因此，企业必须在面对危机时，全面地听取消费者的意见，积极和消费者沟通，尽最大努力做好善后工作。

面临同样的危机，不同的做法会有不同结果。细节决定结果，在面临危机的时候，真正有发展可能性的企业是能够渡过难关的。危机是把双刃剑，企业完全可以在危机中树立自己诚实信用，以消费者为先，高效、团结的形象，把坏事变成好事。

---

① 万后芬、周建设：《品牌管理》，清华大学出版社 2006 年版，第 281 页。

第四章　云南商标品牌概况

第一节　云南省商标注册与保护近况

一、我国知识产权保护的基本情况

1.《中国知识产权保护的新进展》白皮书

改革开放以来，在全社会的共同努力下，中国保护知识产权取得重大进展。2005 年 4 月发表了《中国知识产权保护的新进展》白皮书。

2. 建立健全符合国际通行规则、门类比较齐全的法律法规体系

20 世纪 80 年代以来，国家颁布实施了《中华人民共和国专利法》、《中华人民共和国商标法》、《中华人民共和国著作权法》和《计算机软件保护条例》、《集成电路布图设计保护条例》、《著作权集体管理条例》、《音像制品管理条例》、《植物新品种保护条例》、《知识产权海关保护条例》、《特殊标志管理条例》、《奥林匹克标志保护条例》等涵盖知识产权保护主要内容的法律法规，并颁布一系列相关的实施细则和司法解释，使中国知识产权保护的法律法规体系不断趋于完善。为对知识产权实行切实有效的法律保护，2001 年中国加入世界贸易组织前后，对知识产权保护相关法律法规和司法解释进行了全面修改，在立法精神、权利内容、保护标准、法律救济手段等方面更加突出促进科技进步与创新的同时，做到了与世界贸易组织《与贸易有关的知识产权协议》以及其他知识产权保护国际规则相一致。

3. 建立健全协调、高效的工作体系和执法机制

在知识产权保护实践中，中国形成了行政保护和司法保护“两条途径、并行运作”的知识产权保护模式。在中国，有多个部门分别履行保护知识产权的职能，主要包括国家知识产权局、国家工商行政管理总局、新闻出版总署、国家版权局、文化部、农业部、国家林业局、公安部、海关总署、最高人民法院、最高人民检察院等。多年来，这些部门在各自领域开展了卓有成效的工作。为进一步加大知

识产权保护力度，2004 年中国成立了以国务院副总理为组长的国家保护知识产权工作组，负责统筹协调全国知识产权保护工作。国家保护知识产权工作组办公室设在商务部，承担工作组日常工作。

近年来，国家加强了行政执法机关与公安机关、人民检察院保护知识产权的工作联系。2000 年 10 月，有关部门共同下发《关于在查处侵犯知识产权违法犯罪案件工作中加强协作配合的通知》，就查处侵犯知识产权犯罪涉及的协作配合问题作出明确规定。2001 年 7 月，国务院发布《行政执法机关移送涉嫌犯罪案件的规定》，就行政执法机关向公安机关及时移送涉嫌犯罪案件作出明确规定。2004 年 3 月，有关部门又联合下发《关于加强行政执法机关与公安机关、人民检察院工作联系的意见》，初步建立起行政执法与刑事执法相衔接配合的工作机制，形成打击侵犯知识产权违法犯罪活动的合力，有效保证涉嫌犯罪案件及时进入刑事司法程序。近年来，司法机关依法审理了一大批侵犯知识产权的各类案件，知识产权民事案件中被侵犯人的经济损失及时得到赔偿，侵犯知识产权的违法犯罪行为得到有效打击。

4. 加大知识产权保护的行政执法力度

随着知识产权保护法律制度的逐步完善，中国知识产权保护工作重点逐渐由立法转向执法，通过日常监管与专项治理相结合，加大知识产权保护的行政执法力度。2004 年 8 月，中国政府决定从 2004 年 9 月到 2005 年 8 月，在全国范围内组织开展为期一年的保护知识产权专项行动。2005 年 3 月 31 日国务院召开的全国整顿和规范市场经济秩序电视电话会议，决定把保护知识产权专项行动延期到 2005 年年底。按照统一部署，各有关部门在商标权、著作权、专利权保护等重点领域，在货物进出口、各类展会和商品批发市场等重点环节，在制假售假相对集中地方等重点地区，以查处重大侵权案件作为突破口，积极行动，严格执法，打击侵犯知识产权的违法分子，取得积极成效。

5. 努力提高全社会的知识产权意识

中国政府高度重视知识产权的宣传普及工作。从 2004 年开始，国家将每年 4 月 20 日至 26 日确定为“保护知识产权宣传周”，利用报刊、电视、广播、互联网等各种媒体，通过举办研讨会、知识竞赛以及制作公益广告等多种形式，在全社会开展知识产权保护宣传教育活动，形成尊重劳动、尊重知识、尊重人才、尊重创造的良好社会氛围，提高广大公众的知识产权意识。

6. 积极履行知识产权国际保护义务

中国积极参加国际保护知识产权的主要公约和条约。自 1980 年加入世界知识产权组织后，中国相继加入《保护工业产权巴黎公约》、《专利合作条约》、《国际承认用于专利程序的微生物菌种保护布达佩斯条约》、《工业品外观设计国际分类洛迦诺协定》、《商标国际注册马德里协定》、《商标注册用商品和服务国际分类尼斯协定》、《商标国际注册马德里协定有关议定书》、《与贸易有关的知识产权协议》、《国际植物新品种保护公约》、《保护文学和艺术作品伯尔尼公约》、《世界版权公约》和《保护录音制品制作者防止未经许可复制其录音制品公约》等10多个国际公约、条约、协定或议定书。

在严格履行自身所承担的保护知识产权国际义务的同时，中国积极致力于知识产权保护国际规则的调整与完善，使其有利于世界各国共享科技进步带来的成果和利益。近年来，中国与其他国家、国际组织和外商投资企业在知识产权领域广泛开展对话、交流与合作。应美国提议，从2003年起中美双方每年举行一次知识产权圆桌会议，就有关知识产权问题达成了广泛共识。2004年，中欧第一次知识产权对话在北京举行，就有关知识产权合作事宜达成初步意向。

中国各有关部门与多个国家的相应机构和世界知识产权组织、国际新品种保护联盟等国际组织也建立了良好的合作关系。2003年9月，中国有关部门建立了与外商投资企业定期沟通协调机制，每季度召开一次会议，听取外商投资企业在知识产权保护方面的意见和建议。

二、我国商标保护现状

（一）健全和完善法制

商标是重要的知识产权，事关企业生存与发展。随着社会主义市场经济的建立和完善，企业间的竞争主要体现在产品品牌的竞争。企业对产品和商誉的一切投入，最终的价值都要集中体现在商标这一无形资产上，可以说，商标是企业核心竞争力的物化和商品化的表现。实施商标战略，创立知名品牌，创建著名商标、驰名商标，引导企业运用商标战略占领市场，对增强企业竞争力、促进经济发展具有重要的现实意义。

中国于1979年11月1日恢复商标统一注册工作后，商标保护事业取得长足的发展。1983年3月1日，《商标法》开始实施。为配合该法的实施，中国政府于1983年3月颁布了《商标法实施细则》，并于1988年对其进行了第一次修改。1993年2月，全国人大常委会对《商标法》作了第一次修改，将服务商标纳入商标保护范围，加大了对商标侵权假冒行为的打击力度，进一步完善了商标注册程序。1993年7月，中国政府对《商标法实施细则》进行了第二次修改，将集体商标和证明商标纳入商标法律保护范围，增加了对“公众熟知的商标”的保护规定。

2001年10月，全国人大常委会对《商标法》作出第二次修改，将立体商标和颜色组合商标纳入商标保护范围，加大对驰名商标的保护力度，规定以商标制度来保护地理标志，增加商标确权程序的司法审查，进一步加大对商标侵权假冒行为的打击力度，使得中国《商标法》的有关规定与世界贸易组织《与贸易有关的知识产权协议》的原则相一致。2002 年 8 月，中国政府对《商标法实施细则》进行了修改，并将其更名为《商标法实施条例》。

根据《商标法》及《商标法实施条例》的规定，国家工商行政管理总局先后制定或修改了《商标评审规则》、《驰名商标认定和保护规定》、《集体商标、证明商标注册和管理办法》、《马德里商标国际注册实施办法》、《商标印制管理办法》等部门规章。

(二) 商标注册申请量迅猛增长

随着中国商标法制的不断完善和全社会商标意识的日益提高，近年来中国的商标注册申请量迅猛增长。1980 年商标注册申请量仅为 2 万多件，1993 年达到 13.2 万件。2000 年至 2004 年的 5 年时间里，商标注册申请量分别连续跃过 20 万件、30 万件、40 万件和 50 万件四个大关，申请总量达 190.6 万件，比 1980 年至 1999 年 20 年申请总量还多 25.6 万件，占 1980 年至 2004 年 25 年申请总量的 53.6%。2004 年商标注册申请量达 58.8 万件，比上年增加 13.6 万件，增长约 30%，是中国加入世界贸易组织当年的 2.17 倍。截至 2004 年年底，中国的注册商标累计总量已达 224 万件。

“十一五”以来，作为实施“十一五”规划的开局之年，2006 年，我国沿着中国特色社会主义道路继续前进，经济持续发展，市场规模进一步扩大，知识产权的地位更加凸显，商标注册申请量保持大幅增长之势，商标在促进经济社会发展和推动社会主义新农村建设方面的作用，日益为国家所重视，为社会所认识。

2006 年，我国的各类商标申请量高达 99.6 万件，直逼百万件，比 2005 年 (83.8 万件) 增加 15.8 万件，增幅达 18.8%。其中，商标注册申请量达 76.6 万件，比 2005 年 (66.4 万件) 增加 10.2 万件，增幅 15.4%。过去 5 年 (2002 年至 2006 年)，我国的商标注册年申请量增幅连续 5 年保持在 12.9% ~37.5%之间，年增加量平均为 9.9 万件，商标注册年申请量已经连续 5 年居世界第一。

国家工商总局商标局 2006 年全年共审查各类商标申请 53.7 万件，比 2005 年 (47.6 万件) 增加 6.1 万件，增幅 12.8%。其中，审查商标注册申请 31.3 万件，商标注册申请年审查量已连续 4 年保持在 30 万件以上；核准注册商标 27.6 万件，刷新了年核准注册 26.7 万件的纪录；裁定商标异议案件 4 074 件，比 2005 年 (2 699 件) 增加 1 375 件，增幅 50.9%。此外，国家工商总局商标评审委员会审理商标评审案件 4 219 件，其中驳回复审案件 2 900 件，异议复审案件 895 件，撤销复审案件 25 件，商标争议案件 399 件。

(三) 外国在中国申请和注册商标的数量不断增长

伴随着中国投资环境的不断改善，特别是中国加入世界贸易组织后，外国在中国申请和注册商标的数量不断增长。1982 年外国来华商标注册申请量为 1 565 件，到 1993 年超过 2 万件，2004 年则超过 6 万件。1979 年前，来中国注册商标的国家或地区仅为 20 个，注册商标总计 5 130 件；到 2004 年年底，来中国注册商标的国家或地区已增加到 129 个，累计注册商标达 40.3 万件，比 1979 年增长近 79 倍，约占中国注册商标累计总量的 18%。

2006 年，国外申请人在我国的商标注册申请量明显攀升，为 97 043 件，比 2005 年（70 635 件）增加 26 408 件，增幅 37.4%，占我国商标注册申请总量的 12.7%，且出现了两个"2 万"件：从 1999 年至 2006 年的 8 年中，前 6 年国外申请人在我国的商标注册年申请量每两年增加 1 万件，2005 年一年增加 1 万件，2006 年一年增加 2 万件；同时，2006 年美国申请人在中国的商标注册年申请量首次超过 2 万件。

截至 2006 年年底，我国的注册商标累计总量为 277.4 万件，其中外国在华注册商标累计 49 万件，占注册商标累计总量的 17.7%。

（四）保护注册商标专用权

多年来，中国各级工商行政管理机关充分发挥商标行政执法网络健全、程序简便、快捷高效的优势，以保护注册商标专用权为核心，积极履行行政执法职责，查处了大批商标侵权假冒案件，有效地保护了国内外商标权人的注册商标专用权，切实维护了广大消费者的合法权益。

仅 2001 年至 2004 年，全国各级工商行政管理机关共查处各类商标违法案件 16.96 万件，其中商标一般违法案件 5.66 万件，商标侵权假冒案件 11.3 万件（含涉外商标侵权假冒案件 1.2 万件），收缴和消除侵权假冒商标标识约 5.29 亿件（套），移送司法机关追究刑事责任 286 件共 300 人。尤其是 2004 年，根据国务院保护知识产权专项行动和国家工商行政管理总局开展保护注册商标专用权行动方案的部署，全国工商行政管理机关以保护驰名商标、涉外商标，查处食品、药品商标侵权案件为重点，组织开展了三次保护注册商标专用权专项整治行动，有效保护了注册商标专用权。据统计，2004 年全国各级工商行政管理机关共查处各类商标违法案件 51 851 件，其中查处涉外商标案件 5 494 件，比 2003 年增加了 1.6 倍。在查处的 51 851 件商标违法案件中，商标一般违法案件 11 680 件，商标侵权假冒案件 40 171 件，比 2003 年增加 51.66%，收缴和消除商标违法标识 3 895.18 万件，收缴专门用于商标侵权的模具、印版等工具 28.08 万件，没收、销毁侵权物品 5 638.53 吨，移送司法机关追究刑事责任案件 96 件共 82 人。

伴随商标注册申请量的节节攀升，我国的商标执法工作也加大了保护力度。2006 年国家工商总局进一步加强了商标行政执法，重点整顿治理中外关注的商品批发零售市场中的商标侵权假冒行为。

2006 年，全国各级工商行政管理机关共查处各类商标违法案件 50 534 件，比上一年增长 2.3%，其中查处商标侵权假冒案件 41 214 件，比上一年多查 5.4%。在查处的 41 214 件商标侵权假冒案件中，查处涉外商标侵权假冒案件 9 286 件，同比多查 40.6%。向公安机关移送涉嫌商标犯罪的案件 252 件、犯罪嫌疑人 263 名，分别比 2005 年多 6.8% 和 22.3%。

2006 年，国家工商总局商标局和商标评审委员会共认定驰名商标 180 件（权利人为中国企业的 170 件，权利人为外国企业的 10 件），其中在商标管理案件中认定 139 件，在商标异议案件中认定 10 件，在商标争议案件中认定 31 件。

2006 年 2 月 17 日，国家工商总局发出《关于对有关商品批发零售市场继续进行整顿治理的通知》，要求对北京的秀水街市场、上海的襄阳服饰礼品市场以及深圳的罗湖商业城等市场加大监管力度，对市场中存在的商标侵权假冒行为进行集中整顿治理。其间，国家工商总局专门派出督查组对上述市场的整顿治理工作进行了督查。

各级工商行政管理机关大力加强了农产品商标和地理标志的注册和保护工作，指导农民和涉农企业运用农产品商标和地理标志发展特色农业，促进了农业增效、农民增收和农村发展。据统计，截至 2006 年年底，我国已注册涉农产品商标（仅以商标注册用商品和服务国际分类第 29 类至 31 类计）37 万件，约占注册商标总量的 13%；注册地理标志 219 件，其中我国注册人的地理标志 188 件，涉及 27 个省、自治区和直辖市的 240 个县。2006 年核准注册地理标志 81 件，占注册地理标志总数的 36.99%。在国家工商总局商标局和商标评审委员会已公布的 800 多件驰名商标中，有涉农产品商标近 100 件和地理标志 4 件（“安溪铁观音”、“库尔勒香梨”、“柘荣太子参”、“景德镇瓷器”）。

2006 年 3 月，温家宝总理在十届全国人大四次会议《政府工作报告》中强调，要“支持海峡两岸和其他台商投资相对集中地区的经济发展，依法保障台湾同胞正当权益，竭诚为台湾同胞服务”。对此，国家工商总局在 2006 年 10 月 16 日发出《关于制止和查处假冒台湾水果行为的通知》，要求各地工商行政管理机关切实加强市场监督管理和市场、广告检查，重点查处虚假标示台湾产地水果行为、虚假广告行为以及侵犯台湾水果商标专用权行为。2006 年 11 月 2 日，国家工商总局又发出《关于加大台湾农产品商标权保护力度促进两岸农业合作的实施意见》，对台湾农产品商标的保护作出部署，强调要积极引导台湾农产品生产商和经销商在大陆通过注册普通商标、证明商标或集体商标等方式，获得《商标法》的保护；要求商标管理、公平交易、广告监管和消费者权益保护等职能部门相互配合，充分发挥 12315 网络的作用，引导消费者提高对“台湾产地水果”和“台湾品种水果”的鉴别能力，保护消费者的知情权，及时受理和处理消费者申诉和投诉，不断提高保护台湾农产品商标的整体执法效能。

（五）积极履行保护驰名商标的国际义务

自中国加入《保护工业产权巴黎公约》以来，中国积极履行保护驰名商标的国际义务，国家工商行政管理总局先后在商标异议案件、商标争议案件和商标管理案件中认定了400多件驰名商标，依法保护了国内外驰名商标权所有人的合法权益。仅2004年，国家工商行政管理总局先后认定保护了153件驰名商标，其中有外国企业驰名商标28件；2006年，国家工商总局商标局和商标评审委员会共认定驰名商标180件（权利人为中国企业的170件，权利人为外国企业的10件）。同时，中国各级工商行政管理机关把驰名商标作为商标保护工作的重点，加大对驰名商标的保护力度，严厉打击了侵犯驰名商标权益的各种违法行为。据统计，2004年全国各级工商行政管理机关共查处各类商标违法案件51 851件，其中查处涉外商标案件5 494件，比2003年增加了1.6倍。

（六）提升服务水平

国家工商总局高度重视利用现代信息技术提高工作效能和社会服务水平，商标局的办公自动化和信息化工作不断取得新的进展。2003年12月，开始在“中国商标网”上滚动发布初步审定公告的商标、商标法律法规规章、商标申请程序、规费收取标准以及其他商标工作信息。2004年12月，开始在“中国商标网”上公告商标异议裁定书。2005年12月，通过“中国商标网”向社会开通商标注册信息网上查询系统，并公布刚修订的《商标审查及审理标准》。2006年12月，开始了商标注册网上申请系统的首批试用，并公布了新制定的《商标实质审查工作规程》。

经过多年来一步一个脚印的努力，国家工商总局商标局的网上服务水平和政务公开程度已大幅提高，信息化技术已成为商标注册和管理工作的重要手段，“中国商标网”也已成为国家工商总局商标局公布政务信息和中外公众获取商标政务信息的重要平台。

三、云南省“十五”期间商标工作的主要成绩①

“十五”期间，云南省的商标监督管理工作始终坚持以邓小平理论和“三个代表”重要思想为指导，坚定不移地贯彻落实科学发展观，围绕全面建设小康社会的宏伟目标，广泛宣传《商标法》及其实施条例，认真贯彻落实云南省委、省政府和国家工商总局的安排部署，全面推行了商标战略，发挥了商标工作服务社会、服务农村的职能，促进了商标注册数量的快速增长，促使云南省的注册商标实现

① 以下资料均来源于云南省工商局“十五”期间的各类资料。

了两个“零的突破”，即云南省著名商标零的突破和地理标志商标零的突破。与此同时各地商标监管部门以保护注册商标专用权为核心，严厉打击了商标侵权假冒行为，维护了广大注册商标所有人和消费者的合法权益，为整顿和规范市场经济秩序、营造良好的市场经济环境付出了辛勤的劳动，也为“十一五”期间更好地开展商标监管的工作奠定了较为扎实的基础。

（一）商标申请及注册数量迅速增长

从1979年恢复商标注册以来，截至2004年年底，云南省累计有效注册商标约21 000件。其中，2004年新申请商标注册比2000年增加了3 214件，增幅达184%。截至2005年，云南省商标申请数累计近4万件，核准注册约2.5万件。“十五”期间，云南省的商标申请数每年都在2 000件以上，2005年的申请数预计可突破5 000件，5年累计近2万件，核准注册超过1万件，均占1979年以来累计商标申请数和核准数的一半；截至2005年，有效注册商标数约2.1万件，仅“十五”期间，云南省的注册商标数量就超过了1万件，占了云南省累计有效注册商标数的一半以上。

（二）推进商标工作成果显著

云南省从2003年开始启动云南省著名商标认定工作，极大地推动了全省企业实施商标工作、争创知名品牌的积极性。到2004年底，云南省著名商标达到231件，其中，2004年认定93件。“红塔山”、“云烟”和“云南白药”被国家商标局认定为驰名商标。截至2005年年底，已连续开展三届认定活动，共认定了云南省著名商标317件；另外，已拥有了中国驰名商标4件，除“红塔山”、“云烟”和“云南白药”外，“红河”亦名列其中。

（三）地理标志商标申请及注册取得了明显成效

截至2005年年底，云南省已正式注册了“文山三七”、“呈贡宝珠梨”、“普洱茶”和“宣威火腿”等4件地理标志证明商标；此外，“罗平小黄姜”、“大理独蒜”、“富源魔芋”、“富源大河乌猪”等已向商标局提出注册申请；“昭通天麻”、“蒙自石榴”、“墨江紫糯米”、“陆良马铃薯”、“石屏豆腐”、“丘北辣椒”、“保山绿心蚕豆”正在积极准备材料，争取尽早提出注册申请。

（四）严厉打击侵权假冒行为，切实保护注册商标专用权

“十五”期间，在打击侵权假冒行为、保护商标专用权的过程中，云南省累计出动执法人员8万多人次，检查企业及经营户15万余户，检查商品交易市场9 800多个，捣毁制假售假窝点60多个，查处各类商标侵权案件3 100余件，案值1 450多万元，收缴和消除侵权商标标识670多万件（套），没收、销毁侵权商品300多吨，没收用于制造侵权商标标识的模板、工具2 000多件（套），罚款600多万元。

四、云南省“十五”期间商标专用权保护[①]

在实施商标专用权保护执法行动中，云南省工商系统始终坚持依法行政、文明执法、内外一致的原则，对国外的商标特别是具有一定知名度的商标被侵权假冒的，坚决给予保护，努力树立保护知识产权的国际形象。通过专项行动的积极开展，在全省范围内严厉打击了各类商标侵权假冒行为，有效保护了国内国外注册商标所有人的合法权益，注册商标侵权假冒行为的势头得到了明显的遏制，市场经济秩序也得到了进一步整顿和规范。主要做法和具体措施如下。

（一）精心组织，周密部署

加大知识产权保护力度，是国务院整顿和规范市场经济秩序的主要任务和重点工作之一，特别是加入世贸组织以后，无论是作为成员国履行义务还是国内经济发展的客观要求，都需要不断强化注册商标专用权的保护力度。为保证云南省保护注册商标专用权工作的顺利开展，云南省首先从工商系统加强领导、提高认识、健全工作机构方面下工夫。在2000年以来的省、地（州、市）、县工商系统机构改革中，在机构编制极为紧张的情况下，坚持在省工商局和16个地（州、市）工商局设立了商标（广）处（科），目前在全省129个县中已有28个县（区）工商局设立了商标广告监督管理股，从机构和人员上为该项工作的开展提供了保证。同时，在省工商局的统一部署下，各地工商局纷纷成立了以局长或分管商标工作的副局长为组长的领导小组，对注册商标专用权保护专项行动进行部署、组织协调和督导检查，形成了主要领导亲自抓，分管领导具体抓，职能机构集中精力主要抓，其他部门积极参与配合、通力合作的工作格局。其次，是加强对各地的指导、开展督查调研。为确保全省注册商标保护工作认真和扎实地开展，省工商局积极加强与各地工商局商标监管部门的沟通与联系，对各地办案中需要查询商标档案资料的，第一时间帮助其查询；对行动中遇到的问题，及时提出意见和建议，保证了各项工作的顺利开展。在省工商局每年组织对16个州、市开展的督查调研活动中，根据形势的发展需要将各地保护注册商标专用权的情况列为督查调研的内容，要求各地就工作的开展情况向督查调研组作专项汇报，督查调研组把收集的情况及时向省工商局党组作汇报，从而及时了解了基层的工作开展现状。

（二）结合实际，突出重点

一是查处食品、药品商标案件的整治任务，在全省范围内开展了多次有针对性的专项整治行动。

---

① 以下资料均来源于云南省工商局“十五”期间的各类资料。

近年来，结合当年的工作实际，云南省先后在全省范围内开展了保护“斯达舒”、“洁尔阴”和“陶碧华老干妈”等注册商标专用权的统一行动，有力地打击了侵犯注册商标专用权的违法行为，维护了注册商标专用权人的权益，保护了消费者的人身和财产权益。

二是查处侵犯驰名商标和证明商标、集体商标专用权案件的整治任务，各地工商机关及时开展了对中国驰名商标、云南省著名商标、证明商标和集体商标商品（服务）的专项检查。全省各级工商机关以超市及批发市场的食品、药品等为重点，主要以“健力宝”、“统一”饮料，“张裕”葡萄酒、“伊利”奶粉，以及“云南白药”、“腾药”等驰名、著名商标为检查重点，坚决查处主要商品流通场所的商标侵权行为。仅昆明市工商系统在2004年的一次集体行动中就没收了侵犯“爱普生”商标专用权的墨盒100个及硒鼓51个、侵犯“日立”注册商标专用权的切割机3台及VCD机128台、假冒“耐克”服装110件及运动鞋39双、“皮尔卡丹”服装439件、“金利来”领带62条、“派克”笔439支。

三是查处非法印制及购买使用假包装、假标识、假商标违法案件的整治任务，各地以印制单位为重点进行了检查和排查，并加强宣传工作，规范了商标印制行为。

2004年12月，昆明市工商局检查了商标印制企业67户，对各印制企业持有的《印刷经营许可证》进行了检查和统计，发现有24户存在不同程度的问题，并进行了认真处理，其中立案查处2户，罚款2 552元。2005年4月底，昆明市工商局商标处还联合四区工商局商广科，在国防印刷厂举行了“加强印制管理，保护知识产权，促进创新发展”百家商标印制企业签名仪式大会，通过签名活动，既表达了印制企业共同维护知识产权的心愿，又起到了很好的宣传效果。

四是查处侵犯涉农商标案件的整治任务，各地结合“红盾护农”行动，以“打假维权保农业”为主题，加强了农资市场商标侵权的查处。

楚雄州工商局联合当地农资公司、公安局等部门对当地农资市场秩序较为混乱的几个重点地区进行了检查，立案查处6件，罚款8 376元。玉溪市工商局查处了冒充注册商标“玉江牌”化肥案，罚款11.4万元；玉溪市峨山县工商局查处了销售假冒“硕丰”牌多元素混合磷肥案，封存假冒“硕丰”牌多元素混合磷肥53吨，罚款2.66万元。思茅市工商局查处一起茶叶侵权案，没收侵权茶叶产品9 926.8公斤，罚款0.15万元。昭通市工商局在检查过程中不失时机地向农资经营户进行宣传，提出具体要求：①要建立健全化肥、农药、种子等生产资料的进货台账；②要提高农业生产资料的保护意识，严把进货渠道关，杜绝假冒伪劣农资进入销售环节；③对存在问题及时整改，确保农业生产资料销售质量，为农民提供安全生产保障。

五是查处以企业名称侵犯驰名商标权益案件的整治任务，云南省主要开展了以下几方面工作：

首先，各地清理检查以往所办案件，排查是否有此类案件；对于以企业名称侵犯驰名商标的情况，联系企业登记部门，对照驰名商标和省著名商标名录，对在本地已经登记注册的企业和个体工商户名称进行查询和检查。对他人以与驰名商标和省著名商标相同或近似的文字作为企业名称或者字号申请登记，可能引起公众误认的，工商部门不予核准登记，从源头上解决企业名称权与商标专用权冲突的问题。

其次，云南省工商局在2005年8月份对全省著名商标企业开展了一次调查活动，调查的内容为云南省注册商标被他人在香港或其他地方注册为企业名称的情况。各著名商标企业反馈的情况表明：云南省大部分著名商标均未存在被他人在香港注册为企业名称的情况，有少部分被注册为企业名称的现象只是在云南省境内。

再次，2004年、2005年两年，云南省在全省范围内开展了两次针对专卖（营、修）店的专项执法检查活动。在此活动中，全省共出动执法人员3 573人次，车辆840台次，检查专卖（营、修）店5 884户，发放资料3 000余份，立案17件。通过检查，有4 565户基本符合专卖店资格，专卖授权手续也基本齐全；有345户存在问题，整改后可正常经营；有974户（占检查总数的17%）不符合相关规定。对这些存在问题的专卖（营、修）店，各地工商机关都根据不同情况进行了处理：对属于商标侵权行为的进行了严厉打击；对违反法律法规但不涉及侵权行为的明确指出其错误并予以纠正；对现行法律法规尚未明确但属不规范的行为和情况的，则以批评教育为主；对手续不齐全的专卖（营、修）店要求限期补办手续，共发出限期整改通知书780多份。

六是查处侵犯农产品商标、地理标志商标案件的整治任务，依法严厉打击各类侵犯农产品商标和地理标志权利的违法行为，同时加强农产品商标和地理标志的注册和保护工作，促进农民增收。

长期以来，云南省工商局坚持不懈地积极指导各地工商部门开展地理标志注册的申报工作。在此过程中，各地工商、农业、科技、行业协会等部门不断向省工商局商标处咨询有关地理标志证明商标的问题，省工商局商标处积极加强与各部门的联系、沟通和协作，努力建立有效的协调机制，积极推进农产品商标和地理标志的注册与保护工作。

（三）加大宣传，提高意识

为了认真贯彻吴仪副总理多次强调的要加强保护知识产权工作的对外宣传和对内教育，云南省各地工商部门在开展保护注册商标专用权行动的同时，也通过各种方式加大了商标宣传的力度。在2005年开展的“保护知识产权宣传周”活动中，各地工商部门与其他有关部门联合，通过各种方式，灵活多样地大力宣传知识产权保护，整个宣传周活动内容丰富多彩，宣传方式灵活多样富有特色。

一是上街设点开展宣传咨询，贴近群众、贴近生活。昆明市工商局商标处在呈贡县文化广场举办了“商标知识进农村”宣传咨询服务活动，紧扣宣传对象是广大农民群众这一特殊性，除开展普及性的咨询宣传活动外，还结合当地群众喜好花灯演唱的特点，组织当地花灯演唱群体，用群众喜闻乐见的花灯演唱形式，通过通俗易懂的方言对白和唱词，直观地表现和宣传了商标法律法规、商标知识和商标专用权保护的相关内容。整个“商标知识进农村”活动贴近生活，有声有色，气氛热烈，取得了很好的宣传效果，对进一步普及农村商标工作的宣传和开展，开拓新思路、采取新途径进行了有效的探索。

二是以宣传周为契机，为著名商标宣传搭建平台。大理州制作了大理市荣获“云南省著名商标”企业巡礼专题片六集，于4月26日在各大型专题宣传活动的宣传点循环播放，并于4月23日至29日在大理市电视台黄金时段播出。同时制作了9块包括企业简介、产品展示、企业风貌等内容的展板，对企业形象起到了很好的展示作用。

三是召开商标保护座谈会，共商知识产权保护，探讨商标保护战略。昆明市工商局于4月25日在昆明云安会都组织召开了“纪念4·26世界知识产权日，昆明地区著名商标保护座谈会”，邀请了知识产权、法院、海关等部门和云南财贸学院的专家学者以及昆明地区40家著名商标和重点企业的负责人共70余人参加。昆明市人民政府廖晓珊副市长、昆明市及四区工商局的主要领导也参加了座谈会。会议采取典型引路、交流互补、专家分析的方式，从行政、司法、学术经验等几方面座谈和宣传了知识产权的相关知识和保护途径。通过专家对实施商标战略的深入分析，对企业提高知识产权意识以及有效实施商标战略起到了积极的推动作用。

四是各地州、市政府通过召开表彰会等形式，大力推进宣传，促进注册商标专用权的保护。红河州人民政府为了培育红河州本地品牌，保护注册商标专用权，专门召开表彰大会，对获得“云南省著名商标”的企业给予了表彰鼓励。该州已启动了“红河州知名商标”的评选认定工作。玉溪市、楚雄州人民政府分别拨出资金，对本州市获得云南省著名商标的企业进行奖励。曲靖市人民政府转发文件，部署在全市开展地理标志证明商标的注册工作，积极推动农民增收致富。文山州委、州人民政府为了庆祝“文山三七”获得地理标志证明商标注册，专门赴省城昆明召开新闻发布会，邀请国内外新闻媒体记者参加，进一步扩大商标宣传。宣威市委、市政府在“宣威火腿”获得地理标志证明商标注册公告期中，及时在北京中国肉类科技大会上进行宣传展示。2005 年 11 月 8 日由国家工商总局和世界知识产权组织联合主办的“战略性利用商标促进经济暨农村发展国际研讨会”在北京隆重开幕，我省“普洱茶”、“宣威火腿”又荣幸地进京参加了展示活动，获得了国家工商总局商标局领导的表扬与肯定。2005 年 12 月，首届中国商标节在深圳举办，省工商局党组非常重视，成立了由局长局党组书记任组长、分管副局长任副组长、省局商标处为办公室的“云南筹备组”，制订方案，下发文件，全省贯彻。各地纷纷响应，按照省工商局的模式成立筹备组，主动向党委政府汇报，积极动员企业参展，共组织了云南省 86 家企业参加在深圳举行的首届中国商标节商标成就展，获得了圆满的成功，得到了中国商标节组委会和国家工商总局的高度肯定和表扬，并被授予了商标节的组织奖。

据不完全统计，在 2005 年“保护知识产权宣传周”活动期间，各地工商部门共组织召开座谈会 9 场次，参会人员 991 人；组织大型专题宣传活动 10 次，参加人员 1 260 人；上街设点宣传 44 次，出动咨询服务人员 389 人次，接受群众咨询达 7 292 人次；现场教会群众辨认假冒伪劣商品 230 多种；发放宣传资料 97 600 余份，张贴宣传画 300 余张，悬挂宣传布标 323 条，制作展板 41 块，出板报 30 余期；利用电视、广播宣传保护知识产权标语 718 条次。共组织开展联合执法检查活动 18 次，出动执法人员 1 028 人次，出动执法车辆 250 辆次，检查市场、门店 767 个，检查商品 5 700 余种，查处案件 70 余起。整个宣传周活动取得了较为显著的成果。

（四）强化监管，提升服务

服务企业，培育名牌一直是云南省各级工商部门的重要任务之一。各地在实践中充分发挥主动性，加强与企业的沟通与联系，帮助和支持企业实施商标战略。自 2003 年以来，每年把认定省著名商标和推荐驰名商标列入年度目标计划，省工商局拿出办公经费，并抓好落实。通过大量的工作和努力，在省人民政府的领导下，在各有关部委办厅局的大力支持下，云南长期实施的商标战略终于取得了较为丰硕的成果。截至 2005 年 12 月，云南省共拥有中国驰名商标 4 件（含法院认定的驰名商标 1 件），著名商标 317 件。其中有卷烟驰名商标 3 件、著名商标 20 件，充分体现了烟草作为云南支柱产业的地位。驰名商标、著名商标战略的实施，不仅给企业带来了可观的经济效益，而且对优化区域经济结构，促进区域经济的发展，发挥了重要的推进作用。

在具体的商标工作实践中，云南省各级工商行政管理部门还充分发挥自身的优势，面向企业，热情地为企业提供良好服务，尽力帮助企业确立以品牌树企业形象的意识：

一是不断提高商标监管人员自身的业务素质，做到及时、准确、完整地为企业提供优质的咨询服务。

二是加大对重点支柱产业的支持力度。2002 年 8 月，在省人民政府和国家工商总局的支持下，针对云南卷烟注册商标专用权遭受侵权情况不断加重的态势，举办了云南卷烟企业注册商标侵权假冒案件协调会，邀请了公安部、国家烟草专卖局以及 13 个重点省市工商局的同志参加会议。2005 年 2 月，云南省工商局又与云南省烟草工业公司联合举办了针对烟草企业的法律知识培训班。

三是帮助建立企业知识产权管理机构，配备专业人才，充分发挥商标等知识产权在市场竞争中的作用。

四是帮助企业制订发展规划，指导企业根据市场行情、产品特点、消费心理确定商标战略，促使企业把培育著名商标、驰名商标作为企业生产经营的主线，贯穿于企业生产经营的全过程，使企业在各个环节都形成良好的商标氛围。

五是帮助企业把商标这一无形资产作为企业资产管理的重要内容，加强运作和管理，盘活无形资产，防止资产流失；帮助企业通过建章立制，强化商标管理，规范商标使用，做好企业商标的整体设计，特别是在企业字号名称、产品包装装潢、对外宣传等方面做好商标的使用、管理和保护。

六是帮助企业提高商标自我保护能力，配合各政府职能部门严厉打击商标侵权违法行为，维护自身的合法权益。

（五）加强协作，构建机制

构建商标保护区域协作机制是全国各地工商部门在保护注册商标专用权、促进区域经济发展方面进行的有益探索之一。2002 年 9 月 19 日，云南省工商局与西部 11 省（自治区、直辖市）和成都市、西安市工商行政管理局在重庆市就建立商标联合保护机制、加强地区间的交流与协作、增强商标专用权保护力度、共同维护市场秩序、促进西部地区经济发展的有关事宜达成了《西部地区商标行政保护协作协议》；2004 年 9 月 15 日，云南省工商局参加了包括福建、江西、湖南、广东、广西、海南、四川、贵州在内的九省（区）签署的《泛珠三角区域工商行政管理合作协议》，并共同协商制定了《关于商标行政保护合作的工作方案》。商标保护区域协作机制正逐步在云南与其他地区之间案件协查、信息沟通、提高办案效率、增强商标专用权保护力度等方面开始发挥重要的作用。

第二节　云南省与周边省市（贵州、重庆）、发达地区（广东、上海）商标注册与保护同期对比[①]

一、基本情况

（一）贵　州

1. 商标总量

以 2004 年为例，贵州申请商标 2 643 件，商标注册 1 044 件（而 2004 年，广东申请商标 92 729 件，商标注册数 44 050 件；与贵州临近的四川申请商标 20 620 件，商标注册 7 382 件）；2005 年，贵州省商标申请量达 2 510 件，注册量达 1 104 件。至 2005 年年底贵州 10 万余户企业 20 年来总计注册商标 11 930 件，注册商标中的酒类、药品、茶叶等为 5 030 件，农副产品注册商标非常少。贵州拥有中国驰名商标 3 件（贵州茅台酒、神奇和 3573）和地理标志 1 件（都匀毛尖）。

2005 年，贵州省各级工商系统强化宣传工作，提高商标意识。一是建立商标指导点，强化“点”的宣传。全年建立商标宣传指导点 4 个，宣传“商标法”和商标知识 20 次，召开座谈会 15 次。二是加强业务建设，提高工商干部的商标管理水平，采取以会代训、以案说法和工作简报等形式，强化“线”上的宣传。三是举办专题培训班，强化“面”上的宣传，2005 年 8 月下旬，举办了全省商标法律法规知识的培训班，省内 180 户企业负责人、相关职能部门 400 余人管理人员参加了培训。

贵州省各级工商系统在加大宣传力度的同时，立足省情，引导商标注册、实施商标战略。一是引导企业建立健全商标管理机制，完善商标管理制度；二是把贵州省传统产业、优势产业、后续支柱产业、重点行业以及农产品地理标志作为商标注册的重点，积极主动引导企业、当地政府注册产品和服务商标；三是从职能出发，为政府当好参谋和助手，通过提出对“且兰”商标的保护建议，建议黄平县政府利用“且兰”文化，打造地方品牌，并拟定了商标注册建议书供当地政府参考。四是建立健全全省商标数据库，实现商标资源共享。首先是以红盾网为平台，着手建立、健全和完善全省注册商标信息；其次是建立商标法律法规信息平台，为全省工商系统执法办案及商标监管提供法律支持；再次是建立企业商标使用信息平台，企业打假维权信息平台；最后是建立闲置商标转让平台，激活企业闲置商标。

---

① 各省市资料均来源于各省市年度知识产权保护白皮书。

2005年年底，贵州省有注册商标11 925件，驰名商标3件，知名商标1件，但没有1件著名商标。

2006年贵州商标申请量大幅攀升，全省达3 977件，同比增长58.4%，注册量达1 073件。

2006年，各级工商行政管理机关认真落实《贵州省著名商标认定暂行规定》，全面开展“贵州省著名商标”的认定工作。按照“暂行规定”及实施办法的要求，全省有168户企业的168个商标申请著名商标，经对照条件，认真审查，经过初审、公示、公告等环节，评审委员会最后认定著名商标152个，弥补了贵州省著名商标的空白。

2. 保护商标

2005年，贵州省各级工商系统继续开展以保护注册商标使用权专项整治行动，制定了《贵州省2005年保护注册商标使用权专项整治行动的实施方案》。通过调查摸底，明确整治重点，把查处侵犯驰名商标、涉外商标、食品商标和药品商标、假冒国际名牌、侵犯奥运会标志、世博会标志、涉农商标等侵权行为作为重点，抓住大要案件，严惩商标侵权行为。一是与公安机关联合行动，保护贵州省著名商标“陶华碧老干妈”；二是与农业部门联合，加强对农产品地理标志和商标的保护，建立农产品地理标志和商标保护工作联席会议制度；三是与知识产权局配合，大力开展商标专用权保护。2005年，全省共查处各类商标案件384件，案值1 022.07万元，罚款123.89万元，收缴和消除商标标识254 451件，没收、销毁侵权商标商品14.24吨，收缴专门用于商标侵权的模具、印版等工具134件，商标侵权案件中，移送司法机关1件1人。

2006年，贵州省各级工商行政管理部门配合商标的申请，开展了保护商标专用权行动，严厉打击假冒注册商标和侵权行为，切实保护商标权人和消费者的合法权益。

2006年，全省各级工商行政管理部门开展了保护商标专用权行动，严厉打击假冒注册商标和侵权行为，切实保护商标权人和消费者的合法权益。一年来，全省各级工商管理机关共出动执法人员13 701人次，检查经营户37 261家，检查商品交易市场3 158个，捣毁制假窝点6个，查处商标违法案件447件，案值1 112.73万元，没收侵权商标标识19.95万份，没收专门用于制造侵权商标标识工具17件，销毁侵权商品31.74吨。开展了查处“伊利”注册商标执法行动，检查经营户12 440家，查获侵犯“伊利”注册商标商品6 680瓶195件。开展了协助“老干妈”、“习酒”、“宏福”申办驰名商标的工作。

(二) 重　庆

1. 商标总量

驰名商标、著名商标数量稳定增长。2005年，全市核准注册商标2 460件，同比增长 4.4%；重庆市工商局认定重庆市著名商标 31 件。

截至 2005 年年底，重庆市累计核准注册商标达到 22 113 件，拥有中国驰名商标 13 件、重庆市著名商标 250 件。

2006 年，重庆全市共注册商标 3 062 件，同比增长 23.1 %。累计有效注册商标 25 141 件。驰名商标总数达到 17 件。

驰名商标推荐认定工作效果显著。2006 年，重庆市工商局加大对优势产业和重点企业的扶持力度，积极指导和帮助企业申报中国驰名商标，先后帮助重庆谭木匠工艺有限公司、重庆金夫人有限公司等多家企业申报中国驰名商标，其中“谭木匠”、“陶然居”、“金夫人”、“鑫源”被国家工商总局认定为驰名商标。为了扩大驰名商标的社会影响，市政府召开了驰名商标新闻发布会，并对 17 家驰名商标企业分别给予了 15 万元的奖励。

大力加强农产品商标、地理标志商标的注册和保护工作。2005 年，重庆市工商局在农村广泛宣传商标法，加强农产品商标和地理标志商标的注册和保护工作。通过实施农产品商标战略，结合“走进三农”活动，在农村广泛开展“商标上山下乡”活动，使“商标兴农”、“商标富农”的意识逐步深入人心，农产品商标和地理标志商标注册量大幅上升，2005 年全市共注册农产品商标 436 件，比去年同期增长 30.75%。在地理标志商标注册方面，重庆市工商局先后帮助一批知名农产品申请地理标志注册，其中，“奉节脐橙”已通过初审公告。截至 2005 年底，全市已拥有农产品著名商标 55 件，农产品驰名商标 2 件。

2006 年，重庆市工商局在全市大力开展了“商标上山下乡”活动，走进农村，宣传商标，指导农民、农户和涉农企业利用商标促进农民增收和农村经济发展。2006 年 7 月 21 日至 25 日，国家工商总局副局长李东生、商标局局长安青虎专程来重庆考察农产品商标和地理标志工作，对运用农产品商标特别是地理标志促进农民增收和农业产业化发展作出了明确指示和具体要求。2006 年，重庆市共注册农产品商标 472 件，同比增长 8.2%，注册地理标志证明商标“奉节脐橙”1 件。此外，“城口老腊肉”、“长寿沙田柚”、“石柱黄连”、“酉阳青蒿”地理标志商标正在申请之中。截至 2006 年底，重庆市共有农产品商标 4 585 件，约占注册商标总数的 18.24 %，地理标志商标 4 件。

2. 商标保护

2005 年，重庆市各级工商行政管理机关共查处各类商标违法案件 508 件，同比增长 16.2%，其中移送司法机关追究刑事责任 1 件。收缴和销毁一批商标违法标识，没收、销毁一批侵权物品。专项整治行动成绩显著。在 2005 年开展的保护注册商标专用权专项行动中，重庆市各级工商行政管理机关共查处商标侵权案件 327 件。没收一批侵权商标标识，销毁一批侵权商标，移送司法机关案件 1 起，涉嫌犯罪人员1人。

涉外商标保护工作不断增强。2005年，重庆市工商行政管理部门在保护注册商标专用权行动中共查处涉外商标违法案件28件。先后查处了一批侵犯高知名度商标专用权的案件。同时，市工商局还建立了外资企业商标保护联系制度，加强和外资企业的联系与沟通，受到了广大涉外商标专用权人的一致好评。依据《重庆市商业企业经销商品商标管理办法》，重庆市工商局在全市100多个大中型商场和重点市场推行商品商标备案制度，2005年完成了相关电子软件的开发工作，免费提供给企业使用，促进了企业商标法律意识的增强，入市商品质量明显提高，商标侵权行为明显减少。

商标行政执法力度不断加大。2006年，全市工商行政管理机关共查处商标违法案件454件，案值1 055.9万元，罚没469.71万元，收缴和消除商标标识173万件（套），销毁侵权物品6.38吨。其中，查处商标一般违法案件109件，案值204.51万元，罚没45.57万元，销毁侵权物品2.5吨，收缴和消除商标标识73万件（套）；查处商标侵权假冒案件345件，案值851.39万元，罚没424.14万元，收缴和消除商标标识100万件（套），销毁侵权物品3.88吨。

3. 网上监管

商标管理信息化建设稳步推进。2006年，重庆市工商局先后建立了全市注册商标、未注册商标、闲置商标、商标代理机构、商标印制企业、著名商标、驰名商标等多项专用数据库，并建立了网上商标巡查、著名商标网上申报、商标案件网上流程等工作制度。市局、区县（自治县）局、工商所三级商标监管工作平台实现了商标与辖区经济户口的对接，促进商标监管职能的到位，全面实现了商标管理由信息平台向工作平台、监管平台的转型。

（三）广　东

1. 商标总量

2005年广东省社会经济发展取得新的成就，生产总值占全国的11.9%，对外贸易占全国的30.1%。同年广东省专利、商标的申请量、授权量都再创新高，继续保持全国领先地位。

2005年，广东省商标申请量和注册量分别为10.299 8万件和3.971 9万件，广东省商标注册总量突破32万件，约占全国商标注册总量的13%，连续十一年居全国第一位；广东省工商行政管理局认定广东省著名商标282件，延续认定108件；在商标管理案件中向国家工商行政管理总局商标局上报66件商标认定中国驰名商标，其中20件得到认定，使广东省驰名商标总数达到56件，居全国第二。著名商标与驰名商标的认定，对推动地方经济发展起到了积极作用。

2006年广东省社会经济发展取得新的重大成绩，生产总值达到25 968.55亿元，同比增长 14.1%，约占全国的 1/8。对外贸易达到 5 272 亿美元，同比增长 23.2%，约占全国的 1/3。同年广东省商标注册量都再创新高，连续 12 年保持全国首位。

2006 年，广东省商标申请量和注册量持续快速增长。截至 11 月，广东省注册商标已逾 35 万件。广东省工商系统积极引导企业实施名牌带动战略，2006 年广东省新增驰名商标 29 件，为历年之最，使广东省驰名商标总数增至 84 件，跃居全国首位。广东省工商局积极稳妥地开展著名商标培育认定工作，8 月以来共受理广东省著名商标认定申请 432 件，延续认定申请 265 件，合计 697 件，比上年增长了 36.9%。

广东省工商系统还积极扶持农业品牌的创建，加强涉农商标专用权的保护。如清远市工商局协助当地“名优特新”农副产品进行商标注册；阳江市、佛山市、云浮市工商局分别指导当地企事业单位申请注册“马水橘”、“黑皮冬瓜”、“郁南无核黄皮”等证明商标，使广东省农产品证明商标注册状况大为改善。广东省工商局还稳步推进广东创建区域国际品牌试点工作。2006 年，东莞大朗镇、汕头澄海区、潮州市枫溪区 3 个试点地区的工作已开始全面铺开。广东省工商局集中力量在大朗区实施各项工作，已在国内所有类别申请了商标注册，并计划在 76 个主要国家和地区申请商标注册。

2. 商标保护

广东工商系统全力开展保护注册商标专用权专项行动，严厉打击商标违法行为。行动期间，各级工商部门依法从快、从重打击商标违法行为，查处了一批大案要案。如广东省工商行政管理局和直属分局仅在 2006 年 5 月至 8 月间，就查处 4 宗假冒美国 NIKE 运动鞋案件，查获假冒鞋 6.5 万多双，案值约 2 000 多万元。NIKE 公司专门派员向省工商行政管理局赠送锦旗致谢。省工商行政管理局还查获涉嫌假冒 LOUIS VUITON、CHANEL 和 PRADA 等商标的皮包 1.65 万多个，案值约 6 000 多万元，以上侵权物品全被销毁；深圳市工商行政管理局福田分局在 9 月份查获一宗生产假冒 COACH 商标手袋案件，现场查获假冒手袋 6 100 多个，此案当事人被移送公安机关立案侦查；广州市工商行政管理局开发区分局在对印制企业的专项检查中，在一家企业现场查获非法印制的 NIKE 和 ADIDAS 等商标标识 20.5 万件，并立即将案件移送公安机关处理。

据不完全统计，全年广东省各级工商部门共出动执法人员 7.346 3 万人次，检查经营户 13.219 9 万户，检查商品交易市场 9 583 个，捣毁制假售假窝点 95 个。共查处商标违法案件 1 235 宗，其中涉外商标案件 519 宗，没收侵权商标标识 313 万多件，没收、销毁侵权物品 242 万多吨，没收专门用于制假的工具 320 件，共处罚款 1 656.95 万元人民币，有 17 宗案件 17 个当事人被移送公安机关。

2006年，广东省工商系统加强商标行政保护，开展了整治广东省内商品批发零售市场的专项行动，将地级市以上中外公众所关注的批发市场、大型商业购物中心和星级宾馆全部纳入整治重点，并专门加大了广州、深圳市整治力度，特别整治了深圳罗湖商业城销售侵权商品的行为。广东工商系统在加强日常监管基础上，深入开展保护商标的专项行动，严厉打击违法行为。截至2006年年底，共查处各类商标案件2 358宗，案值达8 389.97万元，罚款3 105.98万元；收缴和消除违法商标标识518.12万件，收缴商标侵权用模具印版等工具674件，没收销毁侵权商品420.58吨，移送司法机关案件38宗涉案人员33人。

（四）上　海

从上海的情况来看，2005年年底，上海有效注册的商标已经达到.8.7万件。上海已拥有50项中国名牌、422项上海名牌、40件中国驰名商标和318件上海著名商标，还有8项列入了商务部重点培育和发展的出口名牌。2005年11月29日，上海市经委、市工商局、市质监局联合推出了《上海推进实施品牌战略行动方案》的征求意见稿，提出上海实施品牌战略的发展总体目标是：力争到2010年培育形成5个左右在世界上有一定影响的著名品牌，10个左右体现上海城市活力和魅力的区域性品牌，50个左右在国内领先的知名品牌。"宝钢集团、上汽、上海电气、江南造船、振华港机、上海广电、中芯国际、海立集团、上海化工区、张江高科技园区"被授予"先进制造业十大品牌"。

二、对比差距

（一）硬实力差距

2005年年底，贵州省有注册商标11 925件，注册商标中的酒类、药品、茶叶等为5 030件，农副产品注册商标非常少。驰名商标3件（贵州茅台酒、神奇和3573），知名商标1件（都匀毛尖）。2006年贵州商标申请量大幅攀升，全省达3 977件，同比增长58.4%，注册量达1 073件，认定著名商标152个。

截至2005年底，重庆市累计核准注册商标达到22 113件，拥有中国驰名商标13件、重庆市著名商标250件。2006年，重庆全市共注册商标3 062件，同比增长23.1%。累计有效注册商标25 141件；驰名商标总数达到17件。

2005年，广东省商标申请量和注册量分别为10.299 8万件和3.971 9万件，广东省商标注册总量突破32万件，约占全国商标注册总量的13%，连续十一年居全国第一位；广东省工商行政管理局认定广东省著名商标282件，延续认定108件；向国家工商行政管理总局商标局上报66件商标认定中国驰名商标，其中20件得到认定，使广东省驰名商标总数达到56件，居全国第二。2006年，广东省商标申请量和注册量持续快速增长。截至11月，广东省注册商标已逾35万件。2006

年广东省新增驰名商标29件，为历年之最，使广东省驰名商标总数增至84件，跃居全国首位。积极开展著名商标认定工作，受理广东省著名商标认定申请432件，延续认定申请265件，合计697件，比上年增长了36.9%。

截至2005年年底，上海注册商标已经达到8.7万件，拥有50项中国名牌、422项上海名牌、40件中国驰名商标和318件上海著名商标，

云南省从1979年恢复商标注册以来，截至2004年年底，全省累计有效注册商标约21 000件。其中，2004年新申请商标注册比2000年增加了3 214件，增幅达184%。截至2005年，云南省商标申请数累计近4万件，核准注册约2.5万件。“十五”期间，云南省的商标申请数每年都在2 000件以上，2005年的申请数突破5 000件，5年累计近2万件，核准注册超过1万件，均占1979年以来累计商标申请数和核准数的一半；截至2005年，有效注册商标数约2.1万件，仅“十五”期间，云南省的注册商标数量就超过了1万件，占了云南省累计有效注册商标数的一半以上。

到2004年年底为止，云南省著名商标达到231件，其中，2004年认定93件。截至2005年年底，已连续开展三届认定活动，共认定了云南省著名商标317件。

1997年，“红塔山”被国家工商总局商标局认定为驰名商标。之后，“云烟”和“云南白药”被国家工商总局商标局认定为驰名商标。2005年至2006年1月云南红河卷烟商标“红河”、云南省滇虹药业的“康王”商标被昆明市中级人民法院认定为驰名商标，这是截至2006年年底，云南省共获得的5个中国驰名商标。

2005年，“文山三七”获准地理标志证明商标注册，地理标志证明商标实现“零”的突破。截至2005年年底，云南省已正式注册了“文山三七”、“呈贡宝珠梨”、“普洱茶”和“宣威火腿”等4件地理标志证明商标。2006年，“罗平小黄姜”获准地理标志证明商标注册，截至2006年年底，云南省共获得5个地理标志证明商标。

横向比较，与沿海发达地区相比，与西部商标工作先进的省、市同期相比，我们的差距非常明显。

（1）数量少、质量差。

2006年年底，贵州省计有注册商标1.3万件，驰名商标3件，地理证明商标1件，著名商标152个。

2006年年底，重庆市累计核准注册商标达到2.6万件，拥有中国驰名商标17件、著名商标250件。

2006年年底，广东省商标注册总量突破35万件，2006年广东省新增驰名商标29件，使广东省驰名商标总数达到84件，著名商标697件。

截至2006年年底，云南省商标核准注册约2.1万件，驰名商标5件（“红塔

山”、“云烟”、“云南白药”、“红河”、“康王”)，认定了云南省著名商标317件，地理标志证明商标5件（“文山三七”、“呈贡宝珠梨”、“普洱茶”、“宣威火腿”、“罗平小黄姜”）。

（2）驰名商标少。

同期相比，广东省驰名商标总数达到84件，重庆市累计拥有中国驰名商标17件，而云南省仅有驰名商标5件。

（二）软实力差距

2008年7月1日，云南省委常委、副省长李江在云南省推进商标战略工作会议上讲道：到2007年年底，云南省有效注册商标数累计达25 474件，共有中国驰名商标7件，云南省著名商标523件，地理标志证明商标9件。从企业拥有的注册商标数量来看，我省平均每100户企业只有18件注册商标，而广东、浙江每100户企业分别拥有42件、48件，同样属于西部地区的四川、重庆也分别达到了37件和23件。从拥有中国驰名商标的数量来看，全国共有中国驰名商标1 400件，我省仅有7件，广东、浙江分别达到138件、112件，贵州也达到了15件；内蒙古仅与农牧业产业化相关的驰名商标就有18件。我省拥有中国驰名商标的数量甚至低于青海省。从商标的品牌价值来看，在中国品牌研究院今年1月发布的《中国最有价值商标500强》排行榜中，我省只有4件商标上榜。①

品牌效益低、带动作用不强，尤其是作为云南省重要经济支柱的大型企业集团，没有发挥应有的示范带头作用。云南省（于2008年）已有上市公司26户，只有云南白药集团1户拥有驰名商标。2006年度云南省百强企业中，有51户企业营业收入超过10亿元，但拥有驰名商标的企业只有4户。

一个国家、一个地区拥有多少个驰名商标，直接体现该国家、地区的经济实力。相应地，一个驰名商标的诞生，则标志着一个产业、一个区域经济的崛起。而区域经济的崛起和发展则是需要靠具有驰名商标品牌的强势企业拉动，由此带动整个区域或相关区域的经济发展。因此，驰名商标是拉动和引领区域经济的崛起和发展的原动力和引领器。我国沿海发达地区，通过实施商标战略，往往是一个或几个驰名商标就促成品牌经济、品牌城市迅速崛起，成为促进地方经济发展的重要引领器和助推器。

云南省各级政府、相关部门以及社会各界对商标工作特别是争创驰名商标工作的重要性认识不到位，缺少相应的商标意识，没有建立工作目标考核和相匹配的配套措施制度，滞后了商标工作的开展尤其是驰名商标的争创。我国实施商标品牌战略以来，各地有非常成功和卓著的拉动引领经验和成效。例如上海市，2005

① 《云南日报》，2008年7月3日。

年，上海已有50项中国名牌、422项上海名牌、40件中国驰名商标和318件上海著名商标。上海的区域经济能有快速的发展，其50项中国名牌、422项上海名牌、40件中国驰名商标的拉动和引领区域经济的作用是非常明显的，是关键的。比较而言，云南省的商标品牌弱势，经济发展滞后于东部沿海地区，从云南省拥有驰名商标数量和质量而言，就不难探究出其深层缘由和实际差距。

中介服务能力弱，云南省相关中介服务组织地域分布不均衡，服务从业人员数量少质量差，整体上需要改善从业人员素质，加强服务能力，提高服务水平。

管理培训状况不适应需要。云南省商标管理和培训机构十分缺乏，管理方面缺乏必要的组织机构和足够的人员，对管理人员也缺乏长效的培训机制，商标法律知识尚未能普及，在管理和培训方面就明显不适应形势发展需要。

商标文化尚未形成，全社会的商标意识低下，对商标工作的认识不足，对商标在市场经济中的重要性缺乏必要的了解，对政府和企业的宣传教育作用尚未有效发挥，媒体的宣传没有形成长效机制，云南省商标工作的经验、成就、问题和教训没有及时地宣传，对商标工作的开展和推进，尚未发挥舆论先导的积极作用。

第三节　云南省商标总体弱势分析

一是注册商标的数量和质量与发达地区比还有较大差距。“十五”期间，我省注册商标的数量有了较大增长，质量也有较大提高，但与发达地区相比还存在较大差距。在有效注册商标、著名商标、驰名商标和地理标志商标的数量和质量上，差距更为明显。

作为市场主体的企业，在市场经济条件下和经济全球化进程中，还没有意识到商标特别是驰名商标是企业核心竞争力资源和重要的无形资产，对商标重视不够，创造、使用、管理和保护商标的水平不高，缺乏必要的制度保障与人员经费投入保障。

二是商标品牌结构单一，含金量低，商标在拉动经济增长中所起的作用有待提高。“十五”期间云南省拥有的5件中国驰名商标分别是：红塔山、云烟、云南白药、红河、康王，主要集中在卷烟、制药行业；在乳业、花卉、制造业、有色金属、化工行业、食品加工业方面驰名商标还处于空白状况。

云南省重要经济支柱的各大型企业集团，争创驰名商标的积极性不高，在商标品牌的竞争中，没有发挥应有的示范带头作用，没有发挥拉动一方经济的龙头作用。

三是商标被抢注严重。“大益”普洱茶商标在香港的遭遇不过是近年来云南众多知名商标在外地遭到抢注案件中的一个实例。近年来，云南商标遭抢注案件呈现高发势头。知识产权保护领域的人士认为：云南商标已经遭遇“抢注高峰”。此前，云南某著名香烟品牌商标就在菲律宾遭到抢注，而“红河光明”也难逃一劫，其作为一个上市公司输在一个商标上，可谓典型案例。红河光明股份有限公司在红河州本已家喻户晓，1994年就提出申请注册“红河”啤酒饮料类商标，但未被受理，理由是县级以上行政区划的地名不得作为商标。然而，在1997年，黑龙江省大兴安岭北奇神保健品有限公司用“红河”向国家工商总局商标局申请注册了啤酒、饮料类商标。后来，该保健品公司将红河商标转让给了山东省济南红河饮料经营者。后者在2001年和2005年两度对云南红河光明股份有限公司提出诉讼，两度诉讼都以云南方的败诉收场，并承担1 000万元的损失赔偿。而且对方一直纠缠不休，穷追猛打，迫使云南红河光明股份有限公司分成了两家公司，媒体以“一枚小商标打倒大公司”为题警示世人。①

不仅是外地抢注云南商标的情况严重，就连云南人自己也不甘示弱，近日，云南一知名老字号米线店被昆明茨坝的一名自然人抢注其商标。据了解，该老字号此前已经注册的是“服务类”商标，而遭到抢注的是米线、面条等“产品”类商标，一旦抢注成功，该米线店将面临空前尴尬：既是米线店，又不准卖米线。不过还好，“老字号”在公告期内提出反对，有望通过法律程序夺回其商标。

四是驰名商标拥有量小，无法形成整体竞争优势。我国首批“中国驰名商标”于1991年9月20日产生。如今我国驰名商标由国家工商总局认定和人民法院确认。2005年我国共有驰名商标941件。十五年的时间，云南省共获4个驰名商标，仅占全国总数的0.5%，与北京、广东、浙江等地区比较相去甚远。

五是著名商标认定工作起步较晚。云南省于2003年开始云南省著名商标的认定工作，起步较晚；同时，著名商标在推动企业扩大自身生产经营规模、引领行业发展、建立产业群体等方面的作用没有充分发挥。

六是商标意识、品牌意识淡薄。尤其是企业的商标意识淡薄，商标假冒侵权行为的存在和商标权益的自我保护不够，如盘龙云海等本土知名品牌未能申请到中国驰名商标。

七是政府在政策制定和宏观指导上缺乏针对性和市场观念，不利于形成农产品品牌发展的广阔领域和空间。品牌虽然是以企业为主体创造的，并且只有在市场激烈竞争的环境中才能孕育和发展，但并不意味着政府在品牌战略中无所作为。知识产权虽然属于私权范畴，但政府为了保护创新动力，促进科技发展，规范市场竞争，必然要进行干预和保护。民族品牌的发展，同样也需要政府的正确引导和积极推动。政府有责任健全法制环境、完善市场机制、建立健全激励机制和品

① 《春城晚报》，2009年5月1日B05版。

牌培育体系，以及培育企业和消费者的品牌意识。对政府而言，长效机制更为重要，要落实到法规、政策、市场建设和管理、贸易促进政策等具体工作上来，把商标培育体系做足做实。

品牌是个累积的过程。在企业发挥充分想象力的前提下，政府不必太多地介入，主要是引导和服务。品牌战略建设应有一个长期战略，应把技术窍门、评价认证体系、促进和支撑体系、公益和私有推广体系、品牌和知识产权保护体系等不同阶段或不同方面的品牌建设作为发展重点，改善品牌建设的软体制基础设施，创造品牌建设的良性发展机制和环境（如开放竞争、加快创造、增强配套、联合开发、尊重知识产权和无形资产），建立综合人才的培养和选择机制。

八是机构设置尚不完善，队伍建设落后于形势需要。有很多县（市、区）工商局还没有专门从事商标管理工作的机构和专业人员。

九是商标法律法规的培训亟待加强。特别是基层工商部门的执法人员对于商标知识的掌握和运用普遍存在不足，对商标近似侵权的判定比较困难，在一定程度上削弱了保护商标专用权行为的力度。

从全国来看，特别是与沿海经济发达地区相比，在目前和今后相当一段时期内，差距很大，云南省商标发展整体水平比较低，尚处于全国下游水平。

第四节　云南省商标品牌现状及前瞻

一、云南省商标品牌的现状分析

本文将从云南商标注册与保护的现状入手，进一步解析云南商标品牌发展的差距，积极探索实现云南经济跨越式发展的有效途径，从而引起社会各界重视品牌、扶持品牌、争创中国驰名品牌，甚至世界品牌。

2007 年 9 月 1 日公布的由中国企业联合会和中国企业家协会评选的“2007 中国企业 500 强”，其中云南烟草（集团）有限责任公司、云南铜业（集团）有限责任公司等 10 家云南企业上榜。（以下分析数据以 2007 年 9 月的统计数为准）

10 家上榜云南企业分别是：红塔烟草（集团）有限责任公司、云南铜业（集团）有限责任公司、红云烟草（集团）有限责任公司、昆明钢铁控股有限公司、云天化集团有限责任公司、云南冶金集团总公司、红河卷烟总厂、昆明铁路局、云南锡业集团（控股）有限责任公司、云南建工集团总公司。与 2006 年相比，2007 年上榜云南企业增加了云南锡业集团（控股）有限责任公司。

红塔烟草（集团）有限责任公司列第 91 名，进入前 100 强；云南铜业（集团）有限责任公司排第 115 位、红云烟草（集团）有限责任公司列第 151 名，进入前200强。[1]

中国企业联合会负责人表示："2007中国企业500强"营业收入较上年500强企业增长23.7%，总资产总额增长27.5%。统计结果表明，"2007中国企业500强"的营业收入、利润总额、资产总额分别相当于"2007世界企业500强"的10.7%、6.5%和7.8%。[2]

统计结果表明，在营业收入、资产增长率指标上，中国企业500强高于世界企业500强，但在利润总量增值率指标上，世界企业500强略高于中国企业500强，显示中国企业500强与世界企业500强在赢利能力上有一定差距。[3]

（一）十分之三表明在商标品牌方面的弱势

中国企业500强，10家云南企业得以上榜，占总数的五十分之一，这个比例显然较低。从品牌效益考量，云南企业品牌效益仍处于弱势。毋庸置疑，红塔烟草（集团）有限责任公司、云南铜业（集团）有限责任公司、红云烟草（集团）有限责任公司、昆明钢铁控股有限公司、云天化集团有限责任公司、云南冶金集团总公司、红河卷烟总厂、昆明铁路局、云南锡业集团（控股）有限责任公司、云南建工集团总公司等10家云南企业是云南企业界的龙头企业，该10家企业的商标仅有"红塔山""云烟""红河"等3件卷烟商标被认定为中国驰名商标，其余的商标均先后被认定为云南省著名商标，其商标在云南省内乃至全国都享有较高知名度。但是，就品牌而言，除烟草企业外，其他的企业商标尚未成长为驰名商标，尚未形成一定品牌，仅以10家企业拥有3件驰名商标而言，云南企业的品牌客观上处于弱势，仅仅是卷烟类商标品牌，其他行业并未形成品牌。十分之三的商标品牌拥有率，表明区域性的弱势品牌必然区域性弱势效益，这就决定了云南企业在中国企业500强中的地位和排名，也反映了云南经济在全国的地位和排名。

（二）商标品牌总体上显现弱势

截至2007年年底，云南省有效注册商标数累计达25 474件，共有中国驰名商标7件，云南省著名商标523件，地理标志知名商标9件。[4] 在商标品牌的数量和影响力方面，就全国来看总体上处于弱势。

"红塔山"、"云烟"和"云南白药"被国家商标局认定为驰名商标；红河卷烟总厂的"红河"卷烟商标、云南省滇虹药业的"康王"商标被昆明市中级人民法院认定为驰名商标；2007年1月，云南新希望邓川蝶泉乳业有限公司的"蝶泉"

---

① 《春城晚报》，2007年9月2日。
② 《都市时报》，2007年9月2日。
③ 《春城晚报》，2007年9月2日。
④ 《云南日报》，2008年7月3日。

商标获中国驰名商标认定。

云南省已正式注册了“文山三七”、“呈贡宝珠梨”、“普洱茶”、“宣威火腿”、“罗平小黄姜”等9件地理标志证明商标。

就2007年看，7件驰名商标和9件地理标志证明商标，在商标品牌的绝对数量对比上，与西部地区的大多数省市同比有较大差距，与东部沿海地区同比差距就更大了，这直接折射出云南省在商标品牌方面总体上显现弱势。

（三）三升六降表明品牌缺乏相对的稳定性

以“2007年中国企业500强”排榜为例，上榜云南企业的排位情况也有一定变化：云南铜业（集团）有限责任公司排名由2006年的第203位上升到2007年的第115位，排名上升的还有云天化集团有限责任公司和云南冶金集团总公司；而红塔烟草（集团）有限责任公司排名由2006年的第75位下降到2007年的第91位，排名下降的企业还有红云烟草（集团）有限责任公司、昆明钢铁控股有限公司、红河卷烟总厂、昆明铁路局、云南建工集团总公司［排名与2006年相比，三升六降，新添云南锡业集团（控股）有限责任公司)］。①

由中国企业联合会和中国企业家协会评选的“2007中国企业500强”，其评选标准主要是依据营业收入、资产增长总额、利润率等数据，以考核企业的利润增长情况和盈利能力，由此出现上榜云南企业三升六降的状况。虽然该状况并不直接反映一个企业商标品牌的实际情况和商标品牌的商业价值，也不能就此得出上述企业的商标品牌声誉会随之或升或降，但是，“三升六降”客观上表明相应企业的商标品牌在对应时期缺乏相对的稳定性。

（四）总体上缺乏商标品牌核心竞争力

经济一体化和信息化浪潮正在深刻改变竞争格局，市场竞争的阵地，已从传统的产品竞争、价格竞争转移到以品牌为核心的著名品牌竞争。纵观国内外经济发展，谁拥有了品牌，谁就拥有更高的市场占有率，谁就拥有了强大的核心竞争力。

从20世纪90年代初开始，国际市场在经历了价格竞争、质量竞争和服务竞争等阶段后，进入了一个新的阶段——品牌竞争。“当今世界已进入品牌竞争的时代。”② 近些年来的市场竞争实践表明，随着市场经济的发展、知识经济的出现和经济全球化的深化，往日单纯的生产竞争、产品竞争、广告促销竞争、价格竞争等初级竞争手段已经在明显淡化，代之而起的是以品牌竞争为代表的高级竞争手段。可以说，由于以信息技术为代表的科学技术的发展和人们现代消费观念的形

① 《都市时报》，2007年9月2日。
② 张朝栋主编：《中国驰名商标攻略》，中国经济出版社2010年，第33页。

成，未来的市场就是品牌的市场：谁拥有品牌，谁就占有市场。厉以宁先生在为商务部《中国品牌发展报告（2006）》所作序言中指出：“品牌国际化将成为中国企业向外拓展的主流方向，中国企业将由产品营销转换为品牌营销。”

品牌作为一种独有的无形资产，在市场竞争中拥有极强的引导消费和凝聚融资的作用，具有特殊的附加值，且享有相应的专有和法律保护。企业要拥有自己的品牌，首先应遵循法律规则，构建属于企业自身的知识产权体系，而法律意义上的商标注册就是品牌国际化的法定通行证。如果没有这张通行证，所有为品牌而做出的努力都是为他人作嫁衣。

品牌是知识产权核心竞争力的重要组成部分。在知识产权体系中，品牌主要以商标、商号名称、专有技术、经营管理的方法与经验等方式表现出来，形成巨大的商业价值。例如：中国是耐克运动鞋的主要加工地，同样一个定牌加工制造耐克运动鞋的厂家，制造的同款式、同档次、同质量的运动鞋，如果使用不知名商标在国外销售，与耐克运动鞋的售价比大约是1:10。

品牌是知识创新和知识产权商业化的重要载体，也是企业无形资产的构成要素之一。品牌的作用不仅仅局限于识别性，它已成为产品、服务质量和企业形象的载体，是企业经营状况、市场信誉和消费者认可程度的体现。当市场竞争由产品竞争逐渐转向品牌竞争时，品牌战略就成为提升企业的核心竞争力的重要一环。有学者将此战略定义为：“品牌战略是企业战略的一种，是企业为提高自身的核心竞争力，以品牌的营造、使用和维护为核心任务而制订的一系列长期性的、根本性的总体发展规划和行动方案。”① 通过品牌战略的实施，以期获得和保持市场竞争优势，运用商标制度提供的保护手段，达到树立企业形象，促成产品或服务占领市场的总体性目的。

胡锦涛主席指出：“要拥有我们自己的核心竞争力，拥有民族核心品牌。”温家宝总理指出：“名牌就是质量、就是效益、就是生命力、就是竞争力。”“形成更多的拥有自主知识产权的知名品牌”已被明确写入“十一五”规划纲要中。国家适时提出品牌战略具有相当的针对性，这是我们缩小与发达国家差距，提升知识产权核心竞争力的必然选择。一是从企业和消费者角度，强调品牌战略在改善产品、服务质量，提高企业效益，增加消费者福利方面的作用；二是从强国战略出发，把打造民族核心品牌作为增强我国核心竞争力的重要内容。

中国企业500强中的10家云南企业，该10家企业的商标仅有“红塔山”“云烟”“红河”等3件卷烟商标被认定为中国驰名商标，仅以10家企业拥有3件驰名商标而言，云南企业的商标品牌总体上尚未形成云南企业的商标品牌核心竞争

① 张朝栋主编：《中国驰名商标攻略》，中国经济出版社2010年7月版第36页。

力。所谓商标品牌的核心竞争力，就是我有你没有；我有你也有，但我的明显强于高于你。从历史和现实观察，云南省企业对商标品牌的核心竞争力意识不高，重视不够，工作不到位，缺乏现代企业应有的提升核心竞争力的动力，缺乏强大的商标品牌群体，当然就缺乏商标品牌核心竞争力。

从世界500强企业的发展来看，都是依靠建立和培育自己的品牌不断提升企业的核心竞争力，获得了持续发展的。云南省也有成功的典型，如“云南白药”品牌就是云南白药成功实施品牌战略而获得又好又快发展的例子。2000年，“云南白药”商标成功注册，2002年“云南白药”商标被国家工商行政管理总局商标局认定为中国驰名商标，自此，云南白药集团在实施“云南白药”品牌战略过程中，经营规模和盈利水平持续稳定增长，主营业务收入从2000年的7.95亿元跃升至2007年的41.15亿元，年平均增长26.69%；利润从2000年的0.60亿元增至2007年的3.97亿元，年平均增长31.75%。在2008年的《中国500最具价值品牌排行榜》中，“云南白药”以28.11亿元的品牌价值入榜。“云南白药”的品牌价值和社会效益得到充分体现，截至2007年底，“云南白药”的品牌价值是企业净资产的2倍多。[①] 但是，像“云南白药”这样的品牌，在云南省确实为数不多，具有商标品牌核心竞争力的企业屈指可数，与云南省的经济总量和产业布局极不相称和极不匹配。

二、云南省商标品牌发展前瞻

（一）形势喜人，催人奋进

在一定时期内，云南省驰名商标发展经历了低数量徘徊到较快增长的过程。从1997年“红塔山”被认定为驰名商标开始，至2007年年底10年间，云南省被认定的驰名商标只有7件（“红塔山”、“云烟”、“云南白药”、“红河”、“康王”、“蝶泉”、“斗南”等被认定为驰名商标）。

2008年，是云南省开始推动商标战略工作的第一年，也是云南省商标品牌战略的转折年，至此，云南省的商标品牌工作有了大的发展。

2009年是云南省全面推进商标战略实施的第二年。2008—2009年云南省申请商标注册近1.9万件，被核准新注册商标1.2万件，有效注册商标总数达到近3万件。

2009年云南省获准认定中国驰名商标4件（“云南红”、“久隆”、“金沙江”、“红梅”），2010年上半年前又获准认定5件（“昆电工”、“云锡”、“贵研”、“云维”、“宣威火腿”），加之2007年10年前的7件，云南省驰名商标总数达到

① 《云南日报》，2008年7月3日。

16件。

2009年新认定云南省著名商标170件，著名商标总数达到773件。

2008—2009年新注册地理标志证明商标7件，地理标志证明商标总数达到16件；经过努力，2008年到2010年两年间，获准认定驰名商标10件，超过了前10年的总和，云南驰名商标发展进入较快发展时期，推进商标战略工作取得显著成绩，为保增长、保民生、保稳定作出了积极贡献。

2010年4月21日，云南省政府召开新闻发布会，通报云南省被国家工商总局新认定的云南红（昆明云南红酒业有限公司）、康王（云南滇虹药业集团股份有限公司）、久隆（云南罗平锌电股份有限公司）、金沙江（云南云天化股份有限公司）、红梅［红塔烟草（集团）有限责任公司］等5个云南本土商标被国家工商总局新认定为中国驰名商标。之后，11月份喜讯传来，昆明电缆股份有限公司的“昆电工”商标、云南锡业股份有限公司的“云锡YT”商标、贵研铂业股份有限公司的“贵研SPM”商标、云南云维股份有限公司的“云维”商标、宣威火腿行业协会办公室的“宣威火腿XuanweiHam”商标被国家工商总局商标局认定为中国驰名商标。这是2008年7月1日以来，省政府推进商标战略工作取得的又一新成果。特别是国家工商总局在短短的时间内，认定我省中国驰名商标两年内就增加了10件，使云南的商标事业进入了历史上最快的发展时期，标志着我省企业运用商标战略提升信用水准和社会形象、增强核心竞争能力的意识明显增强。

2010年上半年前，云南省驰名商标总数达到16件，标志着云南推进商标战略实施工程取得重大进展。至此，云南省新增的中国驰名商标分别是：“云南红”、“久隆”、“金沙江”、“红梅”、“昆电工”、“云锡”、“贵研”、“云维”、“宣威火腿”，加之1997年至2007年10年前的7件“红塔山”、“云烟”、“云南白药”、“红河”、“康王”、“蝶泉”、“斗南”，云南省中国驰名商标总数达到16件。

云南省2007年前原有的7件中国驰名商标分别是：红塔山、云烟、云南白药、红河、康王、蝶泉、斗南，都集中在卷烟、制药、乳业、花卉行业；昆电工、云锡、贵研、云维、宣威火腿驰名商标的认定填补了云南在制造业、有色金属、化工行业、食品加工业方面驰名商标的空白。这5件商标被认定为驰名商标，不仅反映了这5个商标的实力，使云南省驰名商标数量有了较大增长，而且使驰名商标在地域分布和产业涵盖上有了新突破。

“烟草、冶金、化工、制药、花卉、食品、酿酒等云南省优势产业都有了驰名商标，基本反映了云南省产业发展的特点。国家工商行政管理总局商标局一次性认定云南5件驰名商标，这在云南省商标事业发展历史上尚属首次，标志着一批代表云南省产业实力的企业在西部大开发战略中实现了新的快速发展，得到了市场的充分认可。”①

“十一五”是云南商标战略实施重要的历史阶段，发挥着承前启后的关键作用，“2006—2010 年五年间，全省商标核准注册数累计达到 3.2 万件，比‘十五’期间累计 1 万件的注册量翻了两番。截至 2010 年底，全省商标注册申请量 1.2 万件，有效注册商标数量已达到 4.1 万件；全省拥有驰名商标 20 件，地理标志证明商标 18 件，著名商标 957 件。”② “十一五”期间，云南商标发展进入较快发展时期，推进商标战略工作取得显著成绩，为“十二五”商标战略的实施，奠定了坚实的基础。

（二）前瞻有忧，不可松懈

推进商标战略实施，使云南拥有更多驰名商标，对提高云南经济增长的质量和效益、实现云南省“两强一堡”战略目标具有十分重要的意义。

1. 基础仍然薄弱

到 2007 年年底，云南省有效注册商标数累计达 25 474 件，共有中国驰名商标 7 件，云南省著名商标 523 件，地理标志知名商标 9 件。从企业拥有的注册商标数量来看，云南省平均每 100 户企业只有 18 件注册商标，而广东、浙江每 100 户企业分别拥有 42 件、48 件，同样属于西部地区的四川、重庆也分别达到了 37 件和 23 件。从拥有中国驰名商标的数量来看，全国共有中国驰名商标 1 400 件，我省仅有 7 件，广东、浙江分别达到 138 件、112 件，贵州也达到了 15 件；内蒙古仅与农牧业产业化相关的驰名商标就有 18 件。云南省拥有中国驰名商标的数量甚至低于青海省。从商标的品牌价值来看，在中国品牌研究院今年 1 月发布的《中国最有价值商标 500 强》排行榜中，我省只有 4 件商标上榜。“云南省驰名商标总量仍然处于落后状态，全省 16 个地州还有 10 个没有中国驰名商标”③。

商标绝对数总量偏少，驰名商标空缺的地州所占比重较大，基础薄弱的状况短时间内难以彻底改观，云南省要在 2012 年达到 40 件驰名商标，实现商标品牌战略目标可谓任重道远。

2. 品牌意识仍须提高

企业作为商标品牌的创建主体，也是商标品牌的受益主体，应该也必须充分认识到商标品牌对于企业的发展壮大以及对社会贡献的重要意义；同时也要认识到企业的商标品牌建设之路永远没有尽头。云南省的许多企业尤其是一些中小企业，目前对商标品牌的认识还存在一定误区，认为商标品牌是大企业或者企业发展到一定阶段再去努力的事，现在企业处于生存和发展之中，暂不急于考虑。其

① 《云南日报》，2008 年 7 月 3 日。

② “云南工商‘十一五’推进商标战略实施纪实”，《云南政协报》2011 年 1 月 21 日。

③ 《云南日报》，2008 年 7 月 3 日。

实，商标品牌并非只有大企业才能独享，商标品牌与一切企业相伴始终，无论是小企业还是大企业，都要从始至终关注、重视、力创商标品牌，只要努力去做，才具备必要的基础，才有创建品牌的可能，到时机成熟也才能创建驰名商标，才能做出自己的品牌，才能将企业做大做强。例如现在看海尔集团是个大企业，但在20多年前它也是一个小企业，它能在这20多年的时间内发展为世界知名大企业知名商标，就是在它起步时就重视商标、重视品牌战略，并着力打造自己的品牌，才有了它的迅速发展，也才有今天的辉煌。因此，不论企业大小，只有企业（含全部企业）主动和全面地力行商标战略，切实实施战略步骤，才能保障云南省商标战略的实现。

3. *龙头品牌仍少*

“2007年中国企业500强”排行榜中，就排列顺位与品牌而言，云南省上榜的10大企业除烟草企业外，其他的企业商标尚未全部成长为驰名商标，或者虽然被认定为驰名商标但尚未形成一定品牌，如在中国品牌研究院2008年1月发布的《中国最有价值商标500强》排行榜中，云南省只有4件商标上榜，云南企业的商标品牌客观上处于弱势，龙头品牌太少，难以形成强有力的拉动效应，弱势品牌必然效益低下，难以担当发挥龙头企业、拉动区域经济发展之重任。

4. *研发投入不足*

云南省2009年研发投入为37.2亿元，与全省生产总值（GDP）之比为0.6%；居全国第二十五位，西部第七位。R&D经费投入强度全国平均水平为1.7%，云南省的投入强度远远低于全国平均水平。其中，科技投融资体系缺失功能，缺乏支撑企业科技创新的支持是重要原因。①

要着力解决投融资难题，进一步采取措施，加大投入，最大限度地缩小云南与全国平均水平的差距，构建多元化的科技研发投入体系，促进商标战略的顺利实施。

5. *环境仍须净化*

在云南省的市场内，仍有对他人商标仿冒、混淆的现象，包括假冒他人注册商标、仿冒知名商品特有的名称、包装、装潢等“傍名牌”现象，恶意注册登记名牌商标名称为企业名称的现象。还有一些企业在商标使用上采用分开注册组合使用、组合注册分开使用或者采用夸张其中一部分的手法，达到近似或混淆他人商标的目的，误导消费者误认、误购。这些害群之马一日不除，云南的市场一日不净。

此外，云南省的资源和商标被他人抢注的情况不容小觑。据报道，云南省著

---

① “云南研发投入居西部第七位”，《春城晚报》，2010年12月7日。

名旅游景区景点金马碧鸡、黑井古镇、梅里雪山、三江并流、纳帕海、束河古镇、土林、坝美、泸沽湖等著名旅游景区景点，都被他人和外省在旅游服务类别上商标抢注成功；九乡、燕子洞、阿庐古洞、普者黑、哈尼梯田也遭遇他人的抢注申请，这些著名旅游景区景点的品牌是云南省的巨大的无形财产，是子孙万代的财富，商标被抢注即意味着财富被劫。①

6. 体制机制须创新

云南省商标工作的差距，总体上有受到云南省经济整体发展水平低的制约因素，但在体制机制上也存在问题，如全社会尤其是各级政府在思想观念上对商标在经济发展中的地位和作用认识不足，发展商标战略的目标不够明确，实施商标战略的措施不够有力，缺乏相应的战略规划、目标考核、与实施商标战略相匹配的配套措施，整体上没有形成完善的制度；企业作为商标的主体，应为商标战略实施的主力军，应积极投身于商标战略的实施中，但目前没有对争创商标尤其是争创驰名商标建立激励机制和采取有力措施，尚不能极大地调动企业的积极性；社会服务体系不完善，在有些地区甚至没有专业中介服务机构，这在很大程度上制约了商标事业的发展。因此，体制机制的创新，关系到商标战略的实施以及成败，必须改进和健全体制机制，将商标业绩列为各级政府职能和业绩的考核项目；建立健全激励机制，推动企业积极进取，争创驰名商标；建立健全中介服务制度，为商标战略的实施提供必要的优质的服务。

云南省商标战略任务的实现，急需创新商标管理体制和机制。要创新能适应云南省经济又好又快发展需要的商标管理体制和机制，要建立发挥商标作用和功能、培育和扶持驰名商标的长效机制，要加强商标行政执法和司法保护的工作机制，要形成指导企业利用商标走出去参与国际市场竞争，充分发挥农产品商标和地理标志在建设社会主义新农村中的作用的指导机制，要建立自动化技术支撑的公共服务平台，提高商标服务的水平和能力。

① 《春城晚报》，2010年10月10日B06版。

第五章 云南省商标战略的提出和实施方略

第一节 云南省商标战略提出的背景

一、云南商标品牌状况比较弱势

改革开放之初，我国的商标拥有量仅2万余件，截至2004年年底，我国累计注册商标224万件，驰名商标435件，步入了世界商标大国。但从质量及影响看，我们绝无沾沾自喜的理由，我们虽然是商标大国，但绝不是商标强国，我们缺少世界级的品牌商标，一个世界级的品牌商标产生的效益就相当于我国的一大批商标。

在实施和推进品牌战略的热潮中，各地的起点和基础各不相同，在发展和推进过程中出现参差不齐的现象也属正常，云南省的历史和现状决定了云南省在实施和推进品牌战略中处于全国的下游位置。

截至2005年年底，云南省有效注册商标约2.1万件，不到全国总量的1%，西部地区的11%；云南省的驰名商标4件（红塔山、云烟、云南白药、红河），而东部的浙江省有驰名商标45件，中部的河南省有13件，西部的重庆市有11件；地理标志证明商标，福建省有20件，河南省有7件，作为传统农业省份的云南仅有4件（文山三七、宣威火腿、普洱茶、呈贡宝珠梨）；著名商标，四川省有504件，云南省有317件（云南省从2003年开始评审著名商标，至2005年已三届，共计评出317件，占全省有效注册商标的1.5%）。

到2007年年底，云南省有效注册商标数累计达25 474件。其中有中国驰名商标7件，云南省著名商标523件。“宣威火腿”、“普洱茶”、“文山三七”、“呈贡宝珠梨”、“罗平小黄姜”、“富源魔芋”、“富源大河乌猪”、“昭通天麻”、“蒙自石榴”等9个地理标志证明商标被核准注册。

从以上可看出，云南省拥有的有效注册商标数、驰名商标数、地理标志证明商标数、著名商标数与外省尤其是东部省份相比，存在很大差距。2005年年底上海已拥有50项中国名牌、422项上海名牌、40件中国驰名商标和318件上海著名商标，还有8项列入了商务部重点培育和发展的出口名牌，上海有效注册的商标已经达到8.7万件。与上海的情况相比，云南省的差距可非一般。

1. 基础差，驰名商标少

到2007年年底，虽然近年来云南在商标工作方面取得了一定成绩，但总体上看，云南企业注册商标拥有量低，驰名商标数量少，商标品牌价值低，带动作用不强，与发达省区相比差距明显。从企业拥有注册商标数量来看，我省平均每100户企业只有18件注册商标，而广东、浙江等省每100户企业分别拥有42件、48件，同样属于西部省区的四川也达到37件。截至2007年年底，从拥有中国驰名商标的数量看，全国共有1 400件，云南仅有7件。

2. 品牌弱，排名靠后

中国品牌研究院2005年8月15日公布的省标志性品牌名单给出了答案，共有275个品牌成为全国各地的经济名片。中国品牌研究院在2005年10月10日首届中国品牌节上，对评定出来的省标志性品牌举行颁奖仪式。

根据中国品牌研究院制定的《省标志性品牌评定标准和实施细则》规定，省标志性品牌是指能够代表省（自治区、直辖市）并在全国同行处于领先地位的品牌，只有获得中国驰名商标或中国名牌产品称号的品牌才有资格进入候选名单。

中国品牌研究院已经在6月13日公布了候选品牌的名单。一个省如果其2006年1月1日前获得中国驰名商标或中国名牌产品的品牌达到20个或以上的，将有20个品牌进入候选名单；如果不足20个的，全部进入候选名单。有20个候选品牌的省份共16个，候选品牌不足20个但超过10个的省份有7个，候选品牌不足10个的省份有8个。

标志性品牌每个省份最多为10个，达到10个的省份共23个，分别是北京、广东、山东、上海、江苏、浙江、河北、河南、湖北、湖南、四川、安徽、福建、天津、辽宁、黑龙江、山西、陕西、内蒙古、广西、吉林、江西和重庆。不足10个的省份共8个，分别是宁夏（2个）、西藏（2个）、甘肃（3个）、青海（4个）、贵州（8个）、新疆（8个）、海南（9个）和云南（9个）。

截至2006年1月1日，云南省共有4件中国驰名商标和8个中国名牌产品，扣除重复部分，共有9个品牌符合资格，9个品牌全部进入候选名单。

云南省标志性品牌（9个）为：玉溪、红梅、红河、红塔山、云烟、滇云、云南白药、云锡、铁峰。原则上，每个省份最多只能评出10个标志性品牌，由于云南只有9个符合资格的品牌，最后评定出的云南省标志性品牌只有9个，位居全国排名下游。

二、国家知识产权战略催生云南省商标战略的出台

(一) 党中央、国务院高度重视名牌战略

早在1992年，邓小平同志南巡视察企业时就指出："我们应该有自己的拳头产品，创出我们中国自己的名牌，否则就要受人欺负。"在小平同志讲话精神的推动下，在经济发展和人民生活水平日益提高、市场竞争日趋激烈的形势下，很多企业认识到争创名牌的重要性，提出了实施名牌战略的口号。为了适应发展的需求，1993年，广东、江苏、四川、上海、浙江、河北、黑龙江等地政府和一些行业部门，提出了鼓励企业争创名牌、实施名牌战略的措施。1994年，一些省份推出了本省的第一批名牌产品。1996年以后，除少数省份外，名牌战略的实施在全国大部分省份普遍开展起来。原国家质量技术监督局根据我国经济发展需要，提出了国家实施名牌战略的设想，并向国务院提出了建议。1996年，国务院《质量振兴纲要》提出："实施名牌发展战略，振兴民族工业。鼓励企业生产优质产品，支持有条件的企业创立名牌产品。国家制订名牌发展战略，鼓励企业实行跨地区、跨行业联合，争创具有较强国际竞争能力的国际名牌产品。"实施名牌战略成为各级政府经济质量部门振兴民族工业的重要任务。2001年，按照国务院赋予的职能，国家质检总局会同有关部委、行业协会、中介机构和主要新闻媒体成立了中国名牌战略推进委员会，以质检总局令的形式颁布了《中国名牌产品管理办法》，并于当年正式开展了中国名牌产品的评价工作，在全国范围内开展了表彰、宣传、培育中国名牌产品的活动。①

自此以后，名牌战略的工作受到了党和政府乃至全社会的关注和重视，党和国家的政治生活及经济生活中也将"品牌"、"名牌"建设工作作为一项重要任务，在一系列党和政府的文件中规划"品牌"、"名牌"的建设和推进战略。2002年召开的党的十六大明确提出"鼓励和支持有比较优势的各种所有制企业对外投资，带动商品和劳务出口，形成一批有实力的跨国企业和著名品牌"；2003年党的十六届三中全会通过的《中共中央关于完善社会主义市场经济体制若干问题的决定》指出：要"鼓励国内企业充分利用扩大开放的有利时机，增强开拓市场、技术创新和培育自主品牌的能力"；2005年10月在党的十六届五中全会上，党中央在《中共中央关于制定国民经济和社会发展第十一个五年规划的建议》中，明确将"形成一批拥有自主知识产权和知名品牌、国际竞争力较强的优势企业"，作为"十一五"期间我国经济社会发展的主要目标之一；在2003年、2004年、2005年的《政府工作报告》中，都提出要发展具有自主知识产权和知名品牌的大公司、

① 《中国名牌战略发展报告》，载《中国品牌》2007年第1期，第21~22页。

大集团。2006 年的《政府工作报告》，提出要“大力实施品牌战略，鼓励和开发具有自主知识产权的知名品牌”，要“支持具有自主知识产权、自主品牌、高附加值的产品和服务出口”①。

党中央、国务院高度重视名牌战略，吹响了实施品牌战略的号角，品牌战略与自主创新发展相结合，成为我国社会经济发展的重要发展战略之一，全社会各方面、各级政府都积极行动、广泛参与，在全国形成实施和推进品牌战略的热潮。

（二）国家一系列知识产权战略的制订

2001—2003 年，国家知识产权局在总结专利战略推进工程 2 年多的实施经验、观察和研究美欧日等国家和地区，实施知识产权战略动向的基础上，认为研究制定知识产权战略的时机已经成熟，积极开展相关工作。2004 年 1 月 13 日，吴仪副总理在全国专利工作会议上要求：“认清形势，明确任务，大力推进实施知识产权战略。”会议部署要“认真研究和积极实施知识产权战略”，提出了包括知识产权战略主要内涵、基本任务、总体奋斗目标等内容的初步框架。2004 年 8 月 30 日，国家知识产权局向国务院呈报了《关于制定和实施国家知识产权战略的请示》。2004 年 9 月 15 日，温家宝总理对制定和实施国家知识产权战略作出重要批示：“拟同意。先开展工作。制定国家知识产权战略是一件大事，适当时候国务院讨论一次。”2005 年 1 月 8 日，国务院办公厅发出《关于成立国家知识产权战略制定工作领导小组的通知》（国办发〔2005〕1 号），吴仪副总理任领导小组组长，国务院副秘书长徐绍史任副组长，国家知识产权局、工商总局、国家版权局、发改委、科技部、商务部等 6 家单位领导任副组长，教育部 23 家单位领导任成员；领导小组办公室设在国家知识产权局，简称知战办。2005 年 6 月 30 日，吴仪副总理主持召开领导小组第一次会议，审定并原则通过《制定国家知识产权战略工作方案》、《国家知识产权战略制定工作领导小组工作规则》、《国家知识产权战略研究内容分解方案》、《国家知识产权战略纲要提纲》和《国家知识产权战略专题研究实施细则》等五个重要文件，确定了战略研究的组织框架。

2005 年 11 月 1～16 日，知战办召开专题评审系列会议，审定并原则通过二十个专题的《任务书（草案）》。2005 年 12 月 13 日，副总理吴仪就战略制订工作开展情况作出重要批示，肯定了前期工作，要求各单位在战略制订工作中要深入贯彻十六届五中全会和中央经济工作会议精神，加强领导，明确责任，积极协调。在实体研究工作中要努力解决存在的不足和问题，严格按照既定部署和要求做好国家知识产权战略的研究和制定工作。知战办要认真组织，精心协调，努力做好

---

① 杨军著：《名牌战略与知识产权法律保障制定研究》，知识产权出版社 2010 年版，第 25～26页。

服务工作。2006 年 5 月 26 日，中共中央政治局第 31 次集体学习，学习国际知识产权保护和我国知识产权保护的法律制度建设。中共中央总书记胡锦涛指出，要“抓紧制定并实施国家知识产权战略，从知识产权的创造、管理、保护、运用等各个方面采取措施，支持形成一批对经济社会发展具有重大带动作用的核心技术和关键技术装备的自主知识产权，形成一批拥有自主知识产权和知名品牌，国际竞争力较强的优势产业。”2006 年 10 月 9 日，国务院办公厅印发《国家知识产权战略制定工作领导小组第二次会议纪要》，《纪要》强调要认真贯彻落实胡锦涛总书记关于“要抓紧制定实施国家知识产权战略”和温家宝总理关于“要切实保护知识产权”的重要指示精神，扎扎实实做好国家知识产权战略制订工作，并对下一阶段战略制订工作提出了具体要求。2007 年 3 月 5 日，温家宝总理在第十届全国人大第五次会议上作政府工作报告时指出：抓紧制定并实施国家知识产权战略，切实加强知识产权保护。温家宝总理在第十届全国人大第四次会议上所作的《政府工作报告》中，将“大力实施品牌战略，鼓励开发具有自主知识产权的知名品牌”作为全面增强自主创新能力的主要措施之一。

2007 年 4 月 24 日，吴仪副总理在中国保护知识产权高层论坛上发表主旨演讲，提出知识产权的其中一项重点工作是“出台国家知识产权战略”。她指出：“目前已经完成 20 个专题报告和《纲要》草案，今年年内将正式公布实施，更有效地指导知识产权工作。”2007 年 10 月 15 日，中共十七大召开。胡锦涛总书记在十七大报告中提出：“实施知识产权战略。”2008 年 3 月 29 日，国务院下发《国务院 2008 年工作要点》，将实施国家知识产权战略列入工作要点。2008 年 4 月 9 日上午，温家宝总理主持召开国务院常务会议，原则同意知识产权局等部门研究起草的《国家知识产权战略纲要（送审稿）》，调整了战略目标，研究了战略实施工作。2008 年 6 月 5 日，国务院印发《国家知识产权战略纲要》。6 月 10 日，中央电视台新闻联播播发了《国家知识产权战略纲要》。6 月 11 日，《人民日报》第 15 版全文刊发《纲要》，并配发评论员文章《实施知识产权战略　建设创新型国家》。6 月 13 日上午，国务院新闻办公室举行《国家知识产权战略纲要》新闻发布会。

《国家知识产权战略》包括 1 个纲要和 20 个专题，商标战略是其中的一个重要专题。商标战略研究专题的牵头单位为国家工商总局，责任单位为最高人民法院、农业部、商务部、财政部等 9 个部门。

2007 年 2 月 15 日，国家知识产权战略制订工作领导小组第三次全体会议审定通过了国家知识产权战略制订工作领导小组办公室主任办公会议对全部 20 个专题的审议意见，同意各专题结题。至此，商标战略研究基本完成。

商标战略研究专题小组十分注重进行国内外的实证研究。在国内，开展了全国驰名商标企业和著名商标企业调查、全国商标行政执法机构调查、地理标志使用效果普查、定牌加工状况抽样调查等工作，组织了地理标志保护、商标行政保护与司法保护的关系等专题研讨会，全面分析和深入研究我国商标事业取得的成就和面临的问题。对国外，通过参团和单独组团的方式，分别赴日本、韩国、英国、美国、欧盟等国家和地区进行调研，重点了解上述国家20世纪90年代以来在商标法律修改、商标行政和司法体制改革等方面的情况、现状和发展方向，并对国外相关资料进行了搜集、整理、分析和研究，完成了《商标战略研究报告》。

《商标战略研究报告》依据国家“十一五”规划纲要和建设创新型国家的目标，紧密联系当前经济社会发展实际，围绕解决影响我国商标事业发展的突出问题，着重研究了如何提高商标审查能力、缩短商标注册周期和如何更好地发挥商标作用、推动经济社会发展，提出了促进我国从商标注册申请大国向商标竞争力强国迈进的总体规划。研究报告分为5个部分，即我国商标事业取得的成就、国外商标制度的变革和发展方向、我国商标事业发展面临的问题、商标战略的总体规划（包括指导思想、基本原则、战略目标）以及实施商标战略的主要措施。主要措施有9个方面，包括完善商标法律法规体系，建立能适应我国经济又好又快发展需要的商标管理体制和机制，加强商标行政执法和司法保护力度，加快商标代理监管的立法，指导企业利用商标走出去参与国际市场竞争，充分发挥农产品商标和地理标志在建设社会主义新农村中的作用，建立功能强大的商标自动化技术支撑体系和公共服务平台，加大商标对外宣传和对内教育的力度以及积极开展商标国际交流与合作等，共40余条。

（三）云南省商标战略的延续

1996年，国务院《质量振兴纲要》提出：“实施名牌发展战略，振兴民族工业。鼓励企业生产优质产品，支持有条件的企业创立名牌产品。国家制订名牌发展战略，鼓励企业实行跨地区、跨行业联合，争创具有较强国际竞争能力的国际名牌产品。”实施名牌战略成为各级政府经济质量部门振兴民族工业的重要任务。

2002—2005年党的十六大明确提出“鼓励和支持有比较优势的各种所有制企业对外投资，带动商品和劳务出口，形成一批有实力的跨国企业和著名品牌”；要“鼓励国内企业充分利用扩大开放的有利时机，增强开拓市场、技术创新和培育自主品牌的能力”；要“形成一批拥有自主知识产权和知名品牌、国际竞争力较强的优势企业”，作为“十一五”期间我国经济社会发展的主要目标之一；在2003年、2004年、2005年的《政府工作报告》中提出要“发展具有自主知识产权和知名品牌的大公司、大集团”的战略任务。尤其是2005年10月在党的十六届五中全会上，党中央提出了《中共中央关于制定国民经济和社会发展第十一个五年规划的建议》中，明确将“形成一批拥有自主知识产权和知名品牌、国际竞争力较强的优势企业”，作为“十一五”期间我国经济社会发展的主要目标之一。①

2005年云南省人民政府成立了由37个成员单位组成的云南省知识产权战略制定工作小组，并于2007年全面推进知识产权战略研究和相关战略制订工作，云南省工商局负责《云南商标战略研究》。随后，云南省逐步形成相应的思路并提出商标品牌战略，具体内容是：在“十一五”期间，加大宣传商标法，提高商标意识；培育和扶持企业注册商标；从现有的商标中遴选著名商标，给予特殊保护；积极推选驰名商标，做大做强云南的品牌商标。

云南省工商行政管理局制定的商标工作“十一五”规划中明确，要“认真贯彻落实省委、省政府和国家工商总局的安排部署，全面推行了商标战略，发挥了商标工作服务社会、服务农村的职能，促进了商标注册数量的快速增长，促使云南省的注册商标实现了两个‘零的突破’，即云南省著名商标零的突破和地理标志商标零的突破。”明确主要目标为：“扩大商标宣传面；提高商标注册的数量和质量，确保商标注册申请数量每年增幅不低于5%；全面实施商标战略，力争地理标志商标达到15件左右，云南省著名商标也要突破500件，中国驰名商标达到10件左右；继续以保护注册商标专用权为核心，加大商标保护力度，切实维护商标所有人和广大消费者的合法权益，实施有效监管，促进社会和谐发展；运用计算机加强对商标的管理，商标监管行政执法队伍建设进一步提高。”主要工作措施“以扩大商标注册面和增加注册数量为基础、认定云南省著名商标为重点、争创中国驰名商标为突破口，全面推进商标的战略实施，促进云南经济发展。把实施商标战略与‘走出去’战略相结合，积极做好宣传引导工作，鼓励并帮助有条件的企业到国外进行商标注册，扩大自主知识产权的保护范围和力度。”

2007年5月，云南省“十一五”知识产权规划提出：制订和实施1个战略——云南省知识产权战略。按照云南省知识产权战略制订工作领导小组的工作部署，结合云南经济社会发展实际和产业特点，按照前期筹备、实体研究、咨询论证、验收结题4个阶段，围绕知识产权战略的宏观问题、法制建设、主要类别、重要环节和重点领域5个方面，组织制定和完成云南省知识产权战略纲要和云南科技自主创新中的知识产权问题研究、云南商标战略研究等12个研究专题。按照阶段性目标和措施，及时组织战略的推进实施，促进云南省自主创新能力提升和知识产权事业全面发展。

2008年6月5日，国务院印发《国家知识产权战略纲要》，其中，《商标战略研究报告》关于我国商标事业取得的成就、国外商标制度的变革和发展方向、我国商标事业发展面临的问题、商标战略的总体规划（包括指导思想、基本原则、

① 杨军著：《名牌战略与知识产权法律保障制定研究》，知识产权出版社2010年版，第26页。

战略目标）以及实施商标战略的主要措施等贯彻实施，推动了云南省商标战略的提出和实施。

2008 年 7 月 1 日，省政府召开了“云南省推进商标战略工作会议”，省委常委、副省长李江同志亲自作报告，对推进云南商标战略作出了全面的安排部署。2008 年 8 月 29 日，省政府发布了《云南省人民政府关于推进商标战略工作的实施意见》，进一步明确了推进商标战略的指导思想、总体目标、工作重点和保障措施等，提出到 2012 年，力争全省有效注册商标总数达到 5 万件、云南著名商标 1 000 件、中国驰名商标 40 件，驰名商标总数位居西部省区前列。省政府推进商标战略工作会议的召开，把商标战略上升到各级党委政府的重要工作议事日程。各州（市）党委政府积极行动，狠抓落实，形成了争先恐后推进商标战略的良好局面。

2008 年 8 月 4 日，云南省政府发布《创新型云南行动计划》。在《创新型云南行动计划》框架下，云南省将突出科技创新平台建设，加快推进云南科技创新园和重点实验室、工程实验室、工程技术研究中心、企业技术中心建设，组建云南省应用技术开发研究院，并且要整合云南的生物多样性科技资源优势，重点支持中国科学院和云南省政府共建的“中国西南野生生物种质资源库”、“西南生物多样性重点实验室”等重大科学工程。为保障《创新型云南行动计划》的顺利实施，云南省已决定今后 5 年全省财政对科技的投入每年不低于 10 亿元，其中省级财政对科技的投入每年要达到 5 亿元。至 2010 年，全省研究开发投入占地方生产总值的比例将达到 2%。在财政科技投入的引导下，今后 5 年云南省将通过资本市场融资、企业自筹、金融贷款等多种渠道，筹措 500 亿元用于《创新型云南行动计划》。云南省实施这一庞大计划的目标是：到 2012 年科技进步对经济增长的贡献率达到 60% 以上。云南省投入巨资实施“创新型云南行动计划”，计划通过 5 年的重点攻关，实施一批对全省经济社会有支撑引领作用的重大工程，建设一批重大科技创新基地，培育一批创新型企业，改变云南总体创新能力落后的状况。《创新型云南行动计划》的实施，加强了企业的壮大发展和企业创新能力的提高，无疑奠定了企业创新发展商标品牌的基础，推动云南省商标品牌战略的进一步实施。

第二节　云南省商标品牌的战略目标和任务

一、战略目标

云南省人民政府发布《云南省人民政府关于推进商标战略工作的实施意见》（云政发〔2008〕170 号文件）明确商标战略发展目标：从 2009 年开始，通过 5 年的努力，达到以下目标：

到2012年，建立起较为完善的知名、著名、驰名商标的梯次培育、发展和保护机制，形成一批省内各州市区域内具有一定知名度和影响力的知名商标，打造一批省内外具有较高知名度和影响力的著名商标，创立一批国内外享有很高知名度和明显竞争优势的驰名商标。鼓励、支持商标发展的政策体系和服务体系基本建立；商标管理和行政执法体系不断完善，商标侵权假冒行为得到有效遏制，形成尊重和保护商标的良好社会氛围。到2012年，云南省拥有中国驰名商标的数量在现有7件的基础上增加30件以上，总数力争达到40件，中国驰名商标拥有量在全国的排名力争达到20位以内，力争在西部省区位居前列；云南省著名商标达到1 000件以上；有效注册商标超过4万件。

全省16个州、市要进一步加大实施商标战略的工作力度，在中国驰名商标的培育上取得新的突破。昆明市要充分发挥省会中心城市的聚集作用，5年力争新增中国驰名商标15件以上；曲靖、玉溪、红河、楚雄、大理等5个州市，要积极发挥带动作用，5年力争新增中国驰名商标10件以上；其他10个州市要积极行动，5年力争每个州市实现中国驰名商标零的突破。下大力气重点培育、扶持和创建中国驰名商标。培育、扶持和创建中国驰名商标是我省推进商标战略工作的重中之重。各级人民政府和有关部门要对本地的优势产业、传统产业和有竞争潜力的企业，进行梳理排队，按照“培育一批、扶持一批、推荐一批”的原则，建立我省创建中国驰名商标的品牌梯队，加大帮扶力度，实现驰名商标数量和质量的突破。

一是围绕生物制药、茶叶生产和加工、有色金属及冶炼以及制造业、烟草行业抓创建。上述行业拥有雄厚的资源优势和良好的产业基础，通过多年的发展积累了丰富的市场经验和很高的商标知名度，其中已涌现了如“云南白药”、“康王”等中国驰名商标。目前，这些行业中的“盘龙云海”、“大益”、“云锡”、“云铜”、“云铝”、“驰宏锌锗”、“昆电工”等一批商标也已基本具备了中国驰名商标的条件，应作为我省申报和创建中国驰名商标的第一梯队。各地和有关部门应积极配合和协助企业尽快提出中国驰名商标的认定申请。同时，要在现有产业发展基础上，积极推进我省现有中国驰名商标的国际化战略，打造国际知名商标，并以此为产业龙头，整合和优化资源，提升产业竞争力。

二是围绕农产品和化工产品抓扶持。在“斗南花卉”荣获中国驰名商标的基础上，要以农业和化工行业龙头企业为核心，充分发挥云南丰富的特色农产品和化工产品优势，着力扶持一批上规模、有竞争力的花卉、蔬菜、水果等农产品和磷化工、化肥等化工产品商标，作为争创中国驰名商标的第二梯队，做好各项内涵提升和准备工作，待时机成熟积极申报中国驰名商标。

三是围绕现代高科技产业和服务行业抓培育。现阶段要抓好光学仪器、物流自动化、旅游、餐饮、民族文化等具有云南地方特色的现代高科技产业和服务行业，培育一批具备驰名商标潜力的品牌，作为创建中国驰名商标的第三梯队，通过引进先进的管理观念、管理模式和管理体系，积极倡导集团化、网络化、品牌化经营，按照驰名商标的条件和要求积极引导和加以培育。

四是充分利用多种途径争创云南省的中国驰名商标。要在加大商标侵权案件中报送驰名商标认定申请力度的同时，还要抓住通过商标异议案件或商标争议案件进行驰名商标认定的途径。此外，在以行政程序申请认定驰名商标为主要途径的同时，还要加大在司法程序中认定驰名商标的力度。

二、战略任务

（一）夯实推进商标战略工作的基础，大力推动商标申请注册

云南省注册商标拥有率位居全国下游，从企业拥有的注册商标数量来看，截至2007年年底，云南省平均每100户企业只有18件注册商标，而广东、浙江每100户企业分别拥有42件、48件，同样属于西部地区的四川、重庆也分别达到了37件和23件。由此，云南省实施商标品牌战略最基础的工作就是推动和调动企业商标申请注册的积极性，提高注册商标数量，打牢商标战略的基础。

（1）企业作为商标的权利主体，要高度重视商标注册，要根据自身生产、经营、服务和履行专职职能的特点和要求，及时办理商品商标、服务商标、集体商标或证明商标的申请注册。各级工商部门要广泛宣传商标法律法规与使用、经营商标的有关知识，增强企业商标意识。

（2）企业要合理注册并规范使用商标、商号，不断拓展商标注册的领域和空间。要指导龙头企业合理扩大商标注册类别，鼓励有条件的企业通过全方位商标注册来保护自己的合法在先权利。

（3）鼓励和引导企业建立现代企业制度。通过采用先进管理方法，建立科学、规范的管理制度和运行机制，提高自身经营管理水平和品牌经营能力，实现从自发创牌向自觉创牌转变。

（4）推行“三书”、“一卡”制度。各级工商部门要大力推行“商标注册建议书”、“商标策略提示书”、“商标法律告知书”等商标行政指导制度和“跟踪服务联系卡”制度。通过市场巡查、上门走访、企业年检调查等方式，掌握辖区内的工商企业和个体工商户在生产经营过程中存在的商标问题，指导其尽早申请商标注册，为扩大商标总量奠定基础。要对辖区内的工商企业和个体工商户分片划定范围，实行“网络化”的管理和“一对一”跟踪服务，帮助企业解决各类商标问题。

（5）鼓励和支持农产品商标、地理标志的注册。各级工商部门要会同农业等部门积极指导开展农产品商标、地理标志证明商标申请工作，支持农业专业大户

和农村合作经营组织创牌经营，推广“公司＋商标＋农户”生产经营模式，扶持培育一批“名、特、优、新、希”地理标志农产品商标。

（6）加强老字号的商标注册和保护。充分发掘老字号的历史和人文价值，推进老字号企业在传承中创新，恢复和提高老字号商标的市场影响力。

（7）将商标战略和实施“走出去”战略相结合。积极引导企业，特别是驰名、著名商标企业进行商标国际注册，着力创建国际品牌，开拓国际市场。

（二）把云南省著名商标的认定作为争创中国驰名商标的梯队资源培育

开源增量，梯次储备，适时开展知名商标认定工作。具备条件的州市，要及时开展当地知名商标认定工作，形成一大批地区区域内具有一定知名度和影响力的知名商标，使地区知名商标成为云南省著名商标的后续资源。

云南省著名商标认定活动是推进商标战略工作的重要组成部分，是云南省创建中国驰名商标工作的起点和准备。我省要加强著名商标的创立工作；要围绕我省区域品牌和行业品牌形象建设，大力支持科技含量高，拥有自主知识产权，主业突出，市场潜力大，发展前景好的企业，积极创立云南省著名商标；要把云南省著名商标打造成为创建中国驰名商标的后续力量和坚实基础，不断充实创建中国驰名商标的资源储备。

对具备或者基本具备创立驰名商标条件的企业，要提前介入指导和扶持，要帮助和指导著名商标企业加强商标使用和管理的制度建设，完善企业的商标使用证据、经济指标证据等基础材料和档案的收集、整理和保管，使企业提前适应中国驰名商标在程序和实体上的严格要求。

（三）下大力气重点培育、扶持和创建中国驰名商标

培育、扶持创建中国驰名商标是我省推进商标战略工作的重中之重。各级政府和有关部门要对本地的优势产业、传统产业和有竞争潜力的企业进行梳理排队，按照“培育一批、扶持一批、推荐一批”的原则，建立我省创建中国驰名商标的品牌梯队，加大帮扶力度，实现驰名商标数量和质量的突破。

（1）围绕现代高科技产业和服务行业抓培育。现阶段要抓好光学仪器、物流自动化、旅游、餐饮、民族文化等具有云南地方特色的现代高科技产业和服务行业，培育一批具备驰名商标潜力的品牌，作为创建中国驰名商标的第三梯队，通过引进先进的管理观念、管理模式和管理体系，积极倡导集团化、网络化、品牌化经营，按照驰名商标的条件和要求积极引导和加以培育。

（2）围绕农产品和化工产品抓扶持。在“斗南花卉”荣获中国驰名商标的基础上，要以农业和化工行业龙头企业为核心，充分发挥云南丰富的特色农产品和化工产品优势，着力扶持一批上规模、有竞争力的花卉、蔬菜、水果等农产品和磷化工、化肥等化工产品商标，作为争创中国驰名商标的第二梯队，做好各项内

涵提升和准备工作，待时机成熟迅速申报中国驰名商标。

（3）围绕生物制药、茶叶生产和加工、有色金属及冶炼以及制造业、烟草行业抓创建。上述行业拥有雄厚的资源优势和良好的产业基础，通过多年的发展积累了丰富的市场经验和很高的商标知名度，其中已涌现了如“云南白药”、“康王”等中国驰名商标。目前，这些行业中的“盘龙云海”、“大益”、“云铜”、“云铝”、“驰宏锌锗”等一批商标也已基本具备了中国驰名商标的条件，应作为我省申报和创建中国驰名商标的第一梯队。各地和有关部门应积极配合和协助企业尽快提出中国驰名商标的认定申请。同时，要在现有产业发展基础上，积极推进我省现有中国驰名商标的国际化战略，打造国际知名商标，并以此为产业龙头，整合和优化资源，提升产业竞争力。

（4）充分利用中国驰名商标认定的各种途径，寻求多向突破。按照现行驰名商标认定制度，商标局可以在商标异议案件、商标争议案件和商标管理案件中予以认定驰名商标。要在加大商标侵权案件中报送驰名商标认定申请力度的同时，还要充分利用商标异议案件或商标争议案件进行驰名商标认定的途径。此外，在以行政程序申请认定驰名商标为主要途径的同时，还要加大在司法程序中认定驰名商标的力度。

（四）加大商标权保护力度，维护商标权人的合法权益

打击商标假冒侵权，开展商标专用权保护工作是商标监管的核心任务。各级工商部门要充分发挥职能作用，创新执法理念，不断强化商标行政保护工作。

（1）继续以保护注册商标专用权为核心，加大商标保护力度。严厉打击商标侵权假冒行为，建立商标监管长效机制，切实维护商标所有人和广大消费者的合法权益。

（2）强化涉及广大群众生产和生活安全的商品领域的商标监管。继续以食品、药品、农副产品、农资、服装等商品批发零售市场为重点，加大商标监管力度，切断商标侵权假冒商品的市场流通渠道。要按照“网络化”监管模式，做到商标监管重心下移，严厉查处各类商标侵权案件。

（3）建立对驰名、著名商标企业的回访制度。各地要广开商标维权门路，变坐、等、投诉为主动维权。要主动上门听取企业维权诉求，采取有效措施帮助商标注册人解决存在的商标维权问题，将行政执法部门的打假优势与企业善于识假的能力有机结合起来。

（4）有关部门要加强协作配合。各地工商、公安、知识产权、版权、质监等有关部门要密切配合，坚决打击侵犯商标权，特别是侵犯驰名、著名商标权的违法行为。

（5）要充分发挥“泛珠”、“西部”等区域性商标保护协作网的作用。云南省与西部11省、市、自治区及泛珠区域8省、自治区工商局共同签订了有关商标行政保护协作协议，协同加强对相互之间驰名商标、著名商标的保护，扩大对云南省驰名商标、著名商标的保护范围，加大保护力度。扩大商标保护的区域范围。加强涉嫌商标犯罪案件的移送，加大对商标权的保护力度，维护公平有序的市场秩序。

第三节 云南省商标战略的实施方略

一、认清形势，深化意识

进一步推进云南商标战略的实施，是云南省委、省政府深入贯彻党的十七大精神，全面落实科学发展观，切实增强云南省自主创新能力，推动经济发展方式转变，努力提高云南企业核心竞争力的一项重要举措；也是深入开展解放思想大讨论，着力解决影响和制约科学发展的突出问题，促进云南省经济社会又好又快发展的一项具体行动。

总结成绩，认清云南实施商标战略面临的形势。

近年来，云南省委、省政府认真贯彻落实国家有关实施知识产权战略的精神，积极实施商标战略，鼓励和推动企业创立品牌、发展品牌、保护品牌，取得了较明显的成效。

全社会商标意识不断增强。近年来，云南省各地充分利用广播、电视、报刊、网络等宣传形式，大力宣传和普及商标法律知识，全社会的商标法制观念和商标保护意识不断增强，社会对商标工作的认知程度不断提高。

商标的规模数量不断扩大，质量不断提升。1979年我国恢复商标注册以来，云南省的商标注册数量从1979年的343件，提高到2010年底的4.1万件；2010年云南省注册商标申请量达到1.2万件；云南省拥有中国驰名商标20件，地理标志证明商标总数达到18件，云南省著名商标957件。[①]

商标专用权保护力度不断加大。云南省工商局不断强化商标行政保护工作，严厉打击商标假冒侵权行为，维护商标专用权人和消费者的合法权益。同时，云南省工商局还与西部其他十一省、区、市工商局共同签订了《西部地区商标行政保护协作协议》，与泛珠区域八省、区工商局签订了《关于商标行政保护合作的工作方案》，通过沟通、交流与协作，加大了商标专用权保护工作的力度，协同加强对相互之间驰名商标、著名商标的保护，扩大对我省驰名商标、著名商标的保护

① "云南工商'十一五'推进商标战略实施纪实"，载《云南政协报》，2011年1月21日。

范围，加大了保护力度。

与此同时，我们也要清醒地看到，纵向比较，云南省商标工作稳步推进，取得了一定成效。但是，总体上看，云南省企业注册商标拥有量低，驰名商标数量少，商标品牌价值低，带动作用不强，远远不能适应经济社会发展的需要。特别是横向比较，与沿海发达地区相比，与西部商标工作先进的省、市相比，我们的差距非常明显。从企业拥有的注册商标数量来看，截至2007年年底，云南省平均每100户企业只有18件注册商标，而广东、浙江每100户企业分别拥有42件、48件，同样属于西部地区的四川、重庆也分别达到了37件和23件。从拥有中国驰名商标的数量来看，全国共有中国驰名商标1 400件，云南省仅有7件，广东、浙江分别达到138件、112件，贵州也达到了15件；内蒙古仅与农牧业产业化相关的驰名商标就有18件。云南省拥有中国驰名商标的数量甚至低于青海省。从商标的品牌价值来看，在中国品牌研究院2008年1月发布的《中国最有价值商标500强》排行榜中，云南省只有4件商标上榜。

深入分析造成这些差距的原因，有受到云南省经济整体发展水平制约的因素，但根本原因是我们在思想观念上对商标在经济发展中的地位和作用认识不足，发展商标战略的目标不够明确，实施商标战略的措施不够有力。在市场经济条件下和全球化进程中，多数企业还没有充分意识到商标特别是驰名商标是企业的核心竞争力资源和重要无形资产，对商标的重视程度不够。推进商标战略的主动服务意识不强。商标注册代理、商标价值评估、商标法律咨询等中介服务机构门类不齐全。社会公众的商标意识、保护意识、品牌意识需要进一步提高。

深化认识，切实增强推进云南商标战略的责任感和紧迫感。

2008年6月5日，国务院出台了《国家知识产权战略纲要》，将包括商标战略等知识产权战略问题上升为国家战略问题；8月，云南省委、省政府也出台了《云南省人民政府关于推进商标战略工作的实施意见》、《创新型云南行动计划》，这为云南省商标事业发展提供了新的机遇，也提出了新的要求、新的任务。我们要充分认识实施商标战略的重要意义，进一步增强责任感和紧迫感，努力实现云南省商标工作的突破性发展。

推进商标战略，是转变云南经济发展方式的重要切入点。云南省委、省政府把转变云南省经济发展方式，作为贯彻落实党的十七大精神、落实科学发展观，实现云南省经济社会又好又快发展的一项重大而紧迫的战略任务。

实施商标战略是贯彻落实云南省委、省政府关于转变经济发展方式要求的具体行动。实施商标战略，发展品牌经济，主要依靠的是研发、技术、管理、质量和企业文化，走的是提高自主创新能力、提高产品质量、提高生产要素使用效益的发展道路。实施商标战略，创立驰名商标、著名商标的过程，就是企业不断提高发展质量、转变发展方式的过程。我们要把实施商标战略作为促进云南省经济发展方式转变的重要切入点和有效手段，通过加快实施商标战略，着力培育和壮大一批拥有自主知识产权的优势品牌、国际竞争力较强的优势企业和优势产业，走出一条“品牌产品—品牌企业—品牌产业—品牌经济—品牌城市”的品牌发展之路。

实施商标战略，是提高云南省企业核心竞争力的有效手段。当前，以驰名商标为代表的品牌经济已经形成一种强势经济和主导经济。无论是东部沿海发达省区，还是经济发展较快的中西部省区，都很重视品牌经济的发展，重视发挥品牌在提高企业竞争力和开拓市场方面的重要作用。有研究表明，在市场份额的分割中，20%的强势品牌占有80%的市场份额，20%拥有驰名商标的企业为社会提供80%的经济贡献，充分证明了驰名商标蕴含的强大市场竞争力。商标是企业产品品质、管理水平、商业信誉、服务质量的外在表现；商标也是企业的无形资产，是企业核心竞争力和商业信誉的重要载体，是企业参与市场竞争的锐利武器。从世界500强企业的发展来看，都是依靠成功的实施商标战略，不断提升企业的核心竞争力，获得了持续的发展。云南白药的发展过程也是企业成功实施商标战略的例子。昆明钢铁集团有限责任公司的经验，也可以佐证实施商标品牌战略对企业竞争力的大力提升。昆钢根据企业的特点，申请注册了“昆钢”商标，经过多年使用，确立了企业和商标在市场上的地位，为了适应昆钢在更大范围的发展以及出口的多元化发展战略目标，“昆钢”商标已在香港注册，同时积极办理越南的商标注册手续。① 我省各类所有制企业要进一步增强商标意识，树立“没有品牌的企业是危险的企业，没有品牌的市场是脆弱的市场，没有品牌的竞争是无力的竞争”的理念，积极实施商标战略，培育自己的品牌、自己的知识产权，通过培育品牌来提高企业的核心竞争力，促进企业做大做强。

实施商标战略，是解放思想大讨论要解决的一个重要问题。商标作为一种重要的知识产权，是品牌的核心所在，体现了企业不断发展的创新成果，是企业核心竞争力的重要组成部分。推进商标战略已成为衡量一个地区、一个企业发展水平和综合竞争力的一个重要标志，在地方经济和区域经济发展中发挥着越来越重要的作用。沿海发达省市通过实施商标战略，品牌经济、品牌城市迅速崛起，成为促进地方经济发展的重要助推器。云南省与沿海发达省市相比，各级、各部门和各类所有制企业商标意识、品牌意识不强，缺乏超前和开放的眼光认识商标战略在经济发展中的重要作用，政府推动力度不够、企业主体积极性不高、部门服务指导主动性不够，成为制约我省推进商标战略、加快品牌经济发展、提升经济

① 《春城晚报》，2005年4月18日。

发展水平的一个重要因素。我们要把推进商标战略作为开展解放思想大讨论活动要解决的一个重要问题，通过进一步解放思想，更新观念，牢固树立商标意识和品牌经济的意识，充分发挥商标战略在经济发展中的引领作用，促进云南省经济又好又快发展。

二、奠定基础，快速发展

进一步推进商标战略的实施，是云南省委、省政府深入贯彻党的十七大精神，全面落实科学发展观，切实增强云南省自主创新能力，转变经济发展方式的重要切入点；是提高云南企业核心竞争力的有效手段；是解放思想大讨论要解决的一个重要问题。

要以贯彻落实科学发展观，促进云南经济又好又快发展为出发点和落脚点，以解放思想为先导，建立和完善企业为主、政府推动、部门协调、社会参与的商标战略工作格局，以优势产业、优势产品和大型企业集团为重点，综合运用经济、法律、行政等手段，集中力量培育、扶持、壮大一批驰名、著名、知名商标，充分发挥商标兴企、商标富农、商标强省的积极作用，促进经济发展方式的转变，全面提高云南省的经济综合实力。

云南省培育发展商标，推进商标战略，对充分发挥云南自然资源和民族文化优势，优化产业结构，提升经济竞争整体实力，促进边疆民族地区经济发展，具有十分重要的意义。近年来，云南省工商系统在国家工商总局和云南省委、省政府的领导下，按照科学发展观的要求，紧紧围绕云南省委、省政府推进商标战略工作，狠抓商标培育工作，着力在增量、提质、提效（增加注册商标数量、提升注册商标质量、提高商标工作效率）上狠下工夫，“十五”、“十一五”十年间云南商标工作取得了显著成绩。

“十五”期间截至2005年，云南省商标申请数累计近4万件，核准注册约2.5万件。“十五”期间，云南省的商标申请数每年都在2 000件以上，5年累计近2万件，核准注册超过1万件，均占1979年以来累计商标申请数和核准数的一半；截至2005年年底，有效注册商标数约2.1万件，仅“十五”期间，云南省的注册商标数量就超过了1万件，占了云南省累计有效注册商标数的一半以上。

“十一五”期间，2006—2010年五年间，云南省商标核准注册数累计达到3.2万件，比“十五”期间累计1万件的注册量翻了两番，全省商标注册申请量达到1.2万件，有效注册商标数量突破4万件，达到4.1万件；五年间，云南省新获准注册“昭通天麻”、“富源魔芋”、“墨江紫米”、“大姚核桃”等地理标志证明商标14件，使云南省拥有的地理标志证明商标总数达到18件；五年间，云南省共开展五届云南省著名商标认定活动，新认定著名商标665件，截至2010年底，有效期内的云南著名商标共计957件；五年间，新增中国驰名商标13件，云南省拥有中国驰名商标总数为20件。①

就商标事业而言，云南省“十一五”期间顺利完成和超额完成“十一五”任务，实现了预期的目标，推动云南省商标战略进入到快车道，迅速发展。

从战略实施的经验看，“梯次培育、逐级提升、打造品牌”应该是云南省实施商标战略的方略，实践证明，这个方略是有效和成功的，是实施商标战略工作取得了较大的进展的有效策略。

“梯次培育、逐级提升、打造品牌”，由知名商标、云南著名商标、中国驰名商标、品牌的培育和创建之方略，就是云南省商标战略实施的方略，方略的选择，有其客观必要性和现实必然性。我们应当遵循客观规律，发挥主观能动性，依据云南的省情，走出一条创新发展之路。

三、通力合作，共同推进

推进商标战略是一个系统工程，需要不断整合政府、企业、协会和社会各界的力量。我们应当努力构建政府主导、工商推进、部门协作、企业争创、社会参与的工作机制，积极营造、政府培育、企业争创、市场推崇、社会热爱商标的良好氛围，汇聚人心、凝聚力量，共同推进云南商标品牌战略。

（1）要把商标战略上升到各级党委政府的重要工作议事日程。各州（市）党委政府积极行动，把商标战略纳入各级政府的中心工作来统筹谋划；工商管理部门要争取党委和政府更大的支持，要加强向各级党委政府请示汇报，把商标战略上升到各级党委政府的重要工作议事日程是推进商标战略的根本保证。

切实加强对推进商标战略的组织领导。云南省政府将建立推进商标战略工作联席会议制度，统一领导和协调全省推进商标战略工作，研究、制定全省商标工作规划，协调解决实施商标战略工作中的问题。各成员单位要各司其职，形成推进云南省实施商标战略的合力。各州、市也要建立相应的推进商标战略组织领导机制。要继续执行云南省委、省政府对中国驰名商标的奖励等扶持政策，为企业争创知名商标、著名商标、驰名商标创造良好的政策环境。要始终把推进商标战略作为工商部门履行职责、促进经济社会又好又快发展的重要抓手，切实推进商标战略的实施。

（2）要充分发挥企业在实施商标战略中的主体作用。企业是商标发展的主体，也是受益的主体。云南省各类所有制企业特别是企业负责人要牢固树立强烈的商标意识。商标意识是对企业家的基本要求，也是现代企业家应该具备的基本素养，

① “云南工商‘十一五’推进商标战略实施纪实”，《云南政协报》，2011年1月21日。

它反映了一个企业家的眼光和素质。不重视品牌创建工作的企业家不是优秀的企业家，更不会是成功的企业家。在市场经济条件下，企业不能仅仅关注项目、资金等企业硬实力的提升，更要重视商标等软实力的提升，要充分认识商标背后蕴藏的知识产权保护、技术创新、市场营销和企业文化等更深层次的问题。云南省各类所有制企业要切实提高实施商标战略的主动性，从增强企业核心竞争力的高度出发，把商标战略纳入企业发展总体战略，投入足够的时间、资金和人力，积极申请国内、国际商标注册，科学合理地运用、宣传商标，主动依法维护商标权利，不断提高商标品牌的价值和影响力。要把争创驰名、著名商标作为企业发展的一项重要任务，明确目标，突出重点，制定有力的措施和策略，通过争创驰名、著名商标，全面提升企业管理水平，增强企业综合实力。国有大中型企业和昆明国家级高新技术产业开发区的企业要解放思想，居安思危，率先垂范，发挥好示范带动作用，成为云南省实施商标战略的排头兵。

（3）要加大宣传力度，增强商标社会意识。企业和农户是注册商标和使用商标的主体，是推进商标战略的原动力。开展商标法制宣传，增强企业和农户的商标意识，提升企业和农户的商标注册和运用水平，是推进商标战略的关键。各级工商部门作为职能部门，要在抓好每年“3·15”和“4·26”活动集中宣传的基础上，要和相关部门、行业协会加强协作，创新宣传培训方式。2005 年，云南省工商局和省国际商会、普洱茶协会，共同举办注册商标海外维权和地理标志证明商标注册申请与保护维权培训班，受到云南省产品出口企业和茶厂、茶商的广泛好评。《云南工商管理》杂志增发推进商标战略特刊，免费赠送有关企业，深受企业欢迎。基层工商干部和新农村建设指导员走村串寨、进村入户，宣传商标知识，指导注册涉农商标、民间传统特色产品商标，“商标富农”工作已见成效。

（4）要把推进商标战略列入全省工商系统六项重点工作。推进商标战略是省委省政府下达给工商部门的光荣任务，工商干部思想认识和工作能力的高低，直接关系到商标战略的成败。要把推进商标战略列入全省工商系统六项重点工作，并将其作为工商部门应对国际金融危机，保增长、保民生、保稳定的措施之一，并对培育驰名商标和开展“一所一标”活动进行指标分解和层层考核，不断强化对推进商标战略重要性、紧迫性的认识，力促克服“条件差”、“无能为力”的消极思想，变“要我做”为“我要做”，要形成工商系统上下齐抓商标工作、齐推商标战略的工作格局。

（5）要着力增加注册商标数量。推进商标战略，增加注册商标数量是基础。大力推广“两兴”活动，就是紧紧围绕政府中心工作，全面开展“品牌兴农”、“品牌兴企”活动。“两规划”就是县级工商局和基层工商所两级分别制定商标培育发展五年规划。大力增加注册商标数量，才能不断夯实商标战略实施的基石。

四、梯次培育，提升质量

明确云南省推进商标战略的总体要求和目标任务。总体要求是：以贯彻落实科学发展观，促进云南经济又好又快发展为出发点和落脚点，以解放思想为先导，建立和完善企业为主、政府推动、部门协调、社会参与的商标战略工作格局，以优势产业、优势产品和大型企业集团为重点，综合运用经济、法律、行政等手段，集中力量培育、扶持、壮大一批驰名、著名、知名商标，努力构建中国驰名、云南著名、州市知名梯级发展、结构优化的商标发展格局，以积极争创中国驰名商标为龙头，充分发挥商标兴企、商标富农、商标强省的积极作用，促进经济发展方式的转变，全面提高我省经济综合实力。

目标和任务是：到 2012 年，云南省拥有中国驰名商标的数量要在现有 7 件的基础上增加 30 件以上，总数力争达到 40 件，拥有中国驰名商标在全国的排名力争达到 20 位以内，力争在西部省区位居前列；云南省著名商标达到 1 000 件以上；有效注册商标超过 4 万件。自 2008 年起，通过两年的努力，云南省拥有中国驰名商标的数量力争达到 20 件以上。基本建立鼓励、支持商标发展的政策体系和服务体系；商标管理和行政执法体系不断完善，商标侵权假冒行为得到有效遏制，形成尊重和保护商标的良好社会氛围。

云南省 16 个州、市要自加压力，以时不我待、只争朝夕的奋进精神，进一步加大实施商标战略的工作力度，在中国驰名商标的培育上取得新的突破。昆明市要充分发挥省会中心城市的聚集作用，5 年力争新增中国驰名商标 15 件以上；曲靖、玉溪、红河、楚雄、大理等 5 个州市，要积极发挥带动作用，5 年力争新增中国驰名商标 10 件以上；其他 10 个州、市要积极行动，5 年力争每个州、市实现中国驰名商标零的突破。

推进商标战略，培育高知名度的注册商标是重点。各级工商行政管理部门要按照注册商标的知名程度，分别制订州（市）知名商标、云南著名商标、中国驰名商标的梯次发展规划，建立了高知名度商标的梯队培育模式。

（一）知名商标

知名商标是指在一定辖区范围内具有较高知名度、较高商标附加值和较强竞争力并依照规定予以认定的注册商标。

申请知名商标认定，应当符合下列条件：

（1）注册商标所有人是在本地区注册登记的企业、事业单位、个体工商户。

（2）该商标自核准注册之日起使用期限满两年以上且商标权属无争议，同时不与在先取得的著作权和外观设计专利权相冲突。

（3）使用该商标的商品质量符合国家标准，在同类、同档商品中质量优良，具有较高知名度。

（4）使用该商标的商品市场占有率等主要经济指标在同行业中处于领先地位。

（5）该商标所有人一年来未发生违法违纪行为。

（6）注重对商标的广告宣传，其广告宣传覆盖地域较广、效果较显著，且具有较高的市场声誉和认知度。

（7）商标所有人有严格的商标使用、管理措施和保护制度，有相应的商标战略。

知名商标一般是指在本地（市）范围内商标所有人拥有的，在市场上享有较高声誉并为相关公众所熟知的注册商标。

对知名商标的认定，各地标准不一，但一般应考虑以下几个方面的内容：一是该商标是本地（市）范围内依法设立的企事业单位、社会团体、个体工商户所拥有的国内有效注册商标；二是使用该商标的商品覆盖面和市场占有率在当地同行业中位居前列；三是企业综合效益好，使用该商标商品近两年来的主要经济指标（销售额、利税等），在当地同行业中领先；四是注重对商标的广告宣传，在相关公众中有较高的知名度；五是使用该商标的商品质量稳定可靠，消费者投诉率低；六是近三年内无违法经营行为。

自知名商标认定之日起，他人将与该知名商标相同或近似的文字作生产相同或类似产品的企业字号使用，且可能引起公众误认的，工商行政管理部门不予核准登记；其他经营者不能擅自使用被认定为知名商标的商品特有的名称、包装或与其近似的名称。

知名商标有效期一般为 3 年，自公告之日起计算。有效期满前 3 个月内，知名商标所有人可向工商行政管理机关申请续展，经审查，符合规定条件的准予续展，每次续展有效期 3 年。条件不符的，撤销知名商标称号，并收回证书和牌匾。

知名商标的培育及扶持是云南省实施商标品牌战略的基础性工作，是直接关系到商标战略成败重要环节，因而政府要加强知名商标的培育及扶持。

（二）著名商标

著名商标是指具有较高市场声誉和商业价值，为相关公众所熟知，并依法被认定的注册商标。

著名商标的认定机构是省级工商行政管理部门，认定标准主要从以下几个方面去衡量和界定：一是该商标自核准注册之日起连续使用期满 3 年；二是使用该商标的商品在省内或国内同类产品中质量和售后服务优良，且在相关公众中具有较高知名度和好的市场信誉；三是使用该商标的商品的年产量、销售额、利润和市场占有率等主要经济指标在省内同行业或者国内同类产品中名列前茅；四是该商标注册人有健全的商标使用、保护和管理措施。

自著名商标被认定之日起，他人将与该著名商标相同或相近似的文字作为企业名称一部分使用，且可能引起公众误认的，工商行政管理机关不予核准登记；已经登记的，著名商标注册人可以自知道或应当知道之日起两年内，请求工商机关予以撤销。

不断完善著名商标认定工作。在加强对企业申报资料审查的基础上，开展实地调查和市场调研，走访行业主管部门和相关行业协会，多方征求意见，确保认定的著名商标具有相应的公众知晓度和市场信誉度，特别是严密注意质量安全隐患问题，以免给著名商标认定工作带来负面影响。各州（市）工商局在当地政府的领导下，开展知名商标认定保护工作，为培育著名商标、争创驰名商标奠定良好的基础。

自 2003 年启动云南省著名商标的认定工作以来，根据云南省人民政府 1999 年发布的《云南省著名商标认定和保护办法》的规定，云南省著名商标的有效期为 3 年，期满须重新提出续展认定，续展期限亦为 3 年。经过多年的实践，著名商标的有效期和续展期过短，不利于商标的有效使用，不利于著名商标权的保护，续展认定频繁耗时耗力，应当给予修订。2010 年 7 月 14 日，云南省人民政府第 44 次常务会通过了《云南省人民政府关于修改〈云南省著名商标认定和保护办法〉的决定》，并以云南省人民政府第 159 号令的形式发布，将云南省著名商标的有效期修改为 5 年，续展有效期也修改为 5 年，自 2010 年 9 月 1 日起实行。即自 2010 年 9 月 1 日起，新认定的和续展认定的云南省著名商标，其有效期为 5 年。

（三）驰名商标

驰名商标是指在中国为相关公众广为知晓并享有较高声誉的商标。驰名商标除具有显著性和可视性等一般商标的特性外，还有竞争力强、知名度高、信誉度好、影响范围广等特点。驰名商标对于商标所有人来说不仅是一项知识产权，更是一项重要的财产权。

驰名商标、著名商标和知名商标作为“名商标”，三者之间有许多相同之处，也存在显著区别，主要体现在以下几方面：

一是认定机构不相同。驰名商标由国家工商总局商标局或人民法院按司法程序认定，著名商标由省工商部门认定，知名商标则一般由地（市）工商部门进行认定。二是认定标准不相同。驰名商标必须是为全国相关公众所知悉，著名商标和知名商标则至少要为本省或本地（市）相关公众所知悉。三是对商标是否注册的要求不相同。驰名商标可能是注册商标，也可能是非注册商标，而著名商标和知名商标则必须是注册商标。同时，三者之间也是可以相互转化的，因为每一个商标的声誉和知名度是随着时间的推移或商标使用人使用情况的变化而不断变化的，知名商标、著名商标可以逐步演化成驰名商标，而驰名商标也有可能淡化成著名商标甚至是普通商标。

对于驰名商标的认定标准，《保护工业产权巴黎公约》及《与贸易有关的知识产权协议》等国际公约都没有对此作出任何形式的界定，具体标准一般由公约各成员国自主确定。我国在认定驰名商标时，主要考察五个方面的因素：一是看相关公众对该商标的知晓程度；二是看该商标使用的持续时间；三是看该商标宣传的持续时间、程度和地理范围；四是看该商标作为驰名商标受保护的记录；五是其他因素。当然，在认定一个商标是否为驰名商标时，并非要求同时具备以上五个条件。

按照法律规定的基本要求和基本条件，积极指导和帮扶企业争创驰名商标。按照梯次培育的路径，坚持“培育一批、扶持一批、推荐一批”的原则，重点是对云南经济发展中优势产业的龙头企业的注册商标认真进行梳理排队，充分征求和尊重企业意见，制订了推荐、扶持、培育三个层次的工作计划。对列入推荐计划的，指导企业提高经营管理水平和产品质量，帮助建立健全企业商标管理制度和发展规划，帮助企业完善商标使用证据、经济指标证据、产品质量证据、用户情况反馈和宣传资料的收集整理，指导企业做好争创驰名商标的基础性工作。

1. 中国驰名商标国内法律保护

驰名商标是一种无形财富，谁拥有了驰名商标，谁就等于掌握了点金术。为了切实保护驰名商标权利人的利益，根据《与贸易有关的知识产权协议》和《保护工业产权巴黎公约》的规定，结合我国的实际情况，我国在《商标法》修改时，增加了对驰名商标的保护。

认定中国驰名商标，其目的在于解决商标权利冲突，保护驰名商标人的合法权益。经过认定以后，中国驰名商标就可以享有《商标法》规定的驰名商标的各项权利。

驰名商标被确认后，可以得到大于普通商标的保护。认定驰名商标是解决商标侵权纠纷中的一种法律保护手段，它采用的是被动保护的原则。已获得驰名商标的产品如果遇到侵权纠纷，可将驰名商标作为受过保护的记录，提交给国家工商总局商标局进行仲裁。

《商标法》第 13 条规定：“就相同或者类似商品申请注册的商标是复制、摹仿或者翻译他人未在中国注册的驰名商标，容易导致混淆的，不予注册并禁止使用。就不相同或者不相类似商品申请注册的商标是复制、摹仿或者翻译他人已经在中国注册的驰名商标，误导公众，致使该驰名商标注册人的利益可能受到损害的，不予注册并禁止使用。”

《商标法》第 41 条第 2 款规定：“自商标注册之日起五年内，商标所有人或者利害关系人可以请求商标评审委员会裁定撤销该注册商标。对恶意注册的，驰名商标所有人不受五年的时间限制。”

国家工商总局《驰名商标认定和保护规定》第 13 条规定：“当事人认为他人将其驰名商标作为企业名称登记，可能欺骗公众或者对公众造成误解的，可以向企业名称登记主管机关申请撤销该企业名称登记，企业名称登记主管机关应当依照《企业名称登记管理规定》处理。”《驰名商标认定和保护规定》第 14 条规定：“各级工商行政管理部门应当对驰名商标加强保护，对涉嫌假冒商标犯罪的案件，应当及时向有关部门移送。”

2003 年 4 月 17 日国家工商行政管理总局发布的《驰名商标认定和保护规定》，其中对驰名商标的保护措施作了如下规定：

（1）当事人认为他人经初步审定并公告的商标违反《商标法》第 13 条规定的，可以依据《商标法》及其实施条例的规定向商标局提出异议，并提交证明其商标驰名的有关材料。当事人认为他人已经注册的商标违反《商标法》第 13 条规定的，可以依据《商标法》及其实施条例的规定向商标评审委员会请求裁定撤销该注册商标，并提交证明其商标驰名的有关材料。

（2）在商标管理工作中，当事人认为他人使用的商标属于《商标法》第 13 条规定的情形，请求保护其驰名商标的，可以向案件发生地的市（地、州）以上工商行政管理部门提出禁止使用的书面请求，并提交证明其商标驰名的有关材料。同时，抄报其所在地省级工商行政管理部门。

（3）当事人要求依据《商标法》第 13 条对其商标予以保护时，可以提供该商标曾被我国有关主管机关作为驰名商标予以保护的记录。所受理的案件与已被作为驰名商标予以保护的案件的保护范围基本相同，且对方当事人对该商标驰名无异议，或者虽有异议，但不能提供该商标不驰名的证据材料的，受理案件的工商行政管理部门可以依据该保护记录的结论，对案件作出裁定或者处理。所受理的案件与已被作为驰名商标予以保护的案件的保护范围不同，或者对方当事人对该商标驰名有异议，且提供该商标不驰名的证据材料的，应当由商标局或者商标评审委员会对该驰名商标材料重新进行审查并作出认定。

（4）当事人认为他人将其驰名商标作为企业名称登记，可能欺骗公众或者对公众造成误解的，可以向企业名称登记主管机关申请撤销该企业名称登记，企业名称登记主管机关应当依照《企业名称登记管理规定》处理。

《最高人民法院关于审理商标民事纠纷案件适用法律若干问题的解释》第 2 条规定：“依据商标法第十三条第一款的规定，复制、摹仿、翻译他人未在中国注册的驰名商标或其主要部分，在相同或者类似商品上作为商标使用，容易导致混淆的，应当承担停止侵害的民事法律责任。”

上述法律法规、司法解释的条文总体意思是：

（1）被认定为中国驰名商标的商标，除了依法享有商标注册所产生的商标专用权外，还有权禁止其他人在一定范围的非类似商标上注册或使用其驰名商标。

（2）在具有较强显著性和较高知名度的情况下，被认定为中国驰名商标的商标有权禁止其他人将其作为企业名称的一部分使用。

（3）在侵权认定时，如果原告是驰名商标所有人，则行政执法或司法机关判定被告与其商标近似的可能性就很大。

（4）随着互联网的蓬勃发展，对驰名商标的保护已延伸到了这个虚拟空间中。也就是说，驰名商标的权力已经扩张到了网络领域，即绝对禁止他人恶意抢注驰名商标的域名权和注册、使用与他人驰名商标相同或近似的域名。

具体地讲，申请驰名商标对于商标的保护具有如下特别益处：

（1）对抗恶意抢注。

（2）对抗不同商品的相同（相似）商标影响。

（3）对于近似商标的认定更容易。

（4）在立案调查假冒商标犯罪案件时，不受立案金额的限制。

（5）防止其他公司以驰名商标为公司名称注册。

（6）在电子商务中避免域名注册问题。

2. 中国驰名商标国外法律保护

国际公约中《保护工业产权巴黎公约》、《与贸易有关的知识产权协议》都对驰名商标的特殊保护作了行之有效的具体规定。

《保护工业产权巴黎公约》第 6 条之 2 第 1 款规定："一个商标如构成对经注册国或使用国主管机关认为是属于一个享有本公约保护的人所有，用于相同或者类似商品上已在该国驰名的商标的伪造、模仿或翻译，易于造成混淆，本同盟成员国都要按其本国法律允许的职权，或应有关当事人的请求，拒绝或取消注册，并禁止使用，这些规定也适用于主要部分系伪造或模仿另一驰名商标易于造成混淆的商标。"

世界贸易组织《与贸易有关的知识产权协议》第 16 条第 3 款规定："巴黎公约 1967 年文本第 6 条之 2 原则上适用于与注册商标所标示的商品或者服务不类似的商品或者服务，只要一旦在不类似的商品或者服务上使用该商标，即会暗示该商品或者服务与注册商标所有人存在某种联系，从而使注册商标所有人的利益可能因此受损。"

我国是《保护工业产权巴黎公约》成员国，并已经加入世界贸易组织，履行《保护工业产权巴黎公约》和《与贸易有关的知识产权协议》规定的义务，保护成员国在我国已注册或者未注册的驰名商标是我国应尽的义务。驰名商标具有超越地域范围的垄断权，这是指驰名商标的独占权，它不是一般法律意义的商标专用权，而是超越本国范围，在世界各国（至少是近200个巴黎公约成员国）都得到保护的垄断权。也就是说，当某项商标在注册国或使用国的商标主管机关已认定为驰名商标时，如果另一商标构成对该驰名商标的仿造，且用于相同或类似的商品上，则应拒绝或取消其注册，并禁止使用。这些规定，也适用于主要部分系伪造、仿冒或模仿另一驰名商标易于造成混淆的商标。这可以称之为“相对保护主义”，现已为大陆法系各个国家所采用。不少英美法系的国家采用的是“绝对保护主义”，即驰名商标所有人不仅有权禁止其他任何人在同类或类似商品上使用其驰名商标，而且也有权在其他一切商品上禁止使用其驰名商标。

随着我国加入世贸组织和国际间知识产权保护合作的进展，中国驰名商标的认定，也被其他国家的商标主管机关和司法机关认可，这在解决国际间商标权利纠纷过程中起到了重要的作用，对中国驰名商标的保护更为有利。

为防止和减少侵犯驰名商标专用权行为发生，我国现行《商标法》援引了《保护工业产权巴黎公约》和《与贸易有关的知识产权协议》的相关规定，从两个方面加强了对驰名商标的保护力度：一是规定了对未在我国注册的驰名商标的保护，即就相同或相类似商品申请注册的商标是复制、摹仿或翻译他人未在中国注册的驰名商标，容易导致混淆的，不予注册并禁止使用；二是规定了对已在我国注册的驰名商标的保护，即就不相同或不相类似商品申请注册的商标是复制、摹仿或翻译他人已在中国注册的驰名商标，误导公众，致使该驰名商标注册人的利益可能受到损害的，不予注册并禁止使用。

（四）地理标志证明商标

为大力推进云南省新农村建设，要根据云南自然条件与人文历史的特点，有针对性地宣传推动地理标志的注册，加强对地理标志证明商标申请注册和使用的指导。把集体证明商标的注册作为农村商标工作的重点。

“宣威火腿”、“普洱茶”、“文山三七”、“呈贡宝珠梨”、“罗平小黄姜”、“富源魔芋”、“富源大河乌猪”、“昭通天麻”、“蒙自石榴”“大姚核桃”等地理标志证明商标，以及蒙自县过桥米线协会的“蒙自过桥米线”、罗平县油脂行业协会的“罗平菜籽油”、云龙县农村合作经济经营管理协会的“云龙绿茶”等地理标志证明商标获准注册，在农业产业化经营中已经显出品牌领头作用，有力地促进了农业增效和农民增收，拉动一方农业经济的蓬勃发展。

从云南实际出发，要求各级工商部门摸清各地农业产业发展规划和地理标志资源状况，积极向当地党委政府请示汇报，引导申请注册地理标志证明商标，指导做好已注册地理标志证明商标的使用管理，充分发挥其应有的作用。各涉农工商分局注重发挥行业主管部门、行业协会的积极性，主动与各级政府沟通，积极开展地理标志资源普查，大力发展以集体商标、证明商标为载体的地理标志，使

“公司（合作社）+农户+商标”成为促进农民增收的新模式。

五、逐级提升，打造品牌

“品牌是商标的俗称，商标是品牌的法律术语。”商标特别是驰名商标是企业的金字招牌，是企业最重要的知识产权，是企业开拓国际市场和国内市场的通行证和品牌。2007 年 6 月 4 日，世界品牌研究室发布的 2007 年中国 500 强最具价值品牌排行榜显示，“红塔山”的品牌价值为 326.37 亿元人民币。

现在是个品牌的年代，什么都讲品牌，企业要讲品牌。那么什么是品牌？品牌的核心是什么？品牌的要素有哪些等等，这些问题都值得我们企业思考。目前很多企业，特别是中小企业对品牌有很多困惑甚至对品牌概念一知半解。

每一个品牌都有自己的品牌核心，它是在经历时代变迁、企业变革，甚至是市场发生颠覆性改变时都不能使一个品牌产生动摇的根本。

品牌是什么？它不是一个简单的符号，不是一个商标或包装，也不是一个产品的普通的概念。品牌是覆盖在产品上的一种情感利益认同，它是产品对应消费群体的情感价值的满足。

品牌是商标知名度、美誉度和可信度的集合，通常是以驰名商标所代表。品牌有三个口碑：第一个口碑是用户的口碑，产品的好坏不能凭自己的广告说，而是所有用过产品的消费者，或者说就是要在消费者心中真正能注册的；第二个口碑是要得到有关权威机构、行业机构和国家机构的认可，在关键技术上具有优势；第三个口碑就是要得到媒体的认可和支持，就是媒介、媒体对公司的社会公众形象、公益形象的评价，以及保持对内对外的一致性。这三个方面都能够保持一致性，就有了品牌，之后在消费者、用户、社会大众的心中注册，就形成了公认的品牌。一个成熟完善的品牌包含很多要素，有扎实的产品品质作为基础，有成功的传播手段让人熟知，有企业良好的社会形象让人认知等。

一个优秀的品牌必须具有高度的个性，是可以明确区别于其他任何品牌的个性，没有个性的品牌只会被淹没在品牌的汪洋大海之中。个性化的品牌塑造了消费者的归属感及与品牌之间无可替代的关系，让消费者看到某个品牌后会认为这个产品及品牌就是为自己量身定做的，是自己需要的。这是品牌自身具有的吸引消费者的独特魅力，这种独特魅力就是消费者对于这种品牌的认知。在品牌的世界里，没有真相，只有消费者的认知。品牌最大的悲哀就是没有认知；企业最大的悲哀就是我在你面前，你却不认识我！

品牌能让消费者产生第一联想，这种联想就是品牌对于企业的巨大存储功能，品牌可以帮助企业存储商誉、形象。在市场竞争越来越激烈、分工越来越专业的条件下，每个品牌都要有一个专属的象征意义，以便让消费者对号入座，找到属于自己的品牌。消费者的忠诚对于每一个品牌来说都是最渴望的，也是最难得到的，而每一个优秀的品牌后面都有大量的忠实顾客追随，所以我们要牢牢占据消费者的心智空间，培养更多高忠诚度的消费者。

驰名商标，通常是指在为相关公众广为知晓并享有较高声誉的品牌。驰名商标是一个企业、一个城市甚至一个地区的经济名片。驰名商标不单纯是一种智力成果，而且还是企业文化的象征，它是企业光辉形象的代表。实践证明，商标知名度越高，其含金量愈高，驰名商标不仅可使指定商品的身价倍增，而且还可以使企业的其他产品受益，提高企业对外部的吸引力，进而使企业的整体价值倍增。

驰名商标的拥有量是衡量一个地区经济发达程度的标尺，谁拥有驰名商标多就意味着谁拥有了滚滚财源。像我国广东、浙江、山东、江苏、福建等几个沿海省份，由于经济发达，他们拥有的中国驰名商标数量也是排名在全国前列的。在市场竞争日益激烈的今天，驰名商标所起的作用与日俱增。对消费者而言，驰名商标意味着优良的商品品质和较高的企业信誉；对驰名商标所有人而言，驰名商标是宝贵财富，意味着广泛的市场占有率和超常的创业能力。在现代社会，消费者对商品的需求已不仅仅注重质量、外观等，而且讲究品位、时尚，代表着一定的身份和地位。因此，在科技日益发达、知识信息不断膨胀、生活水平不断提高的今天，商标本身蕴藏着巨大的无形资产，是企业不可或缺的宝贵财富。

一个驰名商标可以向购买者传递大量的有关它所代表的商品或服务的信息：优良的质量、质量的长期稳定性、对购买者消费习惯的适应程度及心理享受的满足程度等等。这些经过市场长期考验的信息既简化了购买者的购买行为，也简化了销售者的销售行为。换句话说，购买者在购买时无须逐一地去了解上述各种信息，而只需认准该商标即可，这就是建立在信任基础上的所谓“认牌购货”；销售者也无须不厌其详地去宣传上述信息，而只需在销售过程中通过广告等传播媒介重复自己的商标即可。因此可以说，驰名商标已经成为连续购买者与销售者的稳定的纽带。

驰名商标是具有很强的竞争力，知名度高，影响范围广，已被消费者、经营者所熟知和信赖的品牌，具有相当市场价值的品牌。例如“红塔山”的品牌价值为326.37亿元人民币，成为红塔集团企业的巨大无形资产和精神财富。

驰名商标是一个地区经济指标的强力支撑。拥有多少中国驰名商标，是衡量一个地区经济实力的尺度之一。云南省各类所有制企业要进一步增强商标意识，树立“没有品牌的企业是危险的企业，没有品牌的市场是脆弱的市场”的理念，积极实施商标战略，通过培育品牌来提高企业的核心竞争力，促进企业做大做强。全省广大企业尤其是中小企业，应该以获得驰名商标的企业为榜样，找准市场定位，将商标资产管理纳入企业经营管理的重要内容，加强对商标价值的评估评定，增加研发投入，科学制定争创驰名商标的方案，将争创工作与增强企业竞争力统一起来。在争创工作中要突出品牌诚信建设，通过诚信建设推动品牌建设的健康发展。

把争创中国驰名商标作为实施商标战略的龙头。培育、扶持和创建中国驰名商标是我省推进商标战略工作的重中之重。驰名商标是《商标法》对商标权延伸保护的法律武器，是对企业产品质量、内部管理、市场营销、经济效益乃至社会信誉的认可，也是授予企业的崇高荣誉，它集中体现了企业的现实生产力、综合竞争力和前瞻发展力，对于企业来说是一笔无形资产、宝贵财富。企业创立驰名商标的过程也是企业从地区走向全国，从国内走向国际的重要过程，是云南省企业实施“走出去”战略的重要保障。被认定为驰名、著名的商标会依法受到比普通注册商标更加有力的保护，有关国际公约和协议都规定成员国对驰名商标给予特殊保护。如果企业的商标是驰名商标，若发现它在其他成员国被抢注，就可以通过有关途径依法争回自己的商标权，维护自己在先的驰名商标权利，避免失去已经占领的市场，避免遭受重大的损失。云南省各类所有制企业要充分认识中国驰名商标对企业发展至关重要的作用，勇于争创中国驰名商标。各级政府和有关部门要按照“培育一批、扶持一批、推荐一批”的原则，建立云南省创建中国驰名商标的品牌梯队，加大帮扶力度，实现驰名商标数量的增加和质量的突破。

围绕重点特色优势产业加大著名商标培育的力度。积极培育著名商标也是实施商标战略的重要环节。要积极引导云南省各类所有制企业加强商标注册和培育工作，不断提高产品质量，加强商标的广告和宣传，增强商标的知名度和影响力，积极争创云南省著名商标。要努力使云南省著名商标涉及更广泛的领域，扩大行业覆盖范围，成为争创中国驰名商标丰富的重要后备资源。培育著名商标，要结合云南实际，发挥云南优势，突出地方特色，特别要围绕云南省五大支柱产业来培育云南著名商标，着力在生物制药、有色金属冶炼、烟草、化工等行业以及特色农业、现代高科技产业、旅游、民族文化产业抓好培育。要进一步规范云南省著名商标的认定程序，严格认定标准，扩大著名商标的影响，充分发挥其带动区域经济发展的作用。要加强对著名商标企业的跟踪指导，滚动培育，对符合中国驰名商标认定条件的著名商标，各地和有关部门要积极指导和协助企业尽快提出中国驰名商标的认定申请，争创中国驰名商标。同时，各州、市也要高度重视，积极培育和建设当地的知名商标，为创建中国驰名商标、云南省著名商标奠定厚实和丰富的基础。

六、创新服务，提高效率

（1）要努力提高推进商标战略的服务水平。各地、各部门要主动为企业服务，加强对企业争创驰名、著名商标的指导。各州、市政府和省工商局要建立领导干部联系实施商标战略重点企业的制度，及时帮助企业解决在实施商标战略中遇到的困难和问题。要努力培育云南省商标中介机构体系，规范服务行为，提高服务质量，扩大服务范围，为推进商标战略实施做好各项服务工作。

（2）要进一步提高全社会的商标意识。要认真开展商标知识和商标管理培训工作，加大对《商标法》等有关法律法规和驰名、著名商标创建工作的宣传力度。对商标侵权和违法行为要予以曝光，努力营造全社会关注商标、爱护商标、发展商标、共同推进商业战略的良好氛围。

（3）要广泛推行“三书一卡”工作制度。各级工商部门积极推行商标法律告知书、商标注册建议书、商标策略提示书和商标管理跟踪服务联系卡“三书一卡”工作制度，使商标工作落到了实处，深入人心。

（4）要组织开展“一所一标”创建活动。针对“两费”停征和工商工作转型实际，为充分调动基层工商所商标工作的主动性和积极性，各级工商部门认真组织开展“一所一标”、“一所多标”活动，在部分地方还可以开展“一乡一标”、“一社一标”（农民专业合作社）活动，将商标工作深入推进。

（5）要主动登门做好宣传指导服务工作。根据企业发展情况，省工商局领导和部分州（市）工商局领导要主动登门、基层职能部门要积极上门宣传商标法律法规，指导企业完善制度、加强管理、提高质量，帮助企业做好商标工作。

（6）要探索建立遏制商标侵权行为的长效机制。突出重点领域和重点环节，以保护驰名商标、著名商标、知名商标为重点，按照“四化建设”的要求，巩固和完善商标监管执法工作中行之有效的工作机制和工作制度，建立监管长效机制，实现高效能监管。

七、借“桥头堡”，行“走出去”

从2010年9月提出“桥头堡”概念，到目前规划已经递交审批，云南桥头堡的规划建设得到了各方面的高度重视。记者从相关渠道获悉，由云南省编制的桥头堡规划已经递交到国家发改委，目前国家发改委正在牵头制定《支持云南省加快建设我国面向西南开放桥头堡的指导意见》（简称《意见》），有望获得国务院的批准于近期推出。

尽管规划尚未出台，但国家层面对云南桥头堡的定位和总体目标已经确定，即成为我国面向西南开放的国际大通道、沿边开放开发的合作试验区和实施“走出去”战略的先行区、外向型特色优势产业基地、民族团结和边疆稳定的示范区，以及西南重要流域的生态安全屏障。

在桥头堡建设中，要把云南尤其是昆明建成连接我国和东南亚、南亚的交通枢纽，形成航空、水路、公路、铁路、通讯的立体通道，要抓好昆明新机场等重大枢纽项目建设，在辐射东南亚、南亚的同时寻求与更多国家进行交流与沟通。

在当今世界经济全球化浪潮风起云涌、各国间经济竞争日趋激烈的形势下，品牌竞争越来越成为市场竞争的焦点。驰名商标国际化已经成为企业持续成长与提升国际竞争力的重要手段。[①] 企业应当看准形势，把握好“两强一堡”战略机遇，切实抓好“走出去”融入世界市场体系的工作，有效实施云南省的商标品牌战略，打造世界级品牌，促进企业经济的良性发展与协调可持续发展。

云南与东盟、湄公河次区域国家的经济合作，致使云南经济重心南移，云南品牌已经开始进入东盟、湄公河次区域国家，云南省品牌战略初见成效。云南省品牌战略与重心南移“走出去”战略的重合，为云南的商标品牌进入国际市场提供了难得的机遇，也为云南的品牌成长为驰名品牌提供了市场。

八、协同作战，加强保护

“十一五”期间，云南省各级工商管理系统共查处各类商标侵权案件 4 210 件，案值 4 352.06 万元，罚没金额 2 439.22 万元，[②] 在净化市场、维护商标权益方面做出成绩，有力地遏制了商标侵权现象的蔓延。但是，我们需要各执法部门通力合作，进一步加大注册商标专用权保护力度，进一步遏制侵权行为，进一步加大打击力度以提高商标侵权违法成本代价，从而形成有利于激励商标创造、有效运用商标、依法保护商标的环境和氛围。云南省各级工商、公安、商务、质监、海关、知识产权、文化、新闻出版等部门要充分发挥各自的职能作用，加强协调配合，建立完善行政执法、行业自律、舆论监督、群众参与的商标市场监管体系，加大对商标侵权假冒行为的打击力度，努力营造保护商标品牌的良好市场环境。要以保护驰名商标、著名商标专用权为重点，积极开展部门联手打假和商标保护专项行动，对侵犯驰名商标、著名商标专用权的行为，要以最快的速度、最强的措施和最大的力度予以打击，构成犯罪的，依法追究刑事责任。执法部门之间要加强协同与配合，共同打击商标违法行为，加大对商标权的保护力度，切实维护公平有序的市场秩序。同时，要充分发挥“泛珠三角区域”和“西部地区”等区域性商标保护协作网的作用，扩大商标保护的区域范围。

① 张朝栋主编：《中国驰名商标攻略》，中国经济出版社 2010 年，第 94 页。
② “云南工商‘十一五’推进商标战略实施纪实”，《云南政协报》，2011 年 1 月 21 日。

第四节 展望云南省商标战略“十二五”目标

一、“十一五”的成就与差距

（一）全国形势喜人

“十一五”期间是我国商标工作极不寻常的5年。特别是2008年6月国务院发布《国家知识产权战略纲要》以来，国家工商总局大力推进商标战略实施，取得举世瞩目的成就。截至10月底，我国商标累计注册申请806.9万件，注册商标达539.9万件，有效注册商标为435万件，均居世界第一。世界知识产权组织《2010年世界知识产权指标》评价，中国商标和专利申请“逆势而上、一枝独秀”。

“十一五”期间，国家工商总局商标局以商标战略实施示范工作为着力点，大力推进商标战略实施，取得明显成效。切实做好农产品商标和地理标志注册保护工作。全国各级工商机关加强商标国际注册工作，加大商标海外维权力度，大力支持企业实施“走出去”战略；创新开展商标权质押融资工作也取得显著成绩。2010年4月26日第十个世界知识产权日时，世界知识产权组织总干事弗朗西斯·高锐先生在致中国的贺信中指出：“仅仅去年，中国的商标申请量就已经达83万件。在世界知识产权组织的马德里体系中，中国的国际商标申请排名世界前10位，中国也是国外商标申请人指定最多的国家，这充分显示了中国市场的重要性和吸引力。”

当前，我国商标申请量虽大，但国际知名品牌太少。在世界品牌实验室评选出的2009年世界品牌500强中，美国占据241个，法国47个，日本43个，英国37个，德国24个，瑞士22个，而我国仅有15个，且没有一个进入前50强。除了国际知名品牌偏少外，我国知名品牌的国际市场影响力亦显不足。据世界品牌实验室统计，中国500个最具价值品牌中，具有世界影响力的仅占6.2%。①

我国虽然已成为商标大国，但同市场主体数量相比还有很大差距；注册商标数量虽多，但国际知名品牌还少；商标国际注册数量虽位居前列，但与我国对外经济贸易规模和发展速度还很不相称；商标专用权保护虽取得很大成效，但商标侵权案件还时有发生，需进一步加强。实施商标战略既是难得的机遇，更是严峻的挑战，工作才刚刚起步，任重道远。

（二）云南成就卓著

云南商标十一五规划——扩大商标宣传面；提高商标注册的数量和质量，商

① 吴汉东：《从“中国制造”到“中国创造”》，载《检察日报》2011年3月10日。

标注册申请量年均增幅5%以上；推进实施商标战略，力争地理标志证明商标达到15件以上，云南省著名商标突破500件，中国驰名商标达到10件以上。

2009年是云南省全面推进商标战略实施的第二年。2009年云南省新注册商标8 557件，有效注册商标总数达到27 000件；2008年获准认定中国驰名商标5件，2009年又获准认定5件，总数达到16件；新认定云南省著名商标170件，总数达到773件；新注册地理标志证明商标3件，总数达到18件；其中仅2009年，就新增著名商标356件，约占总数的46%，云南省商标取得了前所未有的突破。

2010年11月，昆明圣火药业（集团）有限公司的商标“理洫王 LIXU-WANG”、云南玉溪水松纸厂的“思源 Siyuan 及图”、云南龙润茶叶有限公司的商标“龙润 LongRun”以及昆明黄龙山（饲料）工贸有限公司的“黄龙山及图”等4枚商标被商标局在商标管理案件中认定为驰名商标，至此，云南省驰名商标总数已达20件。这是自云南省启动商标战略以来，从2009年至今获准认定的驰名商标总数超过了过去十年的总和，目前的20件中国驰名商标，涵盖了茶、农产品、烟草、医药等重点产业。

2010年12月云南省工商局认定400件云南省著名商标（其中，新认定云南著名商标209件、到期续展认定191件），云南省著名商标总数达到957件。

至2010年12月底，云南省拥有有效注册商标4.1万件，著名商标总数达到957件，中国驰名商标总数20件，地理标志知名商标总数达到18件。① 云南省“十一五”期间，顺利完成和超额完成“十一五”任务，实现了预期的目标，推动云南省商标战略进入到快车道，迅速发展。

（三）云南商标发展不足之处

1. 横向比较，总量不足

云南省驰名商标总数已达20件，对自己而言，确实是不易的成就。但与其他省区比较，尤其是发达地区同比，我省的驰名商标总量仍然处于落后状态，在国内外市场上叫得响、影响大的品牌数量还不多，与先进省区市相比差距还很大。

2. 发展不均，强弱参差

全省16个州市还有10个州市没有中国驰名商标，整体发展不均衡。全省20件中国驰名商标中，昆明拥有10件：云烟、云南白药、斗南、昆电工、贵研、康王、云南红、理洫王、龙润、黄龙山；曲靖3件：宣威火腿、云维、久隆；玉溪3件：红塔山、红梅、思源；红河2件：红河、云锡；大理1件：蝶泉；昭通1件：金沙江。

3. 行业之间强弱差距大

昆明云南红酒业有限公司的“云南红”商标和云南云天化股份有限公司的

---

① 《云南工商十一五推进商标战略实施纪实》，载《云南政协报》2011年1月21日。

"金沙江及图"商标被认定为驰名商标，使我省驰名商标在产业涵盖上有了新突破，卷烟、冶金、化工、制药、花卉、食品、酿酒等我省优势产业、行业都有了驰名商标，但多相对集中在烟草行业，这也基本反映了我省产业发展的特点和行业之间的差距。

基于以上状况，要顺利完成云南省政府下达的到2012年云南省中国驰名商标总数力争达到40件，在西部省区位居前列的目标，任务还十分艰巨，道路还崎岖坎坷。

二、"十一五"奠定的良好基础

机遇总是在发展中产生。我国中西部地区发展滞后、城乡和区域之间不平衡等问题，都有望在"十二五"期间实现和谐发展。

自2003年启动云南省著名商标认定活动至今已第八届，2010年12月云南省工商局认定400件云南省著名商标（包括新认定云南著名商标209件和到期续展认定191件），截至2010年年底，云南省著名商标总数达到957件。著名商标认定工作的持续开展，推动商标战略的实施，取得显著成绩，而且直接为保增长、保民生、保稳定作出了积极贡献。例如，云南丽都花卉产业发展有限公司的"丽都"商标被认定为云南省著名商标，总经理朱应雄在接受记者采访时高兴地说："现在我们凭借这个商标，可以展翅高飞了。"据介绍，该公司目前已有10个月季新品种获得自主知识产权证书，公司把这些新品种种苗以较低的价格出售给农户种植，采用"公司+品牌+农户+市场"的管理模式，共联合2 061户花农生产"丽都"牌优质月季切花2 170亩。到2010年年底，该公司加工和销售的月季产品将超过5 000万支，销售额达4 000万元左右。直接拉动农业、富农利农。

（一）稳中有进，快速发展

从1997年"红塔山"商标被国家工商总局认定为驰名商标开始，到2010年间，云南省经过行政认定和司法认定的驰名商标一共只有20件。2010年就有9件获准认定，一年超过了十年的总和，云南省驰名商标进入了较快发展时期。

这些驰名商标的认定，不仅使云南省驰名商标数量有了较大增长，而且使驰名商标在地域分布有了新突破。云南全省20件驰名商标中，昆明拥有10件：云烟、云南白药、斗南、昆电工、贵研、康王、云南红、理洫王、龙润、黄龙山；曲靖3件：宣威火腿、云维、久隆；玉溪3件：红塔山、红梅、思源；红河2件：红河、云锡；大理1件：蝶泉；昭通1件：金沙江。云南云天化股份有限公司的"金沙江"商标认定为驰名商标，使昭通市实现了驰名商标零的突破。

云南推进商标战略实施工程取得重大进展，促进了云南产业的发展，驰名商标在产业涵盖上有了新突破。昆明云南红酒业有限公司的"云南红"商标和云南云天化股份有限公司的"金沙江及图"商标认定，使我省卷烟、冶金、化工、制药、花卉、食品、酿酒等我省优势产业、行业都有了驰名商标，基本反映了我省产业发展的特点。

截至2010年年底，云南省有效注册商标总数已经达到3万件，中国驰名商标20件，云南省著名商标957件，地理标志证明商标18件。[①] 这为云南省进一步实施商标品牌战略打下良好基础，也为“十二五”规划确定商标战略目标提供坚实基础。

（二）着力宣传，构建平台

云南省各级各部门积极认真学习贯彻云南省推进商标战略实施工作会议精神，开展各种活动，深入宣传推进商标战略的重大意义。2009年7月1日，云南省政府召开“云南省荣获中国驰名商标新闻发布会”，通报“昆电工”等我省5件商标荣获“中国驰名商标”，营造出政府培育驰名商标、企业争创驰名商标、市场推崇驰名商标、社会热爱驰名商标的良好氛围；省工商局组织两家驰名商标企业参加“成都本部博览会”，9家著名商标企业参加“青岛第三届中国商标节”，12家地理标志证明商标企业和协会参加“重庆亚太地区地理标志国际研讨会”，为我省知名企业和名优产品提供了高层次的宣传平台。

（三）强化意识，带动经济

一般而言，品牌是商标的俗称，商标是品牌的法律术语，驰名商标等同于品牌。中国驰名商标，是在中国境内为相关公众广为知晓并享有较高声誉的商标，有很强的竞争力，知名度高，影响范围广，已被消费者、经营者所熟知和信赖。中国驰名商标是一个地区经济指标的强力支撑，通常，拥有多少中国驰名商标，是衡量一个地区经济实力的尺度之一。

云南能否拥有更多的驰名商标？驰名商标能否成为带动全省经济发展的火车头？云南省各类所有制企业尤其是中小企业要进一步增强商标意识，树立“没有品牌的企业是危险的企业，没有品牌的市场是脆弱的市场”的理念，积极实施商标战略，通过培育品牌来提高企业的核心竞争力，促进企业做大做强。应该以获得驰名商标的企业为榜样，找准市场定位，将商标资产管理纳入企业经营管理的重要内容，加强对商标价值的评估评定，增加研发投入，科学制定争创驰名商标的方案，将争创工作与增强企业竞争力统一起来。在争创工作中要突出品牌诚信建设，通过诚信建设推动品牌建设的健康发展。

各类所有制企业共同努力，加大创立力度，采取有效措施，争取到2012年，云南省拥有中国驰名商标的数量在现有的基础上增加到30件以上，总数力争达到40件，拥有中国驰名商标在全国的排名力争到20位以内，力争在西部省区位居前

---

① 《云南工商十一五推进商标战略实施纪实》，载《云南政协报》2011年1月21日。

列；云南省著名商标达到1 000件以上……这一宏伟目标。

昆明市在云南全省的商标战略中，也起到了举足轻重的作用，昆明市现拥有云烟、云南白药、斗南、昆电工、贵研、康王、云南红、理洫王、龙润、黄龙山等驰名商标10件；占全省20件的50%；昆明市应当在云南省的商标战略实施中，确实起到带动、拉动、示范的引领作用，通过品牌现象提高昆明市企业的商标注册积极性，带动昆明市品牌经济的发展，在全省发挥“商标兴企”、“品牌兴市”和“商标富农”的楷模示范作用。

(四) 坚持争创，常抓不懈

要紧密结合云南经济社会发展实际，始终把培育驰名商标作为促进提升城市综合竞争力和企业核心竞争力的重要抓手，充分发挥驰名商标的带动效应，着力完善实施商标战略的各项措施，构建驰名商标宣传、培育和保护体系。

1. 政策引导、企业主导，构建驰名商标宣传体系

为增强全社会重视、支持、发展驰名商标的意识，建设尊重知识、崇尚创造、鼓励创新的文化环境，广泛宣传驰名商标，普及商标法律知识，有效营造了政府重视驰名商标、企业争创驰名商标的良好氛围。

一是积极争取各级党委政府重视支持。

二是动员社会公众和媒体广泛参与。

召开驰名商标新闻发布会，对被认定的驰名商标在媒体上刊登公告，发动各大媒体联动宣传，扩大驰名商标影响；开展面向社会公众的商标法律法规知识宣传活动，提高全社会商标意识；举办各类商标业务研讨会、培训班，普及商标法律知识，培训企业商标管理人员，全方位营造培育驰名商标的良好社会氛围。

各级工商部门结合驰（著）名商标培育、申报和认定工作，有针对性地深入企业宣讲政策，并通过发放《商标注册提示书》、《商标续展提示书》等形式，指导企业加强商标管理，促进商标培育工作规范化、制度化，有效推进商标战略的实施。

2. 完善驰名商标培育发展体系

驰名商标培育是一项政策性强、涉及面广的工作，既要立足企业实际，突出培育重点，发挥带动效应；又要针对发展现状，坚持分类指导，挖掘发展后劲。

一是开展资源普查，建立动态数据库。通过开展商标资源普查，全面掌握各类经济主体的商标注册底数、类别、地域分布及驰名商标情况。在此基础上，建立云南省注册商标数据库、驰名著名商标数据库及驰名著名商标重点培育数据库，并不断对这些数据库进行动态数据的补充完善，确保及时准确地掌握商标注册及驰著名商标培育发展情况。

二是制订发展规划，完善条块结合工作机制。按照云南省的产业布局、企业

规模和产品（服务）市场占有率、覆盖率，研究制订驰名商标培育、申报规划，有计划、有重点、分步骤、有选择地培育驰名商标。优先扶持高新技术、物资流通、电子商务及地理标志等支柱产业，对其中具有潜力的品牌进行重点培育。为大力推进云南省新农村建设，要根据云南自然条件与人文历史的特点，有针对性地宣传推动地理标志的注册，把集体、证明商标的注册作为农村商标工作的重点。各涉农工商分局注重发挥行业主管部门、行业协会的积极性，主动与各级政府沟通，积极开展地理标志资源普查，大力发展以集体商标、证明商标为载体的地理标志，使“公司（合作社）+农户+商标”成为促进农民增收的新模式。

三是突出重点区域，发挥商标集聚效应。建立商标服务制度，深入了解企业商标发展需求，对具备条件的企业根据其申请及时认定“云南省著名商标”，培育申报中国驰名商标。

四是延伸服务功能，挖掘商标使用的经济价值，拓宽企业融资投资渠道。要创新商标专有权质押融资的功能，拓宽企业融资渠道，增强企业融资的能力，有效提高企业抵御金融风险、参与市场竞争的实力。

3. 完善驰名商标培育保护体系

一是严厉查处商标侵权行为，加大驰（著）名商标保护力度。

二是强化执法联动与外部协作。一方面，结合网络化监管体系建设，建立商标管理企业联系网络，管理市场监测网络，有效预防、及时查处侵犯驰（著）名商标专用权的违法案件。另一方面，与相关部门密切协作，形成维护驰（著）名商标专用权的合力。

三是深入企业帮困解难。各级工商部门要组织开展“下基层、解难题”活动，切实深入宣传商标法律法规，上门为企业出谋划策，第一线提供扶助和支持。

四是牢固树立“服务发展是第一要务，监管维权是第一责任”的基本理念，着力培育驰名商标，不断加大商标行政保护力度，营造良好的知识产权环境，有力地促进云南商标事业的科学和健康发展。

三、云南省“十二五”商标战略目标

“十一五”期间，特别是国家知识产权战略实施以来，云南省加大商标战略实施和推进工作的主导，推动了云南省各级政府全面落实省委省政府关于推进云南省商标战略的决定，采取了切实可行的措施，圆满完成了规划的艰巨任务，实现了预期的工作目标，为“十二五”期间的商标注册、运用、保护和管理积累了经验，树立了信心，坚定了决心。

“十二五”期间，云南省商标战略规划为：“力争到2015年，全省有效注册商标超过5万件，驰名商标达到50件，著名商标达到1 500件，每个州、市至少要有一件以上驰名商标。”① 这是云南勾勒出的“十二五”商标战略蓝图。

“十二五”期间，商标工作要牢牢把握科学发展这个主题，紧紧围绕加快转变经济发展方式这条主线，自觉坚持科技进步和创新作为重要支撑这个基本着力点，按照“五个四”的总体要求，实现“两个转变”的工作思路，创先争优，全面贯彻落实《国家知识产权战略纲要》，大力推进商标战略实施。

云南省工商系统要继续促进商标注册申请量持续增长；切实保护注册商标专用权，维护公平竞争的市场秩序；充分发挥商标及地理标志的作用，全面提高商标注册、运用、保护和管理能力；加强商标国际交流与合作，加大商标境外注册和海外维权力度，支持企业实施“走出去”战略，为加快云南经济发展方式转变，促进云南经济社会又好又快发展作出更大贡献。

重点做好六个方面的工作：

一是加强商标知识产权保护，全面深入推进商标战略实施，突出抓好打击侵犯知识产权和假冒伪劣商品专项行动。

二是以商标战略实施示范工作为着力点，加大商标战略实施指导力度，切实加强商标战略的宣传、培训和研究工作，努力创新实施商标战略管理体制机制。

三是以“五年规划”为重点，充分发挥职能作用，创新监管模式，全面提升商标注册、管理、运用和保护能力。在彻底解决商标审查积压的基础上，推进商标工作实现达到国际水平的五年目标。

四是继续加大农产品商标和地理标志的注册和保护力度。

五是认真落实《关于大力加强我国企业商标境外注册建立健全海外维权机制提高国际竞争力的通知》，为实施“引进来”和“走出去”战略提供更加有力的支撑，积极开展商标国际及港澳台交流与合作。

六是积极开展商标权质权登记，进一步加强商标代理组织的监管，进一步为社会、企业和全系统提供高效便捷的良好服务。

总之，要大力推进全方位商标政策体系构建，创新和完善商标注册管理体制机制，分类指导和支持市场主体实施商标战略，加大对商标权利人和消费者合法权益的保护，充分发挥农产品商标和地理标志在统筹城乡发展、区域发展中的推动作用，规范发展社会中介服务体系，加快商标注册管理与公共服务信息化建设，加大商标宣传教育力度，大力培养各类商标专业人才，扩大商标国际交流与合作。

---

① 《云南工商工作“十二五”前瞻》，载《云南政协报》2011 年 1 月 21 日。

第六章　云南省实施商标品牌战略的路径

第一节　国外商标品牌战略的启示

一、美国商标品牌战略的启示

（一）法制先行

美国作为世界上较早进行知识产权立法的国家之一，在1790年即颁布了第一部专利法。美国于1870年颁布了第一联邦《商标法》，从1905年开始，美国把注册商标与虽未注册但其使用超出了一州地域的商标，都纳入了联邦《商标法》的调整范围。现行美国商标法是1948年颁布的《兰哈姆法》，载于《美国法典》第十五编，该法在1982年10月作了修订。20世纪80年代以来，美国日益把知识产权保护列入对外贸易政策之中，将知识产权保护与对外贸易联系起来。美国1988年修订的《综合贸易竞争法》的“特殊301条款”主要用于对不遵守知识产权规定的国家实行贸易制裁，以保障美国专利权人在海外的利益，促进美国的出口。为了保持美国在全球的霸权，美国极力主张知识产权保护的国际化，强力主张将知识产权制度纳入关贸总协定（GATT）的体制。美国政府从立法上把国内法运用到国际上（如“特殊301条款”的实施），掌握了国际规则的制定权，强行推行自己的标准和意志。由于知识产权已成为世界各国激烈竞争的焦点之一，国际社会从来没有像美国这样如此热衷于运用专利、商标、版权等法律来维护自身利益。同时，知识产权法律被作为科技竞争、经济贸易的锐利武器，成为提高国家科技经济竞争力的重要手段，成为跨国公司在国际投资与贸易中的“杀手锏”，更成为与发达国家处理国与国之间政治、经济、贸易问题的一个壁垒。

（二）政府主导

品牌虽然是以企业为主体创造的，并且只有在市场激烈竞争的环境中才能孕育和发展，但并不意味着政府在品牌战略中无所作为。商标品牌虽然属于私权范畴，但政府为了保护创新动力，促进科技发展，规范市场竞争，必然要进行干预和主导。美国特别突出政府在商标品牌战略中的作用，政府不仅是公共政策的制定者也充当干预者，同时又承担裁判者的角色。如美国政府加强政府公共服务职能，加大公共产品的投入；采取政策扶持措施，大力向企业普及、宣传品牌创造及保护的相关内容及制度体系，积极引导与推动企业、行业建立与完善自有品牌的创造及发展机制、品牌的管理与保护机制，推动企业成为品牌发展与保护的主体等方面，起到巨大的促进作用。

通过政府大力实施商标品牌战略，强化品牌管理与保护力度，对于增强美国的商标品牌竞争力具有重要意义。其中，构建包括品牌在内的对外贸易商标品牌保护体系，保障品牌在市场中的正当权益与公平竞争环境。对内完善立法和执法体系，形成企业、行业协会、商会以及政府联动的商标品牌协调管理机制，商标品牌的进出口预警和监测机制；对外强化美国商品和服务品牌与商标的海外保护，完善商标品牌争端的解决机制，积极维护美国企业的品牌利益等措施，是美国成为商标强国的重要原因。

（三）强化保护

美国为了保住全球经济霸主地位，开始将知识产权作为抵御国外竞争的战略手段，并从法律和政策的层面完善知识产权制度，在国外为有效保护美国的国家利益而不惜采取一系列强硬措施。最为著名的就是《综合贸易竞争法》“特殊301条款”的实施，“特殊301条款”是美国评价其贸易伙伴是否充分、有效地保护了美国的知识产权，是给美国知识产权人公平进入其市场而设置的一种法律程序，旨在按照美国的标准和要求保护其在该国的知识产权，以达到保护其产品进入他国市场而阻止他国产品进入美国市场之目的。①

例如，在美国的压力下，印度尼西亚、新加坡、马来西亚、韩国及我国台湾地区也相应修改了有关国内法律。美国还利用“特殊301条款”迫使日本开放半导体市场，使美国对日本出口的半导体增加了20亿美元，迫使韩国同意优先为美国的发明提供专利保护。② 我国自20世纪80年代后期以来，多次被列为美国的黑名单制裁之列，在1992年被美国以保护知识产权不充分为由，再次列入了报复名单，后来经过艰苦谈判，最终达成中美关于保护知识产权的谅解备忘录，从而避免了一场贸易大战。③

---

① 曾彤：《中美商标法比较研究》，载《中华商标》2001年第6期。

② 杨军著：《名牌战略与知识产权法律保障制度研究》，知识产权出版社2010年版，第17页。

③ 冯晓青：《企业知识产权战略》，知识产权出版社2005年版，第51页。

二、日本商标品牌战略的启示

（一）全民品牌意识

2002年2月，日本首相小泉纯一郎在第154届日本议会的讲话中指出：日本所拥有的专利权等知识产权在世界上已是首屈一指。2002年7月日本发表了《知识产权战略大纲》，将“知识产权立国”列为国家战略。2002年11月，日本国会通过《知识产权基本法》，为知识产权立国提供了法律保障，同时在2003年7月出台了《知识产权推进计划》。日本知识产权立国政策的提出，有其深厚的社会基础，日本国民对知识产权的重视，国民对知识产权法律的了解，国民自觉运用知识产权法律的普及性，堪称世界第一。[①] 日本国民深刻认识到实施企业品牌战略，才能使企业在激烈的市场竞争中夺得更大的市场份额，才能求得企业的长期生存与发展，才能塑造出在国际上扬名内外的国际著名品牌，这也是日本世界级著名品牌多和强的原因。

（二）强烈品牌观念

从国家层面看，日本现行的商标法是1959年4月13日制定的，其间经历了28次修改，最近一次修改是2001年6月29日。频繁修改商标法，表明日本的商标品牌的观念非常强烈，反映出日本人与时俱进的进取心，反映了与日本经济的变化和发展相适应的实用主义，同时也反映出与保护商标的国际公约接轨的前瞻性。从客观看，频繁修改商标法而使日本的商标法不仅促进了本国经济的发展，提升了本国企业的国际竞争力，而且其立法具有时代性，在国际社会中也不落伍。

日本企业具有良好的商标品牌意识，可以说日本企业将商标品牌视为自己的生命一点也不为过。如日本拥有世界著名品牌丰田、尼桑、本田、松下、索尼、日立、三洋、东芝、夏普等等众多世界知名品牌，使日本成为世界上具有世界品牌最多的国家之一。日本商标品牌的竞争力仅次于美国，其品牌战略有自己的特色，典型的是企业所表现出来的团队精神和民族精神，重视品牌的观念和文化。[②]

（三）重视品牌保护

重视品牌保护是实现商标品牌战略发展不可忽视的关键环节。日本商标法的宗旨是：通过保护商标，维护商标使用者在业务上的信誉、促进产业的发展并保护消费者的利益。日本的商标法对商标权与其他权利发生冲突时如何解决进行了全面的规定，为商标权在与其他相关权利发生冲突时提供了较好的解决办法，有效保护了权利人的合法利益；为加强对商标权人的保护，防止一些人利用商标注

---

① 杨书臣：《日本知识产权战略浅析》，载《日本问题研究》2004年第2期。

② 辛欣：《日本知识产权立国的发展战略》，载《国际技术经济研究》2004年第3期。

册尚未确定的情形而损害商标注册申请人的利益，日本《商标法》规定：商标注册申请人提出商标注册申请后，提示将记载与该申请内容有关的文件进行警告，在该警告后商标权的设定注册前，在该申请指定的商品或服务范围内，对使用与该申请注册的商标有关的人，可以请求支付由于该使用而在业务上发生的损失金额等等，制定了与其他国家不同的保护措施。

同时，日本的商标法律制度十分注重与国际公约的协调一致，并积极参加各种商标品牌保护的国际公约，如《保护工业产权巴黎公约》、《世界商标品牌协议》、《马德里协定》等商标品牌方面的公约，使日本关于商标制度的意志在制定国际公约、协定时能得到体现，其利益在制定国际公约、协定时能得到保障。

三、欧共体商标品牌战略的启示

（一）具有战略意识

英国于1623年颁布了《垄断权条例》，是人类历史上最早确立知识产权制度的国家，可以说，欧洲是世界商标品牌保护的发源地。欧洲于1623年至19世纪末，各国的商标品牌法律法规普遍规定，但商标品牌的确认或保护只适用本国法，其空间效力仅仅限于本国境内；1883年《保护工业产权巴黎公约》、1886年《保护文学艺术作品伯尔尼公约》、1891年《商标国际注册马德里协定》等国际条约都在欧洲产生和形成，表明了商标品牌的保护开始步入国际化轨道，商标品牌保护制度开始显示出明显的国际化趋势。因为欧洲面临这样的问题：是自由贸易，还是地域保护？在欧洲，如果各国严格遵守商标品牌的地域性，对商标品牌实行地域保护，将对欧洲的自由贸易产生极大的障碍和冲击。20世纪70年代起，伴随着欧洲经济贸易一体化进程的加快，欧洲各国的商标品牌保护也出现了一体化的趋势，1993年12月20日，欧共体通过了《共同体商标条例》。因此，欧盟是最早提出和实践商标品牌战略的区域经济组织。今天，在欧盟，商标品牌领域的协调和统一已经达到了一个相当高的水平，若干商标品牌法规的制定已经形成了一个统一的“欧洲”商标权利制度。①

（二）提供成熟经验

如何协调本国法与国际法之间的冲突与平衡，欧盟的制度创造了些许经验。1993年12月20日，欧共体终于通过了《共同体商标条例》，《条例》于1995年3月15日正式生效。根据《欧共体商标条例》和《欧共体商标条例实施细则》的规定，在欧共体成员国取得注册的商标被称为欧共体商标，在各成员国具有同等的

---

① 郑成思著：《知识产权论》，法律出版社1998年版，第653页。

法律效力，对各成员国均具有法律约束力，其有效性仅限于欧共体成员国。① 欧盟的商标品牌制度，对商标品牌的保护是由各国通过国内法来调整的，欧共体有关商标品牌的立法主要是协调商标品牌法与反垄断之间的冲突，在对商标品牌权利人保护的同时，维护自由竞争环境，从而在商标品牌保护与建立统一市场之间寻找一个平衡点。在具体实践中体现为总体法规调整下的各国法相互协调和联合行动。

欧共体各成员国十分注重根据本国经济社会发展需求和企业特点制定和调整相关法律，其所建立的商标品牌法律制度，注重保护强势产业；同时善于利用商标品牌立法手段，合理解决企业发展过程中的突出矛盾。比如德国就拥有以奔驰、宝马、西门子、拜尔、巴斯夫为代表的一大批跨国公司、大企业。这些大企业充分利用商标品牌及其规则，构筑起在本行业研发、生产、销售的国际领先地位，形成了德国企业在汽车、机械制造、电子、生物制药等重要产业的国际竞争优势，并获取了巨额利润。这些企业在欧盟的商标法律与本国的商标法律的双重保护下，得益良多，品牌成长和经济效益并驾齐驱，相得益彰。

（三）重视人才培养

企业如没有一支商标品牌的专业人才队伍，商标品牌实施一定不会顺利，企业实施商标品牌战略的工作将难以开展，要形成百年老字号品牌和现代知名品牌几乎是不可能的，这正是许多虽然重视商标品牌战略的企业却无为无果的原因之一。欧共体各国的大企业都把建设一支商标品牌专业管理队伍作为公司人才培养的重要组成部分，把对员工的商标品牌教育培训作为公司员工培训的重要内容。② 各大公司都拥有一批懂技术、懂法律、懂管理且熟悉国际规则的商标品牌复合型人才，是企业实施商标品牌战略的骨干人才。例如德国的奔驰、宝马、西门子、拜耳、巴斯夫等一批世界著名品牌，就是有一批专业的人才队伍长期予以支撑运作，才具有今天的辉煌。

四、他山之石可以攻玉

（一）重视品牌战略

按照经济属性分类，有经济学家将近五十年的经济区分为：20 世纪 80 年代是产品经营时代，90 年代进入资本经营时代，21 世纪则是商标品牌经营时代。

早在 1992 年，邓小平同志南巡视察企业时就指出：“我们应该有自己的拳头产品，创出我们中国自己的名牌，否则就要受人欺负。”1996 年，国务院《质量振

① 徐武生主编：《知识产权法比较研究》，中国人民公安大学出版社 2004 年版，第 395 页。
② 谢铭洋：《欧洲商标制度之最新发展趋势》，载《台大法学论丛》第 21 卷第 2 期。

兴纲要》提出："实施名牌发展战略，振兴民族工业。鼓励企业生产优质产品，支持有条件的企业创立名牌产品。国家制订名牌发展战略，鼓励企业实行跨地区、跨行业联合，争创具有较强国际竞争能力的国际名牌产品。"2002 年召开的党的十六大明确提出"鼓励和支持有比较优势的各种所有制企业对外投资，带动商品和劳务出口，形成一批有实力的跨国企业和著名品牌"；2003 年党的十六届三中全会通过的《中共中央关于完善社会主义市场经济体制若干问题的决定》指出：要"鼓励国内企业充分利用扩大开放的有利时机，增强开拓市场、技术创新和培育自主品牌的能力"；2005 年 10 月在党的十六届五中全会上，党中央提出了《中共中央关于制定国民经济和社会发展第十一个五年规划的建议》中，明确将"形成一批拥有自主知识产权和知名品牌、国际竞争力较强的优势企业"，作为"十一五"期间我国经济社会发展的主要目标之一；在 2003 年、2004 年、2005 年的《政府工作报告》中，都提出要发展具有自主知识产权和知名品牌的大公司、大集团。2006 年的《政府工作报告》，提出要"大力实施品牌战略，鼓励和开发具有自主知识产权的知名品牌"，要"支持具有自主知识产权、自主品牌、高附加值的产品和服务出口"；直到 2008 年 6 月 5 日，国务院印发《国家知识产权战略纲要》。

虽然我们的起步晚了一些，但在市场竞争日趋激烈的形势下，我们已经认识到争创名牌的重要性，提出了实施名牌战略，将实施名牌战略作为各级政府经济质量部门振兴民族工业的重要任务，党和政府提出"品牌"、"名牌"的建设战略，在国家层面形成主流意识。但远远不够，还应当花大力气着力提高全社会的意识、普及全民的商标品牌观念。

（二）完善商标法律

日本于 1959 年 4 月 13 日颁布了《商标法》，至今历经 28 次修改，2001 年 6 月 29 日再次予以修改。[①] 频繁修改《商标法》，终于形成与日本社会经济的变化和发展相适应的、与商标国际公约和规则相一致的完善商标法律制度，不仅促进了本国商标事业的发展，而且在国际上享有一定的话语权和制定规则的权力，能够及时地维护本国利益和本国商标权人的利益。美国商标法与《综合贸易竞争法》的"特殊 301 条款"相结合，不仅保障美国商标权人在海外的利益，促进美国的出口，保持美国在全球的霸权，还将知识产权制度纳入关贸总协定（GATT）的体制，成为世界规则的制定者。

我国自 1982 年制定《商标法》以来，至今经过两次修订，用 20 多年时间走过了其他国家几百年走过的历程，建立起比较完备的商标法律制度，成就是世人有目共睹的。目前，《商标法》正进入第三次修订之中。改革开放之初，制定和颁

① 徐武生主编：《知识产权法比较研究》，中国人民公安大学出版社 2004 年版，第 383 页。

布《商标法》，是社会经济发展需要，是恢复商标制度的需要，但鉴于恢复中断30年的商标制度，许多社会经济条件的欠缺，商标立法就必须顾及现实条件的许可度，否则，该法律因脱离实际而无法执行，因此，最初的商标法在立法技术上，在商标保护上，存在许多问题和不足。之后，于1993年、2001年两度修订，使商标法的制度设计和安排基本达到国际水平，与国际规则大致接轨。但在保护强度、具体制度、国际化方面仍有不足，有关部门于2007年8月30日提出修改稿征求意见，之后于2009年4月28日再次提出修改意见稿。[①] 重点解决如何完善商标法律法规体系，建立能适应我国经济又好又快发展需要的商标法律制度。诸如如何提高商标审查能力、缩短商标注册周期；健全完善商标管理体制和机制；加强商标行政执法和司法保护力度；商标走出去参与国际市场竞争的规则；农产品商标和地理标志的审核；商标自动化公共服务等问题。

美日的立法经验和历史说明，商标大国强国与法律的健全和完善密不可分；商标走向世界，成为名牌，必须得到法律的强力支持。世界发达国家的历史和经验告诉我们，中国要成为商标强国，要在国内外有效维护中国的商标，要在世界商标领域享有话语权和规则制定权，就必须健全和完善本国的商标法律制度，就必须使本国的商标法达到世界先进水平，这是别无选择的。

（三）扶持企业商标

企业是商标的主体，商标要靠企业自创、自育。一个企业没有商标，就缺乏竞争能力，没有市场准入资格；一个企业没有名牌产品，就是没有强大竞争力的优势企业；没有一批强势的企业群体，就无法形成国家整体的经济竞争力。我国加入WTO后，国内企业面对外商大举进入和国内同行业低水平竞争两方面的压力、挑战和严峻的市场竞争，更应该以商标品牌战略为突破口，增强企业商标注册意识，强化商标注册工作，坚持商标先注册后使用的策略，树立起品牌竞争力，这是未来增强企业核心竞争力、奠定可持续发展基础的必由之路。因此，培育企业的商标品牌战略意识，积极指导和支持企业实施商标战略刻不容缓，时不我待。

按照商标产生和有效的基本规则，商标应先注册后使用，只有商标先注册后使用，才有利于企业进行有效的广告宣传和商标专用权的保护。在企业实施商标战略过程中不断在商标的选择、设计、形象宣传、保护、争创驰名商标及商标国际化战略等方面，政府给予积极支持和扶持，使企业能够较快较好地创立自有品牌，争创驰名商标。企业拥有了驰名商标，不仅拥有了一笔巨大的无形资产，而且还拥有了在国内外市场竞争中取得优势地位的有力武器。

---

① 刘明江著：《商标权效力及其限制研究》，知识产权出版社2010年版，第2页。

（四）积极主动维权

强化商标保护意识，熟悉商标保护规则。意识是行动的先导，企业只有首先树立起商标保护意识，熟悉商标保护规则，才能主动地利用商标保护规则，积极打击商标侵权行为，充分维护自己的合法商标权益。

积极主动维权，为创立名牌商标保驾护航。企业取得商标专用权只是第一步，关键必须做好商标权的维护，商标维权主要是对商标公告的监测和市场调查。通过公告检测发现新的商标申请与自己注册商标近似应及时提出异议，阻止对方商标注册成功，保护自己商标专用权。另外，要进行市场调查，如发现市场上有生产经营者侵权，及时利用法律手段维权，确保企业良好的声誉不受损害。维护商标权不被侵害是一项长期复杂的任务。企业可以聘请商标顾问，利用专业机构协助企业打假维权。企业实施商标战略是一项长期、复杂的系统工程，既要有长远规划，又要做好各方面工作，才能保证企业顺利实施商标战略，提升企业核心竞争力。

在我国企业走向国际市场的过程中，在国外申请商标注册，最好的捷径是根据《商标注册马德里协定》，通过国家商标局向世界商标品牌组织提交国际注册申请，这样就可以避免逐国申请的麻烦，达到一次申请，在该公约的成员国中同时获得注册。少部分没有加入《商标注册马德里协定》的国家和地区，则采取个别注册的办法。国家应当健全这方面的制度，有利于企业的国外注册和国际保护。

（五）专业人才培养

专业人才是商标品牌战略实施的基本支撑，没有一个合格的专业人才队伍，很难有效实施商标品牌战略，更不能长效持久。目前，我国懂技术、懂法律、懂管理且熟悉国际规则的商标品牌复合型人才非常匮乏，这严重制约了企业实施商标品牌战略，其原因固然有我国商标事业恢复较晚，尚未形成一批专业人才队伍；更重要的是至今我国国民教育中，尚未有知识产权专业、知识产权管理专业的设置，没有专业人才的培育、供给，自然就难以形成相应的人才队伍。

国家缺失专业人才的培育与供给，企业就更缺乏懂技术、懂法律、懂管理且熟悉国际规则的商标品牌复合型人才，要求企业自己培养培训，成立专门的商标管理机构或专人管理商标的申请、使用、印制、宣传等事务，显然是勉为其难。因此，国家应重视知识产权专业人才的培育、供给，加大教育改革为经济服务的力度，为商标品牌战略的实施，提供坚强和持续的人才支持。

第二节　云南省实施商标品牌战略的路径选择

一、云南省选择实施商标品牌战略路径的客观性

云南省的省情客观上决定了云南省实施商标战略只能选择“厚基础、育品牌、内外开花”，“全面培育、重点打造、面向东南亚、由内向外实施商标战略”的路径。

（一）云南省的商标弱势还需长期坚持“厚基础、育品牌”的路径

商标战略有不同层次和不同领域，也有不同的级别：一级是注册商标；二级是地区（市、省）著名商标；三级是国家驰名商标。从商标战略所涉及的经济领域来看，有整体商标战略，即各行各业商标战略的总和；有产业或行业商标战略，有产品或项目商标战略。从商标战略涉及的范围来看，有世界商标战略，国家商标战略，地区（省市）商标战略，企业商标战略等。

云南商标品牌战略实施路径的选择，应当切合云南省的实际。云南省的实际就是云南省商标总体上处于全国排名的下游，弱势明显。

2008 年 8 月前，“云南省企业注册商标拥有量低，驰名商标数量少，商标品牌价值低，带动作用不强。特别是横向比较，与沿海发达地区相比，与西部商标工作先进的省、市相比，我们的差距非常明显。从企业拥有的注册商标数量来看，截至 2007 年年底，云南省平均每 100 户企业只有 18 件注册商标，而广东、浙江每 100 户企业分别拥有 42 件、48 件，同样属于西部地区的四川、重庆也分别达到了 37 件和 23 件。从拥有中国驰名商标的数量来看，全国共有中国驰名商标 1 400 件，云南省仅有 7 件，广东、浙江分别达到 138 件、112 件，贵州也达到了 15 件；内蒙古仅与农牧业产业化相关的驰名商标就有 18 件。云南省拥有中国驰名商标的数量甚至低于青海省。从商标的品牌价值来看，在中国品牌研究院 2008 年 1 月发布的《中国最有价值商标 500 强》排行榜中，云南省只有 4 件商标上榜”①。

至 2010 年 12 月底，云南省拥有有效注册商标 4. 1 万件，著名商标总数达到 957 件，中国驰名商标总数 20 件，地理标志证明商标总数达到 18 件。② 但在全国的地位和业绩，仍然处于商标事业的下游，距离东部沿海地区，差距仍然很大。

按照云南省目前的商标弱势状况，云南地区商标战略实施路径的选择只能是由企业商标战略、地区（省市）商标战略、国家商标战略向世界商标战略梯度发

① 《云南日报》，2008 年 7 月 3 日。

② 《云南工商十一五推进商标战略实施纪实》，载《云南政协报》2011 年 1 月 21 日。

展；由注册商标、知名商标、著名商标、到国家驰名商标逐级提升的路径，需要长期坚持“厚基础、育品牌”的路径，这才符合云南省的商标弱势的实际，也才适应云南基础薄弱、意识差、普及率低，短期难以见成效的实际。因此，“厚基础、育品牌”，就是要狠抓商标培育工作，着力在增量、提质、提效、增加注册商标数量、提升注册商标质量、提高商标工作效率上狠下工夫。

（二）云南省的优势适宜“全面培育、重点打造”的路径

云南省的优势企业中，烟草、有色金属、磷化工、光电子、装备制造、生物医药和新材料、高新技术和机电产品等企业，具有全国领先的行业优势；云南省花卉、蔬菜、野生菌等居于全国的优势农业，应当重点支持其发展，切实推动结构调整，逐步转变发展方式，可以重点打造和发展成为云南商标品牌的“排头兵”和“领头羊”，尽早实现商标品牌的战略目标，拉动一方经济发展，带动一批有实力的企业“走出去”。

培育发展商标，推进商标战略，对于充分发挥云南自然资源和民族文化优势，优化产业结构，提升经济竞争整体实力，促进边疆民族地区经济发展，具有十分重要的意义。近年来，云南省工商系统在国家工商总局和省委、省政府的领导下，按照科学发展观的要求，紧紧围绕云南省委、省政府推进商标战略工作，商标工作取得了显著成绩。截至2010年年底，商标注册申请数量快速增长，有效注册商标从1979年的421件快速增长到目前的近3万件，注册商标实现了量的飞越；著名商标982件；现有地理标志商标18件；共有驰名商标20件，注册商标实现了质的突破。在这基础上，尚需在云南省的优势企业、优势行业、优势农业中，加大培育力度，在数量上作更大的突破，以量的积累促进质的提升，由众多的著名商标中推选驰名商标，重点突破驰名商标。

云南省列出2008—2012年创建“中国驰名商标”的重点名单，从2008年起，用5年时间重点创建59件中国驰名商标。[①] 结合云南实际，围绕云南著名商标，重点培育生物制药、有色金属冶炼、烟草、化工等行业，以及特色农业、现代高科技产业、旅游、民族文化产业，有重点地培育和发展云南著名商标中的中国驰名商标，成为云南商标品牌战略实施的重点，完成云南商标战略部署，是实施商标品牌战略的有效路径。

（三）“桥头堡”战略有利于实现“面向东南亚、由内向外”走向世界的路径

“把云南建设成为我国面向西南开放的重要桥头堡”的战略定位，为我省进一步扩大对外开放、实施“走出去”战略、参与国际合作提供了一个千载难逢的重大战略机遇。

---

① 《都市时报》，2008年7月2日。

地处中国西南边陲的云南，北依广袤的亚欧大陆，南连中南半岛，是中国连接东南亚、南亚的重要门户，具有良好的区位优势和地缘优势。云南省具有与东南亚老挝、缅甸、越南三国接壤的区位优势，边境线长达 4 060 公里，是中国面向东南亚、南亚开放的前沿阵地，是集制造、贸易、会展、物流和人才资源开发的“桥头堡”。东南亚国家和地区与云南省具有边贸的传统和历史，边民对相互的文化和法律有一定的认同性，多年形成的人文渊源，成就了中国与东南亚各国源远流长的友好历史。

由于云南与东盟在经济、文化及地缘上的特殊关系，云南省立足“桥头堡”对外开放具有明显优势：

（1）区位条件优越。云南位于东亚与东南亚、南亚次大陆结合部，背靠大西南，与中西部的广大经济腹地相连，是泛珠区域走向东南亚、南亚最便捷的陆上通道；可以从陆上沟通中国、东南亚和南亚三大市场。独特的区位优势，奠定了云南在中国西部特别是大西南对外开放格局中的经济战略地位，成为大西南对外开放走向东南亚、南亚及印度洋沿岸的门户和通道。

（2）与邻国关系稳定。云南与东南亚、南亚国家在文化等方面具有诸多共同点和关联性，相互交往具有悠久的历史和传统。多年来，云南省按照国家的总体部署，积极发展与周边国家的睦邻友好关系，拓展对外交流渠道，同周边各国建立了密切的、相互信赖的合作关系。

（3）对外连通条件大为改善。近年来，云南省积极加强交通基础设施建设，加快推进以公路、铁路、航空、水路为主体的综合交通网络体系建设。目前，云南通向中西部的 7 条省际干线高等级公路、8 条干线铁路，以及经云南通往边境地区的 4 条干线公路和 4 条干线铁路均已列入国家中长期规划，正加紧建设或提升改造，全程 1 800 多公里的昆曼高速公路全面贯通，腾冲—缅甸密支那高等级公路已通车，全省通往国内城市和东南亚、南亚国家的航空网络基本形成，大大提升了云南与国内外市场间的通达能力。

便利的地缘优势和传统的人文渊源，突出了云南在沟通两个大洋、连接三大市场的独特区位优势，更加凸显云南在中国面向东南亚、南亚开放中的“桥头堡”地位。

改革开放以来，云南与东南亚各国的区域性经贸合作已经开展了 30 余年了，东南亚各国是云南的出口贸易主要国，云南 95% 以上的对外经济技术合作项目都在东南亚国家；云南省已经开通了东南亚各国的出入境旅游线路和数条边境旅游线路，并与老挝、缅甸、越南在边境旅游方面实行了便捷的出入境管理办法，云南现已成为我国与东南亚国家之间最便捷的旅游通道和重要的旅游目的地之一。

经过 30 年的探索和努力，云南省与东南亚国家所构建的双边与多边的国际区域合作模式呈现出勃勃生机，为云南省进一步扩大对外开放、实施“走出去”战略、参与国际合作、开发国际市场发挥了重要作用。由于云南与东南亚、南亚国家的经济互补性强，云南与东南亚、南亚国家在发展阶段、资源条件、产业结构、市场结构和消费水平等多方面，有着相当明显的互补性，加之中国—东盟合作机制的运行，为云南提供了更为广阔的面向东南亚、南亚国家发展的空间。

建设我国向西南开放重要的桥头堡，将进一步完善我国“深化沿海开放，加快内地开放，提升沿边开放，实现对内对外开放相互促进”的对外开放格局。党的十七届五中全会提出，“要促进区域协调发展、积极稳妥推进城镇化，实施区域发展总体战略，实施主体功能区战略，完善城市化布局和形态……构筑区域经济优势互补、主体功能定位清晰、国土空间高效利用、人与自然和谐相处的区域发展格局。”从2009年7月胡锦涛总书记提出“桥头堡”概念，到目前桥头堡规划已经递交审批，云南桥头堡的规划建设得到了各方面的高度重视。据悉，由云南省发改委牵头制定《支持云南省加快建设我国面向西南开放桥头堡的指导意见》（简称《意见》），已获国务院的原则同意，有望于近期出台。

尽管《意见》尚未出台，但国家层面对云南桥头堡的定位和总体目标已经划定，即成为我国面向西南开放的国际大通道、沿边开放开发的合作试验区和实施“走出去”战略的先行区、外向型特色优势产业基地、民族团结和边疆稳定的示范区，这将为云南省实施商标品牌战略，实施商标品牌“走出去”，争创世界名牌提供一个绝好的机遇。

（四）“内外开花”是实现世界品牌的捷径

中国融入世界经济体系已是不争的事实，世界经济体系离不开中国，表明中国在世界经济体系中的地位和作用非常重要。云南省商标品牌战略的实施，一定要把握住这样的有利条件，借助于“桥头堡”的便利捷足先登，面向西南，“商标先行”，拓展市场，精心培育，打造世界级品牌。

要打造世界级品牌，必须要树立战略性思维。首先要在国内争创品牌，在国内要从注重利润、提高品牌知名度到注重品牌资产的积累，要让品牌与消费者建立良好的关系，要引导消费者，让消费者对品牌产生感情。其次要注重利用广告宣传品牌，善于整合各种传播手段创建品牌。广告是打造品牌的基本传播手段。但随着广告媒体的多样化，广告本身具有的强制性宣传的特点等原因，单纯的广告效果已经大大下降。如今进入超越广告创建品牌的时代。除了利用广告以外，还可以利用赞助、建立网站、开旗舰店、搞主题活动、开展直销营销、传播品牌传奇故事等手段打造品牌。

要打造世界级品牌，必须更多地借助国际市场，例如面向西南“走出去”，要在国际市场立足、站稳脚跟，还必须善于运用国际规则，遵循国际商标制度，以国际法来维护自己权益。

面向西南“走出去”打造世界级品牌，要从注重本土化到注重本土化与国际化的融合。即从本土化思维、本土化运作提升到国际化思维，国际化运作。例如，可口可乐公司二战结束后在全球化战略中推行“国际化”，使其广泛地被全球消费者所接受。

总之，云南的商标品牌面向西南“走出去”，走向世界，就必须借助于西南之便道，从国内进行产品创新、技术创新，营销创新、管理创新以及经营理念的创新的国内知名，到西南国际市场的知名，由国内的知名商标品牌打造为西南国际著名商标品牌，真正实现“内外开花”，这是实施云南省商标品牌国际化战略的捷径。

二、云南省选择实施商标品牌战略路径的可行性

（一）“十一五”打下良好基础

改革开放以来，随着全党全国工作重点的转移，以经济建设为中心，云南省经济社会迅速发展，全省的商标注册工作随之也有了显著的进步。

从 1979 年恢复商标注册以来，截至 2005 年，我省商标申请数累计近 4 万件，核准注册约 2.5 万件。“十五”期间，我省的商标申请数每年都在 2 000 件以上，5 年累计近 2 万件，核准注册超过 1 万件，均占 1979 年以来累计商标申请数和核准数的一半；“十五”期间截至 2005 年年底，有效注册商标数约 2.1 万件，仅“十五”期间，我省的注册商标数量就超过了 1 万件，占了我省累计有效注册商标数的一半以上。比较而言，“十五”期间云南省商标事业相对滞缓，发展落后。

“十一五”中期到 2007 年年底，云南省有效注册商标数累计达 25 474 件。其中有中国驰名商标 6 件，云南省著名商标 523 件。“宣威火腿”、“普洱茶”、“文山三七”、“呈贡宝珠梨”、“罗平小黄姜”、“富源魔芋”、“富源大河乌猪”、“昭通天麻”、“蒙自石榴”等 9 个地理标志证明商标被核准注册。

2009 年是云南省全面推进商标战略实施的第二年，至 2010 年，商标战略获得显著成效。

2008—2009 年云南省新申请注册商标 1.9 万件，被核准注册 1.2 万件，累计有效注册商标总数达到近 3 万件。

2008 年新认定云南省著名商标 170 件；2009 年新认定云南省著名商标 171 件；云南省著名商标达到 773 件；2010 年 12 月新认定云南著名商标 209 件，云南省著名商标总数达到 957 件。

2009 年获准认定中国驰名商标 5 件，2010 年上半年又获准认定 5 件，云南红（昆明云南红酒业有限公司）、康王（云南滇虹药业集团股份有限公司）、久隆（云

南罗平锌电股份有限公司)、金沙江(云南云天化股份有限公司)、红梅[红塔烟草(集团)有限责任公司]等5个云南本土商标被国家工商总局新认定为中国驰名商标;2010年11月,昆明圣火药业(集团)有限公司的商标"理湓王 LIXU-WANG"、云南玉溪水松纸厂的"思源 Siyuan"、云南龙润药业有限公司的商标"龙润 LongRun"以及昆明黄龙山(饲料)工贸有限公司的"黄龙山"等商标被商标局在商标管理案件中认定为驰名商标,至此,云南省驰名商标总数已达20件。这是自云南省启动商标战略以来,从2009年至今获准认定的驰名商标总数超过了过去十年的总和,目前的20件中国驰名商标,涵盖了茶、农产品、烟草、医药等重点产业,云南省实施商标战略取得了前所未有的突破。这是2008年7月1日以来,云南省政府推进商标战略工作取得的又一新成果。

2010年新注册地理标志证明商标3件,总数达到18件。

"十一五"期间,云南省工商行政管理机关查处各类商标侵权假冒案件4 210件,案值4 532.06万元,罚没金额2 439.22万元,① 商标专用权保护工作取得显著成绩,净化了商标市场的正常环境,为保增长、保民生、保稳定作出了积极贡献。

截至目前,云南省有效注册商标总数达到4.1万件,拥有中国驰名商标20件、云南省著名商标957件、地理标志证明商标18件。特别是国家工商总局在两年内连续认定云南省中国驰名商标10件,这是云南省历史上商标发展最快的时期。标志着云南省企业运用商标战略提升信用水准和社会形象、增强核心竞争能力的意识明显增强。

"十一五"终期至2010年12月底,云南省拥有有效注册商标4.1万件,著名商标总数达到957件,中国驰名商标总数20件,地理标志证明商标总数达到18件。云南省"十一五"期间,顺利完成和超额完成"十一五"任务,实现和超额实现了预期的目标,推动云南省商标战略实施进入到快车道,商标事业迅速发展,也实实在在为"十二五"实施商标品牌战略打下良好基础。

(二)稳步提升著名商标质量

推进商标战略,培育高知名度的注册商标是重点,梯次培育是基本模式。云南省按照注册商标的知名程度,分别制订了州(市)知名商标、云南著名商标、中国驰名商标的梯次发展规划,初步建立了高知名度商标的梯队培育模式。

在我省商标战略"知名商标、著名商标、驰名商标"的三级梯次培育体系中,知名商标是基础,著名商标是延伸,驰名商标是最终目标。自2008年以来,云南省工商局就要求各地工商部门积极创造条件,适时开展当地知名商标的认定工作。所以,著名商标申报数量和地域来源也客观反映了各地知名商标培育的显著成果。

---

① 《云南工商十一五推进商标战略实施纪实》,载《云南政协报》2011年1月21日。

云南全省16个州市中，红河、曲靖、昆明、玉溪等州市已经先后开展了知名商标认定工作。在2009年的著名商标申报中，也是这4个州市的申报量最多，其中昆明49件，玉溪31件，曲靖27件，红河26件。其他州市申报量如下：大理17件，楚雄14件，德宏13件，保山13件，文山8件，昭通8件，丽江5件，西双版纳5件，普洱4件，迪庆4件，怒江2件，临沧1件。从数量上看，大部分州市申报量都有一定增长，且基本上能反映出当地的经济发展水平及与之相适应的商标状况。

2008年7月1日云南省政府在昆明召开云南省推进商标战略工作会议以后，各级地方政府和有关部门积极采取有效措施，认真贯彻落实会议精神。2009年年初云南省工商局党组把推进商标战略工作列为当年工商系统6项重点工作之一，其中云南省著名商标的认定受到各级地方政府和有关部门的重视和支持。

2009年是自2003年开始第一届云南省著名商标认定活动以来的第七个年头，也是云南省商标工作开创新局面的重要一年。在这样的背景和形势下，2009年的云南省著名商标认定活动得到了各级政府、有关部门的高度重视，各有关单位的大力支持和广大商标权利人的热情参与。按照《云南省人民政府关于进一步推进商标战略工作的实施意见》的总体目标要求，要在做好到期重新认定云南省著名商标工作的基础上，每年再认定新申请的云南省著名商标120件左右，实现2012年总量达到1 000件以上的目标。为此，云南省工商局严格遵照《云南省著名商标认定和保护办法》（以下简称《办法》）、《云南省著名商标认定工作程序（试行）》（以下简称《程序》）和《云南省著名商标认定具体条件（试行）》（以下简称《条件》）等文件所规定的认定原则、认定程序、认定条件，科学、合理、公平、公正、高效地做好云南省著名商标申报和审查工作。

在2009年云南著名商标的申报和审查工作中，凸显出如下特点：

（1）第三产业领域的服务商标数量有较大增长。

2009年的服务商标数量达到了25件、拟推荐16件，较之以往几届有了明显的增长。在行业类别上，除了传统的饭店、餐饮外，一些房地产开发公司、建筑装饰公司、旅行社等服务企业积极提出了认定申请。一方面说明我省第三产业在全省国民经济中所占的比重在不断增加，另一方面也说明了服务行业的商标意识在不断提高，对商标的认识和重视程度也在产生可喜的变化。

（2）涉农产品的商标申报数量和推荐数量呈现增长趋势。

2009年在第31类鲜水果、新鲜蔬菜及花卉等涉农产品上的申报数量较多，达到了18件。在农产品深加工行业的诸如“腌制蔬菜、谷类制品”等产品所涉及的第29类和30类申报数量也较多，分别为32件和52件。这反映出商标在推动各地农业产业化、带动一方经济发展方面的重要作用正在逐步显现。因此，在经过综合比对、分类筛选后，这三类商标的推荐数量也相应较多，分别为：第29类推荐了31件，30类推荐了35件，31类推荐了16件。

在2009年云南著名商标的申报和审查工作中需要重视的问题：

（1）云南省特有的民间工艺类商标亟待培育和扶持。

云南少数民族众多的特殊背景，决定了民间工艺品、民族特色产品是云南省经济社会文化发展中一个值得发掘、开拓和保护的领域。在以往几届的著名商标认定工作中，这类商标很少，一方面反映出这些行业面临的困难，另一方面也反映了商标意识还不够强。这种情况在2009年的申报中出现了可喜的变化。红河州金易文化产业发展有限公司的斑锡工艺品和丽江百岁坊的传统银制品等两件民间工艺品类商标出现在了著名商标的推荐名单上。特别是红河州金易文化产业发展有限公司的“斑锡”制作工艺，是个旧锡都锡文化的优秀代表。该公司创始人赖庆国于2006年12月被国家发改委授予“中国工艺美术大师”荣誉称号。在今后的工作中，还将进一步加大对这类商标的培育和扶持力度。

（2）云南省具有独特品质的茶叶产品商标亟待培育和扶持。

云南是一个茶叶大省，复杂而多样化的地理条件决定了云南省茶叶品种和品质的丰富和独特。2009年推荐的商标中“龙谷湖”和“白竹山”等2件茶叶商标就属于这种情况。这2件商标有几个共同的特点，一方面该产品品质较高，并具有明显的地域性特征，也就是说只有在当地独特的自然条件下种植出来的茶叶产品才具有独特的品质特征，同样的品种到其他地方种植其品质将会明显改变（这其实已具备了一定的地理标志的特征）。另受地域特征的限制，决定了这些茶叶产品的产量不可能太高。由于这2件商标都是当地州、县政府和有关部门重点扶持的对象，当地的各级政府和工商等部门专门就这2件商标的情况来人来函作了专题说明，要求给予支持和扶助。

同比，在2010年云南著名商标的申报和审查工作中呈现出质量明显提升的势头：

（1）2010年申报著名商标数量比2009年有较大增长。

2010年新申请著名商标262件，比2009年增加了35件，增长幅度为15%，其中经审查认为基本符合条件建议予以认定的208件，比2009年增加了37件，增幅为21%；初审淘汰率为21%，比2009年降低了4个百分点。由此可知，通过努力，2010年云南著名商标的申报和认定，同比不仅数量提高，质量也有所提升。

（2）申报商标的地域分布比2009年有较大改观。

全省16个地州在2010年著名商标申报中，昆明、玉溪、红河、曲靖等经济发达的州市申报量仍然位居前列，其他商标弱势的地州也有所增长。其中，昆明73件、玉溪28件、红河26件、曲靖23件。其他地州申报如下：保山17件、楚雄15件、大理12件、德宏12件、文山10件、迪庆8件、昭通7件、普洱5件，丽江、版纳、临沧、怒江各3件。总体上看，2010年的著名商标申报中，全省出现踊跃的势头，商标弱势的地州也有所增长，前景较为乐观。

（3）申报商标在类别上反映出基本经济特点。

2010年申报的262件商标中，涉及35个商品及服务类别，比2009年多了7个类别，基本上覆盖了云南省的各主要产业门类。其中，食品、副食品、饮料、酒等行业仍然占据申报的主要部分，申请量达103件，接近申报总量的二分之一。化工行业以及建材、制药行业商标申报数量也较多，分别为12件、20件、12件。涉农产品商标申报18件，服务商标25件。从申报的情况分析，商标申报能够较为客观第反映出云南省的经济发展程度、地域分布状况以及经济结构的特点。

（4）服务商标申报数量有较大增长。

2010年服务商标申报量为37件，比2009年的25件增长12件，较之前几届其增长尤其明显。在行业类别上，除了传统的餐饮、酒店外，一些房地产公司、建筑装饰公司、旅行社等服务企业都积极提出了著名商标的认定申请，其中超市、百货等公司也积极申报，共计申报7件。这说明服务行业的商标意识不断加强和提高，对商标的认识和重视有了质的变化。最为引人注目的是，2010年首次出现民营医院申报著名商标，成为2010年著名商标申报中的一个亮点。

（5）涉农产品商标申报数增长明显。

2010年在第31类鲜水果、新鲜蔬菜及花卉等涉农产品上商标申报数量较多，为18件。在农产品深加工行业的诸如“腌制蔬菜、谷类制品”等产品所涉及的第29类和30类的申报数量比往年有所上升，分别为34件和49件。这反映出“商标兴农”初见成效，推动了各地农业产业化，带动一方经济发展的重要作用正在逐步显现。

在云南著名商标向中国驰名商标的梯次培育发展规划中，尚有如下问题亟待重视：

（1）应坚持著名商标的认定标准。

为保证云南省著名商标的认定质量，认定云南省著名商标应按照《云南省著名商标认定和保护办法》确定标准，严格进行综合评判和筛选，重点在商标使用时间、产品或服务的产销量、销售额、利税额、市场覆盖范围、市场占有率、行业排名、广告投入情况、相关公众认知程度为依据。对近两年每年产品或服务销售额在500万元以下、利税额在100万元以下的商标；近两年连续亏损的商标；水泥企业年产量在30万吨以下的商标；产品质量不合格的商标等不予推荐。

（2）应给予重点产业和行业以扶持。

对国家鼓励、符合云南省情及产业特点的特定行业予以扶持和倾斜。如参照云南省关于重点扶持的重点产业、重点龙头企业的政策，对重点扶持的重点产业、重点龙头企业的商标和涉农产品商标给予扶持；对云南省特有的民间工艺、民间艺术类商标给予优先考虑和扶持；对“云南省百户企业知识产权试点示范企业”的商标给予重点扶持。

(3) 应建立著名商标级层，选拔推荐驰名商标。

根据著名商标品牌在市场上所表现出来的影响力和竞争力，知名度和相关公众认知度，遴选和甄别一批，分为基本具备条件、尚待完善、还需雕琢等不同等级，逐级扶持和帮助，按照“培育一批、扶持一批、推荐一批”的创建路径，形成梯次分批向驰名商标冲刺，为驰名商标的增长组织、梳理、扶持后备资源。

(三) 着力培育驰名商标品牌

2008 年 7 月 1 日以来，云南省政府推进商标战略工作取得了可喜成果。2010 年 4 月 21 日，云南省政府召开新闻发布会，通报云南省被国家工商总局新认定的云南红（昆明云南红酒业有限公司）、康王（云南滇虹药业集团股份有限公司）、久隆（云南罗平锌电股份有限公司）、金沙江（云南云天化股份有限公司）、红梅［红塔烟草（集团）有限责任公司］等 5 个云南本土商标被国家工商总局新认定为中国驰名商标，云南省驰名商标总数达到 16 件。

2010 年 11 月 6 日，昆明圣火药业（集团）有限公司的“理洫王 LIXUWANG 及图”、云南龙润茶叶有限公司“龙润 LongRun”等 4 枚商标被国家工商总局认定为驰名商标。至此，云南省驰名商标总数已达 20 件。

自 2008 年 7 月 1 日云南省启动商标战略以来，从 2009 年至今获准认定的驰名商标总数超过了过去十年的总和，目前已达 20 件，涵盖了茶、农产品、烟草、医药等重点产业。

云南省中国驰名商标两年内就增加了 10 件，进入了历史上最快的发展时期。标志着云南省企业实施商标品牌战略取得了历史性进步和非常成就，拉动云南地方社会经济的发展，推动云南省实施商标战略进入快车道，促进云南省商标事业迅速发展。

云南省实施商标战略，要把争创中国驰名商标作为实施商标战略的龙头，要坚持“培育一批、扶持一批、推荐一批”的创建思路，明确任务、梳理排队、建立梯队、加大力度：

(1) 以区域划分，明确任务。云南省 16 个地州、市要努力奋进，进一步加大实施商标战略的工作力度，在中国驰名商标的培育上取得新的突破，其中，昆明市要充分发挥省会中心城市的聚集作用，5 年内力争新增中国驰名商标 15 件以上；曲靖、玉溪、红河、楚雄、大理等 5 个州市，要积极发挥带动作用，5 年力争新增中国驰名商标 10 件以上；其他地州市要积极行动，5 年力争每个州市实现中国驰名商标零的突破。

（2）明确产业和行业创建重点和梯队。第一梯队，围绕拥有雄厚的资源优势和良好的产业基础，通过多年的发展积累了丰富的市场经验和很高的商标知名度的生物制药、茶叶生产和加工、有色金属及冶炼以及制造业、烟草行业进行创建。这些行业中的一部分企业的一批商标已经具备了中国驰名商标的条件，可以作为云南省申报和创建中国驰名商标的第一梯队；第二梯队，是围绕农产品和化工产品抓扶持，以农产品和化工产品企业为核心，充分发挥云南丰富的特色农产品和化工产品优势，着力扶持一批上规模、有竞争力的花卉、蔬菜、水果等农产品和磷化工、化肥等化工产品商标，作为争创中国驰名商标的第二梯队；第三梯队，主要围绕现代高科技产业和服务行业抓培育，要抓好光学仪器、物流自动化、旅游、餐饮、民族文化等具有云南地方特色的现代高科技产业和服务行业，培育一批具备驰名商标潜力的品牌，作为创建中国驰名商标的第三梯队。

（3）具体措施和步骤。在现有梯队的格局下，对第一梯队应当积极扶持和帮助企业尽快提出中国驰名商标的认定申请；对第二梯队要积极做好各项内涵提升和准备工作，待时机成熟及时申报中国驰名商标；对第三梯队，要积极引导企业按照中国驰名商标的条件和要求加以精心组织、精心培育。

三、云南省面向东南亚推出商标品牌的“内外开花”的必然性

（一）驰名商标品牌可以跨越国界和文化成为国际品牌

中国目前拥有170万个产品品牌，与美国不相上下。从2001年开始，在中国质检总局和中国名牌战略推进委员会的指导下，中国已经出现了925个中国名牌产品和众多的地方名牌产品。但在世界最有价值的100个品牌当中，中国还是空白，中国品牌在世界上可以让人提得起、记得住的寥寥无几。中国目前已成为世界第四大的制造大国，有100多种产品产量位居世界第一，是名副其实的制造大国，但没有世界级的品牌与之相匹配。我国生产的一些产品尚缺乏自主的核心技术专利与国际知名品牌，许多企业处在有“制造”无“创造”，有“产权”无“知识”的状态，[①] 这使得我们深切地感觉到，中国比任何国家更需要创建自己的世界品牌。

也许大家注意到这样一种现象，2005年7月13日，大家熟知的美国《财富》杂志每年评出的“世界500强”，中国已经有10多家企业名列其中。但是迄今为止，由世界最著名的品牌评估机构《商业周刊》与Interbrand公司联合发布的《全球最有价值100品牌》评估报告，中国还没有一家企业品牌列于其中。2004年1月，世界品牌实验室发布了《世界最具影响力的100个品牌》评估报告，海尔位

① 吴汉东：《从“中国制造”到“中国创造”》，载《检察日报》2011年3月10日。

居第95位，是唯一进入世界最具影响力的100品牌之中的中国本土品牌。

2005年9月1日，国家质量监督检验检疫总局授权中国名牌战略推进委员会评选的具有国际竞争力的中国名牌产品中，只有海尔和华为两家企业生产的三种产品被选为首批中国世界名牌产品。

中国太需要世界级名牌，实施商标战略就是要从根本上填补中国世界级商标品牌的空白，创建一批国际知名商标品牌。驰名商标品牌，具有很强的市场适应能力，能够超越国界和文化成为世界名牌。由此，需要我们转变认识，以一个战略眼光和国际视野争创更多知名的民族品牌甚至世界品牌，不断提升知名品牌的国际市场影响力。①

品牌创建并非一日之功。驰名商标品牌的创建更是要久经考验。因此，人们看到驰名商标品牌往往具有很强的处理品牌危机的能力和具有较长的品牌生命周期。例如，世界第一驰名商标品牌可口可乐，创建于1886年，如今已有近130年的历史。又如世界著名驰名商标品牌万宝路，创建于1924年，如今已有90多年的历史。从近年入选《财富》世界500强企业来看，它们的平均寿命都在40～50年。据波士顿咨询集团公司研究发现，在1929年领先的30个驰名商标品牌，到1998年依然有27个居于市场前列。我国不少老字号企业到今天依然是市场中的强势品牌。譬如国内著名的驰名商标品牌同仁堂，创建于1669年，如今已有近350年的历史。国内著名的驰名商标品牌全聚德，创建于1864年，如今已有150多年的历史。这些驰名商标品牌，之所以能够生存下来和发展起来，一个很重要的原因，就是它们能够做到与时俱进和与市俱进，具有很强的适应能力，能够超越国界和文化成为世界名牌。

驰名商标品牌往往可以轻松地跨越国界和文化，为国际市场所接受和认同，就因为驰名商标品牌本身就具有丰富的文化内涵，能够融入当地文化之中。俗话说得好：得人心者得天下。在商场上，可以说，得消费者的心得市场。这就意味着，市场就是消费者的心。而要打动消费者的心，关键在品牌。因为，产品是无情的，是冷冰冰的，只具有实用价值，而没有情感价值和心理价值。而品牌却不同，它可以满足消费者心理需求，它可以与消费者进行情感上的交流。既然市场是消费者的心，而品牌又能够满足消费者的心理需求，当然，打动消费者心的主要靠品牌。例如，可口可乐畅销世界的同时，把美国的文化传播世界。麦当劳、肯德基遍布世界各地，它们把美国的快餐文化传播到世界各地。文化是人类共同的精神财富，驰名商标品牌由于具有丰富的文化内涵，自然很容易融入当地文化中去，因而驰名商标品牌也就很容易被当地人们喜爱。

---

① 吴汉东：《从"中国制造"到"中国创造"》，载《检察日报》2011年3月10日。

云南省在实施商标品牌战略中，在大力发展驰名商标品牌的同时，应当遵循驰名商标品牌能够超越国界和文化成为世界名牌的规律，注重本土文化与国际融合、本土文化国际化，积极推进云南省驰名商标的国际化、世界化战略，打造国际知名品牌，这才是云南省商标战略的最高目标，也是中国商标战略的终极目标。

（二）通过国际市场形成世界品牌是品牌提升的捷径

中国需要世界级的品牌，中国必须走自主创新、自主创建自己的商标品牌之路。

目前中国很多企业走贴牌生产的发展方式，在全球产业链的最低端进行竞争，赚取微薄的加工费。例如，中国的领带产品占据世界市场 30% 的份额，而产值却不到世界的 10%，利润更不到世界的 5%。据时任中国商务部部长薄熙来讲，中国现在要用几亿件衬衫才能换来一架空中客车。这种生产发展方式，一方面造成了我国资源的大量消耗，另一方面又容易造成国际间贸易摩擦和反倾销诉讼。

而要改变这一被动局面，中国要从制造大国到制造强国，必须要创建自己的世界级品牌。从世界产业转移的规律和我国经济发展的态势来看，未来 20 年是中国企业打造世界级品牌的绝佳时机。

根据世界产业转移规律，第一次产业转移给美国造就了通用电气、惠尔浦等一批世界级品牌；第二次产业转移给欧洲造就了西门子、伊莱克斯等一批世界级品牌；第三次产业转移给日本、韩国造就了三洋、索尼、松下、三星等一批世界级品牌。现在，世界第四次产业转移正转向中国，这为中国企业造就世界级品牌提供了前所未有的机遇和挑战。

改革开放 30 多年来，中国的 GDP 增长了。一些研究报告指出，如果不出意外，到 2010 年中国经济总量将达到世界经济总量的 10%，超过德国，成为世界第三大经济大国，到 2020 年，中国经济总量有望超过日本，成为世界第二大经济大国。这将为中国企业造就世界级品牌提供雄厚的基础。

2005 年 4 月 28 日，中央电视台联合全国 100 强企业在北京共同发布了《中国品牌宣言》，呼吁中国企业在全球化背景下提高自主创新能力，锻造世界级品牌，以提高中国企业国际竞争力。《宣言》中提到：品牌是国际市场的通用语言，是民族产业的核心财富；品牌是中国经济成长的基石；品牌锻造是强化企业核心竞争力的必然途径。党的十六大报告中明确提出，中国要“形成一批有实力的跨国企业和著名品牌”。2005 年 10 月 11 日通过的《中共中央制定十一五规划的建议》再次提出，“十一五”时期经济社会发展的目标之一就是要形成一批拥有自主知识产权和知名品牌、国际竞争力较强的优势企业。① 这些都意味着中国企业打造世界级品牌的号角已经吹响。

世界商标品牌成长的经验证明，通过国际市场形成世界品牌是品牌提升的捷径。2009 年 7 月胡锦涛总书记视察云南时提出“桥头堡”概念，确定了“把云南建设成为我国面向西南开放的重要桥头堡”的国家战略，进一步完善了我国“深化沿海开放，加快内地开放，提升沿边开放，实现对内对外开放相互促进”的对外开放格局，为云南省进一步扩大对外开放、实施“走出去”战略、参与国际合作提供了一个千载难逢的重大战略机遇，也是云南省商标战略“走出去”，进入世界市场、参与国际竞争的绝佳时机。

东南亚国家和地区与云南省具有边贸的传统和历史，边民对相互的文化和法律有一定的认同性，多年来形成的人文渊源和深厚情谊，成就了中国与东南亚各国源远流长的友好历史。云南省具有与东南亚老挝、缅甸、越南三国国家接壤的区位优势，边境线长达 4 060 公里，是中国面向东南亚、南亚开放的前沿阵地，是集制造、贸易、会展、物流和人才资源开发的“桥头堡”。改革开放以来，云南与东南亚各国的区域性经贸合作已经开展了 30 余年了，东南亚各国是云南的出口贸易主要国，云南 95% 以上的对外经济技术合作项目都在东南亚国家；云南省已经开通了东南亚各国的出入境旅游线路和数条边境旅游线路，并与老挝、缅甸、越南在边境旅游方面实行了便捷的出入境管理办法，云南现已成为我国与东南亚国家之间最便捷的旅游通道和重要的旅游目的地之一。②

经过 30 多年的探索和努力，云南省与东南亚国家所构建的双边与多边的国际区域合作模式呈现出勃勃生机，为云南省进一步扩大对外开放、实施“走出去”战略、参与国际合作、开发国际市场铺垫好重要基石。由于云南与东南亚、南亚国家的经济互补性强，云南与东南亚、南亚国家在发展阶段、资源条件、产业结构、市场结构和消费水平等多方面有着相当明显的互补性，加之中国—东盟合作机制的运行，为云南提供了更为广阔的面向东南亚、南亚国家发展的空间。

由于云南与东南亚、南亚国家在经济、文化及地缘上的特殊关系，云南省立足“桥头堡”对外开放具有明显优势，云南省商标战略的实施应当“乘势而为”，将云南省的著名、驰名商标品牌推出去，让云南的优势产品走出去，通过走出去，由点向面辐射、由边缘向中心聚集、由局部向世界扩展，通过云南面向的西南国家和市场，逐步提升和打造世界级云南品牌，这是云南商标品牌世界化、国际化的捷径。

---

① 杨军著：《名牌战略与知识产权法律保障制度研究》，知识产权出版社 2010 年版，第 26 页。

② 陈铁水：《论区域性贸易安排法律化》，载《经济问题探索》2006 年第 6 期。

（三）面向西南“内外开花”

“桥头堡”战略为云南省内创商标品牌、外提升世界级品牌提供了前所未有的机遇，云南省应当坚持既定方针，做好内部的商标创建工作，积极打造驰名商标的国际化，实现商标战略的“内外开花”。

在内部，积极推进“知名商标、著名商标、驰名商标”的三级梯次培育的商标战略，按照知名商标是基础、著名商标是延伸、驰名商标是最终目标的梯度创建规律，围绕云南省区域和行业的知名商标，积极扶持创立云南省著名商标；在著名商标中，结合云南实际、发挥云南优势、突出地方特色，积极培育和扶持国家鼓励、符合云南省情及产业特点的特定行业的商标，培育和扶持云南省特有的民间工艺类商标和具有独特品质的茶叶产品商标；要从拥有雄厚的资源优势和良好的产业基础，通过多年的发展积累了丰富的市场经验和很高的商标知名度的生物制药、茶叶生产和加工、有色金属及冶炼以及制造业、烟草行业的商标中有重点有批次地创建驰名商标。总之，要在内部夯实基础、积累资源、提升质量、梯次发展、多创驰名商标，全面实现云南省商标战略的预期目标。

对外，必须通过国际市场形成世界品牌。“把云南建设成为我国面向西南开放的重要桥头堡”的战略，为云南省商标战略“走出去”，进入世界市场、创建国际品牌提供了一个千载难逢的重大发展机遇。云南企业，尤其是拥有中国驰名商标的企业，一定要把握机遇、掌握时机、与时俱进、“乘势而为”，将云南省的著名、驰名商标品牌推出去，让云南的优势产品走出去。通过云南著名、驰名商标的“走出去”，由站稳脚跟到生根开花、由点向面辐射、由边缘向中心聚集、由局部向世界扩展，走出云南商标品牌国际化、世界化的路子，力创国际知名的云南品牌。通过云南面向的西南国家和市场，逐步提升和打造世界级云南品牌，实现云南商标品牌世界化、国际化的“内外开花”。

总之，实施云南省商标品牌国际化战略，首先要从国内进行产品创新、技术创新，营销创新、管理创新以及经营理念的创新，自强自立，先把国内的事办好，在国内争创著名、驰名商标；借道于西南之国际便道“走出去”，将云南的商标品牌面向西南世界推出去，走向世界，打造为商标的国际化，创建国际商标品牌，真正实现“内外开花”。

第三节　云南省实施商标战略的路径

一、厚基础

（一）夯实基础，扩大数量

发挥企业主体作用，加强自主品牌建设。首先是增强企业商标意识，提高产品质量、管理能力和营销水平，引导企业做好商标注册、使用、宣传和保护，精心呵护商标，积极打造知名商标，努力提升商标的知名度。鼓励企业依靠科技进步和加强质量管理，争创名牌，走名牌兴企的道路。利用知识产权制度鼓励企业加大技术研发投入，增强自主创新能力，鼓励企业积极开发具有自主创新的新技术、新产品，积极培育自主品牌，增强商标的持续发展能力。

激发企业加强内部商标管理的制度。企业要建立自己的商标管理机构，制定和完善商标管理制度，努力做好品牌战略目标的制定和实施、商标设计和注册、商标的使用和管理、商标自我保护和法律保护、聘请商标法律顾问或商标代理人等。只有这样，才能使商标品牌战略实施落到实处，才能为培育和创立驰名商标打下坚实的基础。

鼓励企业根据知识产权制度提高商标的保护策略。法律是保护商标的最好武器，我国《商标法》是商标保护的依据。我国《商标法》对企业合法注册的商标依法进行保护，所以企业必须首先做好商标的注册和续展注册工作。我国《商标法》采用“注册在先”的原则，只要他人没有注册，任何人都有权以同一商标注册。如果企业的商标先使用而后注册，则容易被他人抢注。我国《商标法》还规定：“注册商标有效期为十年，自核准之日起计算；注册商标有效期满，需要继续使用的，应当在期满前六个月内申请续展注册；在此期间未提出申请的，可以给予六个月的宽限期。宽限期满仍未提出申请的，注销其注册商标。”这就要求我们必须及时申请商标续展注册，而实际上每年我国都有很多商标到期，但办理续展注册的只是少数企业，大部分商标都因所有权人没有意识到老商标的重要性而放弃了商标权。据《中国青年报》报道，上海市工商局商标监督管理处在2003年的商标验证工作中发现，上海市尚有1 055件商标由于到期后没有及时续展，随时有可能被其他企业或个人抢注。

引导企业提高依法保护技巧。国际上一般采用联合商标和防御商标的使用来提高保护商标的效能。联合商标指同一商标所有人在相同或类似商品上注册的几个相同或者近似的商标，有的是文字近似，有的是图形近似。这种相互近似的商标注册后，不一定都使用，其目的是为了防止他人仿冒或注册，从而更有效地保护自己的商标。防御商标则指驰名商标所有者，为了防止他人在不同类别的商品上使用其商标，而在非类似商品上将其商标分别注册，该种商标称之为防御商标。我国现行的《商标法》对此种商标尚无明确规定，按照国际惯例，此种商标一般难以注册，但一经注册，则不因其闲置不用而被国家商标主管机关撤销。当前我国一些大企业都采用这两种方式进行商标保护。

（二）提高设计技能，加强商标功能

引导企业提高商标设计技巧和质量。实施商标战略要从商标设计开始。商标设计不仅仅是艺术形式的构想与再现，搞商标设计，既要熟练地掌握美术技能、技巧，又要了解商标法律知识、考虑到能否获得注册。商标设计还是企业文化、精神风貌和经济技术水平的反映。商标设计应给人以强烈的标志感、艺术感和象征感。具体要注意以下要素：名称的选择；商标图形的艺术特征；商标的形象感觉；商标的色彩感觉；商标图案的艺术构想；商标形象的艺术处理；商标的要求和表现形式；商标图案的形式规律；几何形商标的变化；文字商标的构成；创造形象和改造形象等要素。

各个要素在商标中有不同作用，在设计时，要综合考量，根据企业及产品的情况，有所突出或侧重某些要素，使商标更具显著性和特色；同时，要根据自身特点合理运用商标要素，要根据自身生产、经验、服务的特点和要求，按照商标的设计规律，不断拓展商标设计和注册的领域和空间。

（三）梯次培育，逐步过渡

推进商标战略，培育高知名度的注册商标是重点。按照州（市）知名商标、云南著名商标、中国驰名商标的梯次发展规划，稳步推行梯队培育模式的争创活动，要以优势产业、优势产品、优势地区为重点，综合运用经济、法律、行政等手段，集中力量培育、扶持、壮大一批知名商标、著名商标、驰名商标的梯次发展结构以及结构优化的商标发展格局，全面提高云南省商标的综合实力。

知名商标的培育和认定，是云南省商标战略的基本环节之一，各地州市应当高度重视，只有知名商标的培育和认定扎实和充分，才能源源不断地涌现和产生著名商标，著名商标的数量和质量才有保障。

培育云南著名商标，要结合云南实际，发挥云南优势、突出地方特色，特别要围绕云南省五大支柱产业来培育云南著名商标，着力在生物制药、有色金属冶炼、烟草、化工等行业以及特色农业、现代高科技产业、旅游、民族文化产业做好培育工作。

要不断完善著名商标认定工作和提升认定质量。在加强对企业申报资料审查的基础上，开展实地调查和市场调研，走访行业主管部门和相关行业协会，多方征求意见，确保认定的著名商标具有相应的公众知晓度和市场信誉度，特别是严

密注意质量安全隐患问题，以免给著名商标认定工作带来负面影响。各州（市）工商局在当地政府的领导下，开展知名商标认定保护工作，为培育著名商标、争创驰名商标奠定了良好的基础。

积极帮扶企业争创驰名商标。按照“培育一批、扶持一批、推荐一批”的原则，重点对云南经济发展中优势产业的龙头企业的注册商标，认真进行梳理排队，充分征求和尊重企业意见，制订推荐、扶持、培育三个层次的工作计划。首先做好推荐的工作，围绕拥有雄厚的资源优势和良好的产业基础，通过多年的发展积累了丰富的市场经验和很高的商标知名度的生物制药、茶叶生产和加工、有色金属及冶炼以及制造业、烟草行业的商标进行推荐。其次，对列入首批推荐计划的，要指导企业提高经营管理水平和产品质量，帮助建立健全企业商标管理制度和发展规划，帮助企业完善商标使用证据、经济指标证据、产品质量证据、用户情况反馈和宣传资料的收集整理，指导企业做好争创驰名商标的基础性工作。首批推荐的经验以及成效，对第二批、第三批有着直接的导向和引领作用，因此，做好首批推荐工作，形成经验和套路，其意义十分重大。

加强对地理标志证明商标申请注册和使用的指导。从云南实际出发，各级工商部门摸清各地农业产业发展规划和地理标志资源状况，积极向当地党委政府请示汇报，引导申请注册地理标志证明商标，指导做好已注册地理标志证明商标的使用管理，充分发挥其应有的作用。

二、育品牌

（一）企业主创

企业是商标的主体，也是商标利益的享有者，企业应当具备实施商标战略的原动力。云南省的各类企业特别是企业的负责人，要具有强烈的商标意识，要了解商标对增强企业软实力的作用，商标对提高企业竞争力的影响，要重视创建品牌的工作。云南省的各大型企业集团要按照云南省委、省政府的要求，切实在商标战略的实施中，不仅要做好自身的商标工作，更要在云南省商标战略的推进和实施中充分发挥先锋作用、示范带头作用、引领和拉动作用，作出大企业集团应有的贡献。

企业要建立自己的商标管理机构，制定和完善商标管理制度，努力做好品牌战略目标的制定和实施、商标设计和注册、商标的使用和管理、商标自我保护和法律保护、聘请商标法律顾问或商标代理人等。只有这样，才能使商标工作落到实处，为培育和创立驰名商标打下坚实基础。

企业必须首先做好商标的注册和续展注册工作。如果企业的商标先使用而后注册，则容易被他人抢注。注册商标有效期满，需要继续使用的，应当在期满前六个月内申请续展注册；企业必须及时申请商标续展注册，以确保注册商标的有效性和权利的合法性。

（二）遵循规律

对于品牌而言，品牌的成长也应遵循一种规律。从最初的弱小到成长期，最后进入成熟阶段。同时，品牌的成长规律也可以表现为从地区性品牌发展到大区域性品牌，再到行业品牌，接着发展为国内品牌，最后成长为国际品牌的成长规律。企业只有很好地遵循规律，才能让品牌更好地成长，只有遵循成长规律，才能实现品牌战略。

（1）传媒宣传加速品牌成长。现代传媒技术的发展为品牌迅速成长提供了可能性，这种可能性让企业用尽一切方法宣传、传播自己，通过媒体，世界上大部分人都可以认识企业的产品、品牌。

（2）竞争促进了品牌的成长。只有在竞争中几经搏斗，仍屹立不倒的品牌才是优秀的，才是能被消费者认可的品牌。优秀品牌只有在竞争中不断成长，直至最后成熟。

（3）不断创新促进品牌成长。竞争不仅仅是在竞争对手之间，竞争也在自己与自己之间。一个产品无论多么完善，都会随着时间的推移而逐渐在市场上被取代。因此唯有不断地创新才能不被市场淘汰。创新是一个企业、一个品牌的灵魂，企业只有创新，才能真正实现飞跃，企业、品牌才具有永久的生命力。

（4）品牌要从区域性品牌，而最终成为全国性品牌，终极目标却应是国际性品牌。

对于大多数企业来说，品牌战略的最初阶段一般均采用区域性的战略，采取一种在地域上从本地不断扩展到别地区的扩张性发展策略；随着广告，营销范围的扩大，全国销售网和售后服务中心的建立，产品的覆盖率越大，知名度越来越高，最终成为全国性品牌；品牌的终极目标当然是国际性品牌。要走向国际，走向更广阔的市场，企业就必须以打造国际性知名品牌为终极目标。品牌战略的最终目标应该是国际性品牌，品牌成长的终点也应该是国际性品牌。

一个品牌的成长壮大遵循着“发展是螺旋式上升”的规律。但是，品牌的成长并不一定依照上述顺序，也有例外。品牌的成长规律是可以跳跃的，可以是超越的，可以一步到位的。在现代信息传媒时代，如果一家企业领导人具有真知灼见。思维开阔，目光高远，企业又资金和技术力量比较雄厚，它可以一开始就采取全国性品牌战略甚至国际性品牌战略，可以“一夜成名”，这样的例子屡见不鲜。

（三）突出重点实施商标品牌战略要明确重点培育方向

云南省重点培育的商标是：拥有自主知识产权核心技术的高新技术产品的商

标；提升国家技术实力的先进制造业产品的商标；对促进农村发展、增加农民收入有较大影响的产品的商标；资源节约型产品和环境保护型产品的商标；以自主品牌出口量大的产品的商标；满足人民群众生活需要的消费品的商标；凝聚中国文化特色的优势产品的商标；符合现代服务业发展方向的服务业优势品牌的商标；国家鼓励、符合云南省情及产业特点的特定行业的商标。

具体而言，重点就是指结合云南实际，发挥云南优势、突出地方特色的产业行业的商标，给予特别扶持和培育。如：云南省生物制药、茶叶生产和加工、有色金属及冶炼以及制造业、烟草行业，特色农业、现代高科技产业、旅游、民族文化产业，重点扶持的重点产业、重点龙头企业的商标和涉农产品商标，云南省特有的民间工艺、民间艺术类商标，“云南省百户企业知识产权试点示范企业”的商标，上规模、有竞争力的花卉、蔬菜、水果等农产品和磷化工、化肥等化工产品商标，光学仪器、物流自动化、餐饮、民族文化等具有云南地方特色的现代高科技产业和服务行业的商标。

突出重点还包括突出重点区域。云南省16个地州、市中，昆明市要充分发挥省会中心城市的聚集作用，要真正发挥引领和拉动的示范带头作用；曲靖、玉溪、红河、楚雄、大理等5个州市，要积极发挥带动作用；其他地州市要积极行动，每个州市实现中国驰名商标零的突破，体现出商标战略的推进和实施中应有的责任感和历史使命。突出重点也应分为梯次，各梯次又有自身的重点，各重点中也有不同的梯次。例如知名商标中有知名度高低之别，著名商标中有著名程度不同之分，推荐驰名商标也划分为不同梯队，在突出重点中，应把握整体的平衡，在平衡中要注意突出重点，在重点中要安排先后，要做到排兵布阵、运筹帷幄，先后有序、出奇制胜。

三、双轨并举，力创驰名商标

（一）单轨认定时期

1985年我国加入《巴黎公约》之后，开始承担该公约所规定的义务。1987年8月，国家工商行政管理局商标局在商标异议案中，认定美国必胜客国际有限公司的“PIZZAHUT”的商标及屋顶图形商标为驰名商标，并对澳大利亚鸿图公司在相同商品上抢注的相同商标不予注册。这是中国加入《巴黎公约》后认定的第一件驰名商标。1989年，北京市药材公司发现其“同仁堂”商标在日本被抢注。该公司遂以“同仁堂”系驰名商标为由，请求日本特许厅撤销该不当注册的商标，日本要求提交“同仁堂”系我国驰名商标的证明文件。为了保护我国商标在他国的合法权益，商标局在作了广泛的社会调查之后，于1989年11月18日正式认定

"同仁堂"商标为我国驰名商标。[①]"PIZZAHUT"和"同仁堂"两例驰名商标的认定开创了我国驰名商标认定的先河。此后，我国在实践中对巴黎公约成员国的驰名商标如"JEEP"、"FREON"、"山特"等商标进行了认定和保护。[②] 截至1996年，全国共认定了不足20件驰名商标。1996年8月14日，国家工商总局颁布《驰名商标认定和管理暂行规定》，该规定确立了驰名商标认定"主动认定为主，被动保护为辅"的原则，并规定国家工商总局商标局是唯一有权认定驰名商标的机关。此后，我国开始对驰名商标进行批量认定，驰名商标认定的数量也逐级增加，例如1999年一年认定的驰名商标就有100件左右，相当于1987年到1996年9年认定驰名商标的5倍。

（二）驰名商标行政认定和司法认定双轨制阶段

2001年7月17日，最高人民法院公布《关于审理涉及计算机网络域名民事纠纷案件适用法律若干问题的解释》，赋予人民法院依法认定驰名商标的权力。2001年11月，北京市高级法院认定美国杜邦公司的"DUPONT"商标为驰名商标，成为中国司法认定的第一案。[③] 其后，2002年10月12日，最高人民法院公布《关于审理商标民事纠纷案件适用法律若干问题的解释》，对司法认定驰名商标作出了更加明确具体的规定，初步确立了法院对驰名商标进行司法保护的审判机制。自2001年7月至2005年10月，人民法院共依法认定了71件驰名商标，其中涉及权利人为外国人的驰名商标有6例。2003年国家工商行政管理总局颁布《驰名商标认定和保护规定》，同时废止《驰名商标认定和保护暂行规定》。新规定改变以前批量认定驰名商标的做法，采用了"被动认定"、"个案认定"的原则，突出了对驰名商标的保护，淡化了对驰名商标的管理。2004年，国家工商总局商标局和商标评审委员会共认定了153件驰名商标，其中包括外国企业的商标28件。至此，我国现在已经形成了驰名商标行政认定和司法认定并存的格局。从有关法律、法规的规定看，驰名商标的行政认定和司法认定都遵循"被动保护、个案认定"的原则，认定驰名商标应当考虑的因素以及证明商标驰名所要求提供的证据材料也是一致的，但行政认定和司法认定有明显的不同：①行使驰名商标认定权的主体不同。行政认定权由国家商标局和国家商标评审委员会统一行使，涉及驰名商标司法认定的案件由中级以上人民法院管辖。②认定的效力不同。针对同一个案，司法认定的效力高于行政认定的效力，即当事人对驰名商标行政认定的结果不服的，可以提起行政诉讼，法院对涉及驰名商标认定的具体行政行为的合法性进行

① 王瑜：《驰名商标概要》，http：//www. law－lib. com，载2006年3月26日。

② 吴汉东、刘剑文等著：《知识产权法学》（第二版），北京大学出版社2002年版，第297页。

③ 张朝栋主编：《中国驰名商标攻略》，中国经济出版社2010年版，第3页。

审查，而且可依法撤销该具体的行政行为。③适用范围不同。国家商标局既可对被申请的注册商标也可对被申请的未注册商标是否驰名进行认定，但法院的认定只限于注册商标。

（三）司法认定的范围

根据最高人民法院有关驰名商标认定的两个司法解释，目前仅有以下三类知识产权民事或行政案件中存在认定驰名商标的情形。

（1）复制、模仿、翻译或者音译驰名商标或其主要部分作为计算机域名使用的侵权案件。随着互联网技术的发展，域名注册也成了冲击驰名商标的一个重要问题。我国一些知名企业的字号、驰名商标等陆续被他人注册为域名，如长虹、同仁堂、全聚德、红塔山等。特别是近年来，随着我国驰名商标的不断增多，围绕驰名商标恶意抢注域名的不正当行为不断出现。瑞士的劳力士钟表有限公司诉北京国网信息有限责任公司计算机网络域名纠纷案是此类案件的典型代表。审理该案的北京市第二中级人民法院认为：瑞士的劳力士公司“Rolex”商标和以该商标所代表的产品品质在中国和世界各国享有较高的知名度，可认定该商标为驰名商标。国网公司无正当理由将与劳力士公司注册商标及企业字号相同的“Rolex”注册为自己的域名且并不实际使用，构成了不正当竞争。

（2）复制、模仿、翻译他人注册的驰名商标或其主要部分在不相同或不类似商品上作为商标使用的侵权案件。北京国美电器有限公司与涂汉桥商标侵权纠纷案就是此类案件的典型代表。涂汉桥于2003年12月成立武汉市江汉区国之美百货店。同月，涂汉桥在《武汉晚报》上以江汉区国美百货的名义刊登招聘启事，并在其经营场所悬挂“国美百货”的标识。湖北省武汉市中级法院经审理认为，北京国美电器有限公司的“国美电器”符合认定为驰名商标的条件。涂汉桥的上述行为，是在不相类似的服务上摹仿驰名商标“国美电器”，误导公众，构成商标侵权。由于驰名商标经过长期使用，具有良好的信誉，为相关公众广为知晓，已成为商标所有人的重要无形资产，因此法律对驰名商标给予了跨类别的特殊保护。

（3）复制、模仿、翻译他人未在中国注册的驰名商标或其主要部分在不相同或不类似商品上作为商标使用的侵权案件。蒙牛集团诉董建军、白雪公司商标侵权及不正当竞争纠纷案是此类案件的典型代表。原告蒙牛乳业公司从2000年起在其生产的乳饮料上突出、广泛地使用“酸酸乳”商标，且已持续使用近六年时间。虽然该商标中带有“酸”和“乳”等表明产品特征和主要原料的词，但经原告对该商标的持续使用和对其宣传、推广费用投入的逐年增加，该商标已在实际使用中获得了较强的显著性。产品在相关消费者中广为知晓，而且该产品的销售收入也逐年显著上升，销售网络遍及全国范围，使原告“酸酸乳”乳饮料产品以其酸甜口味和优良品质成为被相关公众广为知晓的知名商品。原告的“酸酸乳”商标，事实上已经达到了为相关公众广为知晓的程度，并享有了较高的声誉。虽然其商标注册申请尚未被国家工商行政管理总局商标局核准，但已符合《中华人民共和国商标法》第十四条规定的驰名商标的认定条件，应当被认定为驰名商标。这一类型的案件为未注册的驰名商标提供了有效的法律保护。①

之所以将驰名商标的认定限定于上述三类案件，主要是驰名商标保护范围所决定的。与普通商标相比，驰名商标在公众心目中可能主要代表了比较崇高的荣誉，但从法律角度讲，两者的主要区别在于禁止他人使用的范围存在不同，驰名商标的范围要大于普通的注册商标。普通的注册商标只能禁止他人在相同或类似的商品、服务上使用与之相同或近似的商标，而注册的驰名商标可以跨商品或服务的类别进行保护，即使是未注册的驰名商标也可以禁止他人在相同或近似的商品或服务类别上进行使用。驰名商标所有人还可以禁止他人将该商标复制、模仿、翻译或音译作为域名或域名的主要部分使用。

（四）司法认定是获取驰名商标的捷径

驰名商标属于商标中的稀缺资源，对绝大多数商标而言，被认定为驰名商标是可望而不可即的事情。一些商标所有人认为，通过行政程序认定驰名商标需耗费较长时间，由地方工商局层层上报到国家工商总局，至少一至两年才能申请下来。相比之下，司法认定就比较简单，法律规定的审理期限是六个月，一场官司下来，一般需半年到一年就有结果。所以，相比之下企业更热衷于“司法认驰”。从而认为，人民法院通过司法途径认定驰名商标，较行政认定驰名商标“来得既快捷又省事”。于是，一些商标所有人把驰名商标司法认定当做获得驰名商标的捷径。当前，由于驰名商标司法认定成本低、门槛低，通过司法途径认定驰名商标已经成为很多企业趋之若鹜的选择。

2006 年 11 月，最高法院下发了《最高人民法院关于建立驰名商标司法认定备案制度的通知》，建立此项制度的意义和目的就是加强对驰名商标司法认定的宏观指导和具体案件的监督，是加强驰名商标司法保护的重要内容。驰名商标司法认定备案制度的建立，是最高人民法院加强监督指导的举措之一，目的是为了及时掌握和研究驰名商标司法认定的情况和问题。驰名商标司法认定的备案，不是驰名商标的集中认定或者审批制度。自通知下发以后，已有 31 个高级法院将已经生效的涉及驰名商标认定案件的一、二审法律文书连同认定驰名商标案件的情况报送最高人民法院备案。最高法院正在对报送的情况进行统计分析和研究。

2007 年 1 月 11 日，最高人民法院还以法发〔2007〕1 号文件，下发了《最高

① 雷光程：《驰名商标概念分析》，载《中国知识产权报》（商标专刊）2006 年 2 月 24 日。

人民法院关于全面加强知识产权审判工作为建设创新型国家提供司法保障的意见》，强调进一步完善驰名商标备案制度。要求各级法院依法慎重认定驰名商标，凡是超出认定范围或者不符合认定条件的案件、原告的侵权指控不能成立的案件，不得认定驰名商标。最高人民法院还要求各高级法院要切实负起责任，加强指导和监督，严格依法纠正不适当做法，避免工作偏差。对于刻意制造纠纷以获得驰名商标认定，能够查实的，应当按照民事诉讼法第102条规定的妨害民事诉讼行为处理，并依法撤销原判和对驰名商标的认定。

（五）双轨并行，力创驰名商标

随着市场经济的发展，驰名商标战略将更加广泛而深入地渗透到经济生活的各个领域，也同样将为企业发展、提高其国际竞争能力注入无限的生机。云南省商标战略的目标就是要创建更多的驰名商标，并将驰名商标打造为国际知名品牌。由此，驰名商标的产生及数量，就成为评价和衡量云南商标战略成败的标准之一。在我国驰名商标有两种途径可以认定，包括行政程序和司法程序，我们就要充分利用多种途径争创云南省的中国驰名商标。在商标局行政认定程序中，可以在商标异议案件、商标争议案件和商标管理案件中予以认定驰名商标。在按程序报送推荐驰名商标认定申请的同时，还可以利用商标异议案件或者商标争议案件审理的机会，运用多种行政程序予以认定驰名商标，扩大驰名商标认定的数量。另外，还可以利用法院的司法程序认定驰名商标，将驰名商标的创建由单一的行政程序扩展为司法程序两者并用，多途径、多方式认定和创建。

四、立足桥头堡，商标品牌“走出去”

（一）“桥头堡”战略意义

2009年7月胡锦涛总书记视察云南时提出，要把云南建设成为中国面向西南开放的重要“桥头堡”。2009年12月19~20日，中共云南省委八届八次全体会议在昆明召开。全委会强调，做好2010年工作，要深入贯彻落实科学发展观，认真贯彻落实胡锦涛总书记（2009年7月）考察云南时的重要讲话精神，紧紧围绕建设绿色经济强省、民族文化强省和中国面向西南开放的桥头堡，（简称“两强一堡”）增投资、扩消费，转方式、调结构，重民生、建和谐。全委会确定，“把云南建设成为我国面向西南开放的重要桥头堡”，成为明年全省要做好的重点工作之一。

“桥头堡”建设是中央继续扩大对外开放、进一步提升沿边对外开放水平、进而用好本世纪头20年战略机遇期的重大战略举措，是对云南省在国家区域发展和对外开放战略中的新定位。“桥头堡”建设为全面提升我省对外开放水平提供了难得的历史性发展机遇。云南背靠大西南，面向东南亚、南亚，建设桥头堡关键就是要提升云南在国家沿边开放战略中的地位和作用。桥头堡的战略定位，对云南的发展来说是一个千载难逢的重大战略机遇，必将指引云南进一步从我国对外开放的末梢变为对外开放的前沿。

进一步发展与东南亚、南亚国家的友好交往，务实推进多双边国际区域合作是下一步工作重点。以桥头堡建设和中国—东盟自由贸易区建成为契机，充分发挥云南省连接中国西部与东南亚、南亚的桥梁和纽带作用，积极推动 GMS 经济合作向纵深发展。做好 GMS 机制内涉及云南省的政策协调、规划衔接和项目申报工作，争取会晒湄公河大桥尽快动工，争取亚行贷款修建龙陵瑞丽高速公路。积极参与以湄公学院为主要合作项目的大湄公河次区域人力资源开发工作。落实大湄公河次区域便利跨境客货运输协定，推动转口贸易，加快经济走廊建设，促进区域经济一体化，努力使大湄公河次区域成为中国—东盟自由贸易区最富活力的多元化经济增长区。

近年来，云南省面向东南亚和南亚地区开放不断扩大。2010 年云南成功举办了第二届南亚国家商品展、大湄公河次区域经济合作走廊活动周、南亚商务论坛等重大经贸活动。口岸基础设施建设加快推进，通关便利化水平和口岸综合服务能力不断提高，昆明通达缅甸、老挝和越南国际公路的云南境内段已全部建成高等级公路；起于新加坡、止于云南昆明的泛亚铁路东、西线云南境内段正在加紧建设。

云南作为我国与东南亚、南亚地区陆上距离最短、历史联系悠久、友好往来较密切的省份，在“桥头堡”建设中的枢纽地位突出。我省应抓住机遇，在国家政策支持帮助下，充分发挥优势，以更加开阔的视野、更加开放的方式更加有效的合作、更加优质的服务措施强化“桥头堡”建设。既要加快推进基础设施工程，与周边及邻国共建互联互通网络，共谋互利共赢之策，又要内引外联，提供便利，增强杠杆效应，促进更加广泛的合作交流，使“桥头堡”建设不仅成为撬动云南整体发展的杠杆，也成为撬动我国西南地区与东南亚、南亚三大板块互动共融的杠杆，成为新的区域性经济发展不可或缺的门户、桥梁与纽带。

“桥头堡”建设必将加速云南省国际化进程。要适应新形势、新任务的发展变化，就必须强化人才战略，加快人才培养。要通过各种途径，培养、聚集一批具备参与国际合作能力、精通外语并通晓东南亚、南亚国家的历史、文化、民情风俗、法律法规，能够灵活运用国际规则、国际法和国际交往礼仪的创新型和开放型人才，为云南省与东南亚、南亚国家进一步开展合作提供强大的智力支持，加快形成更具活力、更加开放、更符合国际惯例的体制环境。

外事部门作为云南省国际合作的重要参与者和推动者，更应自觉增强责任感和紧迫感，开拓进取，扎实工作，积极为“桥头堡”建设作出应有的贡献。

（二）“桥头堡”战略下的“走出去”

经过近30年的探索和努力，我省与周边国家所构建的双边与多边并举的国际区域合作模式呈现出勃勃生机，为我省进一步扩大对外开放、实施“走出去”战略、参与国际合作发挥了重要作用。我们应利用中国—东盟自由贸易区的各项制度安排，落实好大湄公河次区域经济合作内容，努力提升孟中印缅地区经济合作层次，提高云南—老北、云南—泰北、云南—越北合作机制的效能，积极争取与南亚国家建立合作机制，进一步深化国际区域合作，实现互利共赢。我们要更加重视请进来派出去、国际交流等友好交流工作，广交朋友，汇聚人脉，建立更加广泛的国际合作交流渠道。我们要创造条件，争取有更多的国家到云南设立领事、商务及金融机构，构建多元、稳固的对外合作平台。我们要做大做强国际会展，把昆交会、南亚国家商品展、中国—南亚商务论坛、大湄公河次区域经济走廊论坛和国际旅交会等高级别国际会展活动办出特色、办出影响、办出效益，把云南打造成为国际会展的理想举办地，塑造开放包容、文明大气、亲和友好的国际形象。

“把云南建设成为我国面向西南开放的重要桥头堡”的战略定位，为我省进一步扩大对外开放、实施“走出去”战略、参与国际合作提供了一个千载难逢的重大战略机遇。

由于云南与东盟在经济、文化及地缘上的特殊关系，云南面向西南对外开放具有明显优势：

云南位于东亚与东南亚、南亚次大陆结合部，背靠大西南，与中西部的广大经济腹地相连，是泛珠区域走向东南亚、南亚最便捷的陆上通道；可以从陆上沟通中国、东南亚和南亚三大市场。独特的区位优势，奠定了云南在中国西部特别是大西南对外开放格局中的经济战略地位，成为大西南对外开放走向东南亚、南亚及印度洋沿岸的重要门户和通道。

云南与东南亚、南亚国家在文化等方面具有诸多共同点和关联性，相互交往具有悠久的历史和传统。多年来，云南省按照国家的总体部署，积极发展与周边国家的睦邻友好关系，拓展对外交流渠道，同周边各国建立了密切的、相互信赖的合作关系。

近年来，云南省积极加强交通基础设施建设，加快推进以公路、铁路、航空、水路为主体的综合交通网络体系建设。目前，云南通向中西部的7条省际干线高等级公路、8条干线铁路，以及经云南通往边境地区的4条干线公路和4条干线铁路均已列入国家中长期规划，正加紧建设或提升改造，全程1 800多公里的昆曼高速公路全面贯通，腾冲—缅甸密支那高等级公路已通车，全省通往国内城市和东南亚、南亚国家的航空网络基本形成，大大提升了云南与国内外市场间的通达能力。

云南与东南亚、南亚国家在发展阶段、资源条件、产业结构、市场结构和消费水平等多方面，有着相当明显的互补性。比如：云南与东南亚国家在能源、矿产、林业、农业、旅游资源和经济技术互补性强，通过关税减让，将为相关农业企业在劳动力密集型农产品，如水果、蔬菜等方面提供更多的出口机会，为云南提供了更为广阔的产业发展空间。

建设我国向西南开放重要桥头堡，将进一步完善我国“深化沿海开放，加快内地开放，提升沿边开放，实现对内对外开放相互促进”的对外开放格局。借“把云南建设成为我国面向西南开放的重要桥头堡”的东风，云南省企业应当进一步扩大对外开放、“趁势而为”，面向西南坚定地“走出去”。

（三）“走出去”的商标品牌战略

从“大通道”建设到“桥头堡”建设，这是一个重大的改变。大通道具有通行的意义，具有沟通和连接的作用；“桥头堡”具有“桥”连接“堡”的特殊寓意，是通道与市场的衔接与融合，突出的是云南在对外开放中的前沿性、重要性和带动性。体现了中国面向西南开放的基本理念和思想，彰显了云南在中国向西南开放中的枢纽作用和基地作用，桥头堡不仅要建成通道，还要在大通道基础上，发展云南产业，构建和周边国家合作交流的平台，强化对外文化交流，展示中华民族和谐友好形象。

“桥”是通道，“堡”是城镇、生产加工基地。全球经济一体化的今日，“沿边开放”以繁荣“边”的经济获得真正国家安全和区域和平，应该把“边”理解为“要素交换最前沿”。未来 10 年，桥头堡建设是关键，要从国家利益战略层面争取重大政策，与周边各国达成共识，促进产业布局调整。

中国—东盟自由贸易区建成后，云南物流产业集团看好云南将有 400 亿～500 亿美元物流量进入，并形成几千亿美元的物流产业，其中有 1/10 在云南可完成加工这一趋势，他们将“物资”集团改为“物流”集团，一字之改，使该集团一跃成为全国居 14 强的大型产业集团，他们认为：这将促使云南经济发展从自然资源依赖转向投资拉动和高流通拉动，并提供了把地缘优势转为发展速度的巨大内在动力。

按照云南省商务工作会议确定的目标，云南省对外贸易要在保持增长的基础上优化结构，转变发展方式；优化政策环境，保持外贸支持政策的连续性，对有增长潜力的出口商品进一步研究出台更有力的扶持政策；在优势农产品出口方面加大工作力度，扩大示范区规模，巩固我省农业产业优势，努力扩大我省蔬菜、野生菌等商品出口；扩大特色产品进口规模，鼓励进口缅甸玉石毛料、越南海产品、泰国水果、棕榈油等特色产品；继续加大对高新技术和机电产品出口的支持，重点支持光电子、装备制造、生物医药和新材料等领域发展，切实推动结构调整，逐步转变发展方式。还将进一步引导有色金属、磷化工企业调整产品结构，降低能耗，开发精深加工产品，提高产品附加值；采取有效措施吸引省外大型贸易公司到我省开展进出口贸易，扩大贸易规模。以云南省海外投资有限公司成立为契机，打造集投资、生产、经营、服务于一体的大投资集团，发展成为云南外经贸的“排头兵”和“领头羊”，带动一批有实力的企业“走出去”。

（四）商标品牌“走出去”

在经济全球化发展的今天，各地经济发展都在实施“走出去”的战略，而要“走出去”，就必须遵循“商标先行”的规则实施好商标战略。实施商标战略，是走出去的重要途径和手段，是知识产权保护的重要内容，是促进经济发展的重要举措。

云南企业，尤其是拥有中国驰名商标的云南企业，一定要深化商标工作重要性认识，理解“走出去”的重要意义，把握住历史机遇，掌握好恰当时机，与时俱进，“趁势而为”，将云南省的著名、驰名商标品牌推出去，让云南的优势产品走出去。通过云南著名、驰名商标的“走出去”，云南著名、驰名商标由站稳脚跟到开花结果、由点向面辐射、由边缘向中心聚集、由局部向世界扩展，将云南商标品牌打造为国际化、世界化的国际知名的云南品牌。只有通过云南面向西南国家和市场的“走出去”的捷径，才能将云南著名、驰名商标推出去，也才能逐步提升和打造世界级云南品牌，实现云南商标品牌世界化、国际化的突破。

第七章　云南省实施商标品牌战略的策略

第一节　我国实施商标品牌战略的环境条件

一、法律日趋完善

我国《商标法》于1982年8月23日第五届全国人民代表大会常务委员会第二十四次会议通过，自1983年3月1日起施行。1993年2月22日第七届全国人民代表大会常务委员会第三十次会议作出《关于修改〈中华人民共和国商标法〉的决定》进行第一次修正；2001年10月27日第九届全国人民代表大会常务委员会第二十四次会议作出《关于修改〈中华人民共和国商标法〉的决定》进行第二次修正。我国自1982年制定《商标法》以来，至今经过两次修订，建立起比较完备的商标法律制度。

由于改革开放之初，制定和颁布《商标法》，是应社会经济发展之急需，是恢复商标制度的必要，但鉴于是恢复中断30年的商标制度，最初的《商标法》在立法技术上，在商标保护上，存在许多问题和不足。之后，于1993年、2001年两度修订，使《商标法》的制度设计和安排基本达到国际水平，与国际规则大致接轨。但在商标保护强度、具体规范制度、国际标准化方面仍有欠缺，国家决定进行第三次修改《商标法》，有关部门于2007年8月30日提出第三次修改稿征求意见，之后于2009年4月28日再次提出修改意见稿。

第三次修改《商标法》，就是要充分利用当前国际上先进的立法技术和理念，充分吸收其他国家成熟的制度设计，建立先进、完备的法律制度和与之配套的法规、行政规章和规范性文件，使我国的商标法律制度能够适应我国市场经济发展和保护知识产权的新形势。

第三次修订《商标法》，就是要认真研究解决社会经济发展给商标法律制度所带来的突出问题，完善适应我国经济发展的商标工作机制和体制，进一步促进我国商标事业的繁荣发展，为我国经济可持续发展创造良好的商标法制环境，使

《商标法》在简化和完善程序、方便商标申请人、加大商标专用权保护力度、加强商标代理机构监管、解决驰名商标有关问题等方面发挥更积极的作用。

第三次修改《商标法》，重点是解决如何完善商标法律法规体系，建立能适应我国经济又好又快发展需要的商标法律制度。诸如如何提高商标审查能力，缩短商标注册周期；健全完善商标管理体制和机制；加强商标行政执法和司法保护力度；商标走出去参与国际市场竞争的规则；农产品商标和地理标志的审核；商标自动化公共服务等问题。

在完善商标法律法规体系方面，还要进一步完善驰名商标、著名商标的有关立法工作。从完善认定程序、细化认定标准、明确部门职责、强化事后监管的角度，修改《驰名商标认定和保护规定》，全面完善驰名商标认定工作，确立驰名商标的认定和退出机制；将著名商标认定和保护纳入《商标法》的范畴，按照公开透明、接受监督的原则，进一步统一认定标准、规范认定程序、完善监督体系，积极指导全国各地制定著名商标认定规则和程序，使地方工商行政管理机关的著名商标认定和保护工作尽快做到有法可依。同时，要抓紧制定、修改与《商标法》配套的各类行政法规、规章及规范性文件。在《商标法》修订后，要尽快出台与之配套的《商标法实施条例》；适时对集体商标、证明商标、特殊标志等现行规章进行修改；适时针对商标注册、管理和保护出台规范性文件。

历史经验表明，商标大国、强国与法律的健全和完善，密不可分；商标走向世界，成为名牌，必须得到法律的强力支持。中国要成为商标强国，要在国内外有效维护中国的商标，要在世界商标领域享有话语权和规则制定权，就必须健全和完善本国的商标法律制度，就必须使本国的商标法律制度达到世界先进水平。《商标法》的第三次修改工作，将完善商标法律法规体系，解决社会经济发展给商标法律制度所带来的突出问题，能够完善适应我国经济发展的商标工作机制和体制，进一步促进了我国商标事业的繁荣发展，为我国经济可持续发展创造良好的商标法制环境，发挥出更积极的作用。

二、管理效率提高

2008 年 6 月国务院发布《国家知识产权战略纲要》以来，国家大力推进商标战略实施，取得举世瞩目的成就。国家工商总局商标局以商标战略实施示范工作为着力点，大力推进商标战略实施，大胆创新改革，取得明显成效，积累了成功的经验。在全面贯彻落实《国家知识产权战略纲要》中，2010 年，国家工商总局商标局采取了多项措施，取得显著的成绩：

（1）以制度化、规范化、程序化、法治化为指导，创新商标工作机制，从商标注册、管理和保护的各个环节入手，更新工作理念，拓展工作职能，规范工作方式，转变工作作风，建立与经济社会发展相适应的商标工作长效机制。

（2）对商标注册申请发展的趋势进行研究和预测。深入研究分析我国市场经济发展的总体形势及市场主体类型、数量的变化情况，准确了解新形势下我国经济发展对商标审查和评审的具体需要，对商标注册和评审申请量进行科学、合理的预测，并根据预测情况统筹安排商标审查和评审力量。建立商标注册审查员轮岗制度，使其熟悉商标审查工作的全部流程，达到一专多能、全程审查的国际水准，从根本上提高审查员的工作效率和专业素质；适时引入一标多类、申请分割、审查意见书等制度；建立并完善商标审查、复核、审核的三级审查工作机制。

（3）进一步完善商标确权机制，建立数量与质量并重的商标审查和评审长效工作机制，加快商标审查和评审速度，缩短商标审查和评审周期，确保商标注册周期缩短。在坚持商标审查和评审绩效机制的基础上，进一步充实、调整、加强商标审查和评审一线力量，细化审查和评审流程中各个环节所需要的时限，确保将商标注册审查周期控制在10个月以内、商标异议裁定和评审审理周期控制在20个月以内。

（4）积极探索参照ISO9001体系，通过对商标审查和评审各个环节进行全面质量控制，建立完整的商标审查和评审质量管理体系。强化商标审查和评审质量管理，提高全员质量意识，在商标申请受理、注册审查、异议裁定和评审案件审理等业务流程中全面实施质量监控，制定相应的质检标准，并将质检标准、质检结果定期向社会公开；根据业务性质及人员水平，形成科学合理的确定抽检（查）范围和抽检（查）比例的工作规程。将商标审查质量抽检合格率提高到99%以上，评审裁决被起诉量与裁决总量的比例控制在5%以内，商标行政诉讼的胜诉率保持在85%以上。

（5）以商标战略实施示范工作为着力点，加大商标战略实施指导力度，切实加强商标战略的宣传、培训和研究工作，努力创新实施商标战略管理体制机制；加强商标国际交流与合作，加大商标境外注册和海外维权力度，为企业实施“走出去”战略提供强力支持。

（6）提高驰名商标认定和保护水平，促进企业创新发展。引导企业主动培育和认定驰名、著名商标，利用驰名、著名商标吸纳、聚集、组织社会资源，重组并优化产品结构、产业结构，拉动国内外消费增长，促进经济结构调整和经济增长方式转变，形成一批商标国际竞争力较强的优势企业。

（7）适时推行开庭审理，设立案件审理委员会负责讨论复杂疑难和有重大社会影响案件，设立合议组负责审理双方当事人的案件，设立独任评审员负责审理驳回复审案件；增加当事人和解程序，在驳回复审案件中采取同意书制度，鼓励复审申请人征得在先商标所有人同意；在双方当事人案件进入实质审理程序之前，给予当事人一定的协商期限。

三、行政执法强化

明确行政职能，加强执法力量。进一步明确职能，健全执法机构，充实基层执法力量，各级工商行政管理机关做到商标监管与发展、与服务、与维权、与执法统一，切实保护中外商标权人的合法权益，努力营造公平竞争的市场环境和公众放心的消费环境。

深化政务公开，提升服务水平。进一步增强信息公开责任意识，充实商标政务信息窗口的服务内容、完善服务形式、提高服务水平；研究分析并依法发布权威商标信息，为政府、企业和社会公众提供更好的信息服务；进一步推进基层商标执法政务公开建设，结合信息化要求，积极推进商标行政执法文书网上公开试点进程。

进一步规范商标咨询服务。提高专职接听咨询电话工作人员的服务意识和业务能力，建立更加完善的对外服务应答机制，并就公众咨询频率较高的问题整理成书面答复口径在网上公布，进一步方便社会公众。

积极开展商标权质权登记，帮助企业拓宽融资渠道。各级工商行政管理机关创造性地开展企业帮扶工作，积极支持企业将商标与金融等手段紧密结合，实现商标无形资产的资本化运作，切实帮助企业解决融资难问题。

统一执法标准，提高执法水平。进一步统一商标行政执法法律适用标准，加强商标行政执法人员对法律知识、业务知识的理解和把握，切实规范执法程序，提高执法水平。密切与公安、海关、版权、专利等其他部门的协作配合，加强沟通和联系，形成执法合力，完善跨部门商标执法协作机制。

主动上门服务，加强行政指导。各级工商行政管理机关充分发挥行政指导的积极作用，加强对商标保护的指导及与商标权利人的联系，鼓励企业建立维护商标权益的机构，健全商标权自我维护网络，构建以自我保护为主体、行政和司法保护相结合、社会公众广泛参与的商标权益保护体系。

四、管理实现信息化

全面推进商标基础设施和信息化建设。在建设具有国际水平硬件设施的基础上，进一步提高商标工作的信息化水平和透明度，用高科技的手段实现高效能的商标注册和管理，全面拓展商标电子政务的广度和深度，确保商标注册电子申请比例达到全部商标注册申请的85%，逐步实现无纸化办公和商标注册申请的电子互动。加大商标工作信息公开的力度，为社会公众提供更加优质的服务，为商标权利人提供更加有力的保护，提高社会公众对商标审查和评审工作的满意度。

充分发挥“中国商标网”作为商标政府信息公开第一平台的作用，及时发布和更新有关的商标信息，保证网上信息及时、准确、完整、真实；实现网上公告、网上查询、网上申请和网上付费，确保商标注册电子申请通畅、安全；逐步将网上申请业务种类由目前只接受部分商标注册申请扩展到变更、转让、异议、评审等业务类型；逐步实现与世界知识产权组织国际局、商标注册申请人及后续业务申请人的双向电子互动，全面提高商标注册、管理与保护自动化水平。

建立高度智能化的商标审查和评审系统。努力实现商品分类的标准化和智能化，为扩大网上申请的范围和幅度创造条件；深入研究包括商标图像识别在内的更先进和效率更高的商标审查相关办法；建立以驳回复审网上申请为主要内容的评审服务系统；建立以提高效率和保证质量为目标的商标评审辅助系统，即建立商标评审流程管理系统、实现评审案件审理程序信息化，建立评审案件审理参照体系（典型案例库），建立评审裁文分类库。

研发工商系统内部商标业务专网。实现商标数据库和企业名称数据库的连接整合；建立覆盖全国的商标案件数据库；构建商标申请人、代理人信用信息数据库；建立定牌企业的自行申报及网上公布系统；建立工商系统内部商标综合、办案文件的办公流程；建立与商标相关的法律文件数据库。

加强商标档案馆信息化、数字化建设。用现代信息技术手段和科学管理方法，解决商标纸质档案和电子档案的安全存放问题，建立以电子为主、纸件为辅的准确、完备的商标档案系统，实现商标档案管理手段现代化、档案资源信息化和档案利用科学化。

五、“十二五”目标引领

“知识产权作为制度创新的结果，保障着知识生产、传播与利用的智力劳动过程，服务于知识经济社会化、产业化、产权化的发展目标，对转变发展方式、建设创新型国家，完成从‘中国仿造’到‘中国制造’再到‘中国创造’的转变，具有重要的推动和保障作用。”《中共中央关于制定国民经济和社会发展第十二个五年规划的建议》为此进一步强调要“实施知识产权战略”[①]。为全面贯彻落实《国家知识产权战略纲要》和“十二五”规划，《云南省人民政府关于推进商标战略工作的实施意见》，云南省确立了“到‘十二五’末，云南省全省拥有有效注册商标超过5万件，驰名商标达到50件，著名商标达到1 500件以上，每个州、市至少要有一件以上驰名商标”的“十二五”商标战略目标。[②] 这是云南勾勒出到“十二五”末的商标战略蓝图，将引领了全省各级政府，企业、农户，社会各界合

① 吴汉东：《从“中国制造”到“中国创造”》，载《检察日报》2011年3月10日。
② 《云南工商工作“十二五”前瞻》，载《云南政协报》2011年1月21日。

力推进商标品牌战略的实施，在国家法制环境大为改善的背景下，云南省应当努力奋斗、有所作为，实施两个阶段性战略目标任务。

“十二五”商标战略提出的目标任务，对云南省的商标战略实施是一个极大的挑战，也是一项艰巨的任务。云南省在顺利圆满完成“十一五”商标战略任务的基础上，需要进一步鼓足勇气，坚定信心，牢牢抓住实施商标战略难得的机遇，迎接严峻的挑战，争取到2015年，实现全省有效注册商标总数达到5万件、云南著名商标1 500件、中国驰名商标50件，驰名商标总数位居西部省区前列的阶段性目标。

第二节　云南省实施商标品牌战略的策略

一、坚持“政府主导、企业主创、社会协作”，合力实施商标品牌战略

推进商标战略是一个系统工程，需要不断整合政府、企业、协会和社会各界的力量。努力构建政府主导、企业主创、社会协作的工作机制，积极营造政府培育、企业争创、市场推崇、社会热爱商标的良好氛围，汇聚人心、凝聚力量，共同推进云南商标战略。因此，“政府主导、企业主创、社会协作”是共同实施商标战略的策略。

按照要求，把商标战略纳入各级政府的中心工作来统筹谋划，是推进商标战略的根本保证。始终把推进商标战略作为各级政府履行职责、促进经济社会又好又快发展的重要抓手。2008年7月1日，云南省政府召开了“云南省推进商标战略工作会议”，省委常委、副省长李江同志亲自作报告，对推进云南商标战略作出了全面的安排部署。2008年8月29日，云南省政府发布了《云南省人民政府关于推进商标战略工作的实施意见》，进一步明确了推进商标战略的指导思想、总体目标、工作重点和保障措施等。云南省政府推进商标战略工作会议的召开，把商标战略上升到各级党委政府的重要工作议事日程，各州（市）党委政府积极行动，狠抓落实，争先恐后推进商标战略，形成了政府主导的良好局面。

推进商标战略是云南省委、省政府下达给工商部门的光荣任务，工商干部思想认识和工作能力的高低，直接关系到商标战略的成败。把推进商标战略列入云南省工商系统六项重点工作，作为工商部门应对国际金融危机，保增长、保民生、保稳定的措施之一，并对培育驰名商标和开展“一所一标”活动进行指标分解和层层考核，不断强化对推进商标战略重要性、紧迫性的认识，力促克服“条件差”、“无能为力”的消极思想，变“要我做”为“我要做”，全系统共抓商标工作、齐推商标战略的工作格局初步形成。

企业和农户是注册商标和使用商标的主体，是推进商标战略的原动力。开展商标法制宣传，增强企业和农户的商标意识，提升企业和农户的商标运作水平，是推进商标战略的关键。

在扩大宣传的基础上，注意和相关部门、行业协会协作，创新宣传培训方式。2009年，云南省工商局和省国际商会、普洱茶协会，共同举办注册商标海外维权和地理标志证明商标注册申请与保护维权培训班，受到省内产品出口企业和茶厂、茶商的广泛好评。《云南工商管理》杂志增发推进商标战略特刊，免费赠送有关企业，深受企业欢迎。基层工商干部和新农村建设指导员走村串寨、进村入户，宣传商标知识，指导注册涉农商标、民间传统特色产品商标，“商标富农”工作已见成效。

新闻媒体加大对商标的宣传力度，及时总结推广商标工作的好经验、好做法，努力营造全社会全民关注商标、爱护商标、发展商标、共同推进商标战略的良好氛围。

充分发挥中介机构对商标战略服务的积极作用。中介机构要加强自身建设，努力提高商标中介服务水平和服务质量，为推进商标战略的实施，为商标战略目标任务的实现做好各项中介服务工作。

二、坚持企业主创，着力增加注册商标数量

推进商标战略，增加注册商标数量是基础。云南省政府制定了《云南省人民政府关于推进商标战略工作的实施意见》，进一步明确了推进商标战略的总体目标，提出到2012年，力争全省有效注册商标总数达到4万件、云南著名商标1 000件、中国驰名商标40件，驰名商标总数位居西部省区前列。

2010年，云南省拥有核准注册商标4.1万件，仅以这个基数尚不能承载云南商标品牌战略的重任，还需要不断夯实注册商标不论是数量还是质量的基石。

企业是商标的主体，是商标利益的拥有者，是实施商标战略的原动力。云南省的各类企业和农户，特别是企业的负责人，要重视创建品牌的工作。云南省的各大型企业集团要按照云南省委、省政府的要求，切实在商标战略的实施中，不仅要做好自身的商标工作，更要在云南省商标战略的推进和实施中充分发挥示范带头作用、引领和拉动作用。

工商管理部门，要根据云南省商标发展实际，认真总结经验，重点开展“品牌兴农”、“品牌兴企”和“两兴”、“两规划”活动即紧紧围绕政府中心工作，全面开展“品牌兴农”、“品牌兴企”活动；县级工商局和基层工商所两级分别制定商标培育发展五年规划，通过推广“两兴”、“两规划”工作方法和工作制度，加大云南省商标注册申请数量逐年增加的力度。

三、开展梯次培育，全力提升注册商标质量

推进商标战略，培育高知名度的注册商标是重点。按照注册商标的知名程度，分别制订州、市知名商标、云南著名商标、中国驰名商标的梯次发展规划，初步建立高知名度商标的梯队培育模式。

积极开展知名商标的认定工作，夯实基础。一是开展资源普查。通过开展云南省商标资源普查，全面掌握各类经济主体的商标注册底数、类别、地域分布及商标情况，确保及时准确地掌握全省商标注册及培育发展情况。二是制订发展规划，完善条块结合工作机制。按照云南省的产业布局、企业规模和产品（服务）市场占有率、覆盖率，研究制订知名商标培育、申报规划，有计划、有重点、分步骤、有选择地培育知名商标。

不断完善著名商标认定工作。在加强对企业申报资料审查的基础上，开展实地调查和市场调研，走访行业主管部门和相关行业协会，多方征求意见，确保认定的著名商标具有相应的公众知晓度和市场信誉度，特别是严密注意质量安全隐患问题，以免给著名商标认定工作带来负面影响。各州（市）工商局在当地政府的领导下，开展知名商标认定和扶助工作，为培育著名商标、争创驰名商标奠定了良好的基础。

积极帮扶企业争创驰名商标。按照“培育一批、扶持一批、推荐一批”的原则，重点对云南经济发展中优势产业的龙头企业的注册商标，认真进行梳理排队，充分征求和尊重企业意见，制定推荐、扶持、培育三个层次的工作计划。对列入推荐计划的，指导企业提高经营管理水平和产品质量，帮助建立健全企业商标管理制度和发展规划，帮助企业完善商标使用证据、经济指标证据、产品质量证据、用户情况反馈和宣传资料的收集整理，指导企业做好争创驰名商标的基础性工作。

加强对地理标志证明商标申请注册和使用的指导。从云南实际出发，有针对性地宣传推动地理标志的注册，把集体、证明商标的注册作为农村商标工作的重点，大力发展以集体商标、证明商标为载体的地理标志，使“公司（合作社）+农户+商标”成为促进农民增收的新模式。各级工商部门要摸清各地农业产业发展规划和地理标志资源状况，各涉农工商分局注重发挥行业主管部门、行业协会的积极性，积极向当地党委政府请示汇报，引导申请注册地理标志证明商标，指导做好已注册地理标志证明商标的使用管理，充分发挥其“品牌兴农”的辐射和带动作用。

四、研究谋划实施商标品牌战略的策略

（一）商标设计策略

商标包括以下要素：名称的选择；商标图形的艺术特征；商标的形象感觉；

商标的色彩感觉；商标图案的艺术构想；商标形象的艺术处理；商标的要求和表现形式；商标图案的形式规律；几何形商标的变化；文字商标的构成；创造形象和改造形象等要素。

商标设计中，要区分各个要素在商标中的不同作用，有针对性地对其进行选择和取舍。在设计时，要综合考量企业及产品的情况，有所突出或侧重某些要素，使商标更具显著性和特色；同时，要根据自身特点合理运用商标要素，要根据自身生产、经验、服务的特点和要求，按照商标的设计规律，不断提高商标设计质量。

商标设计是实施商标战略的首要环节，实施商标战略要从商标设计开始，要对企业进行必要的宣传，对企业有关管理人员进行必要的培训，促使企业提高商标设计技巧和质量。商标设计不仅仅是艺术形式的构想与再现，搞商标设计，既要熟练地掌握美术技能、技巧，又要了解商标法律知识，周密考虑到能否获得注册。商标设计还是企业文化、精神风貌和经济技术水平的反映。商标设计应给人以强烈的标志感、艺术感和象征感，同时具有显著性。

（二）商标使用策略

在商标使用策略中，有常见的种种模式：

（1）单一商标。比如美国的3M公司生产的产品种类繁多，从计算机产品到厨房用品到技术含量较高的光学产品，无论是对高科技产品还是普通民用品，该公司都使用“3M”这个商标。

（2）同类产品同一种商标。其采用该模式的大多是生产或者经营不同种类产品的企业，在其同类产品上使用相同的商标。

（3）一种产品一个商标。采用该策略的有生产跨行业的完全不同种类的产品或者同种类但有差别的产品的企业，如联合利华公司。该公司每推出一种商品，就用一个新商标。现在号称是世界上拥有商标数量最多的公司，这种战略的特点尤其表现在对即使是类别相同但相互有差异的产品也采用不同的商标。例如美国的宝洁公司针对成分、功效不同和市场营销定位不同的洗发液分别使用“潘婷”、“海飞丝”、“飘柔”等不同商标。

（4）主副商标。采用此策略的主要是大型企业，而且这种战略运用的经验主要是由日本大企业获得的，日本的丰田、东芝、日立、索尼等大公司均采用这种战略。其特点是在同一产品上使用两个商标，其中一个是适用在各类产品上体现企业形象的主商标，另一个则是专为某种特定产品设计使用的副商标（或者称“从商标”）。例如，和路雪公司在每种冰淇淋上通常都使用“和路雪”这个主商标和另一个专用于该产品的副商标，如“百乐宝（Paddle POP）”、“顶点（TOPTEN）”等等。

（5）联合商标和防御商标。联合商标指同一商标所有人在相同或类似商品上注册的几个相同或者近似的商标，有的是文字近似，有的是图形近似。这种相互近似的商标注册后，不一定都使用，其目的是为了防止他人仿冒或注册，从而更有效地保护自己的商标。防御商标则指驰名商标所有者，为了防止他人在不同类别的商品上使用其商标，而在非类似商品上将其商标分别注册，该种商标称之为防御商标。企业要综合考量自己及产品的情况，有所选择，有所取舍。

（三）商标宣传（广告）策略

广告就是实施商标策略的翅膀，是商标品牌成名前腾飞的重要武器。在现代市场经济条件下，不利用广告手段进行宣传，就不可能提高消费者对你的商标品牌的认知度，也不可能成为名牌。

广告宣传，中央电视台 2005 年、2006 年“标王”被宝洁夺得，就是一个例证。据新华社的消息，2004 年 11 月 18 日，宝洁以 3. 85 亿元的中标额成为央视广告招标以来的首个“洋标王”。而这笔投给央视的巨资不过是宝洁在中国整体营销策略的一个部分。2003—2004 财政年度，宝洁全年销售额为 514 亿美元，位居《财富》杂志全球 500 最大工业/服务业企业的第 86 位。素有“品牌教父”之称的宝洁成为“标王”，在某种程度上意味着国际品牌在中国媒介策略的转型。2005 年宝洁等跨国公司在中国市场遭遇了一系列麻烦，但这并没有阻止宝洁大举进发的脚步。据悉，宝洁旗下拥有 300 多个子品牌，而投放中国市场的只有 10%，面对中国市场的进一步开放，其他子品牌进入只是时间问题，因此“2005 年央视夺标不过是个前奏”；而在中央电视台 2006 黄金资源广告招标会上，宝洁以 3. 49 亿元的投标总额成功蝉联了央视广告招标标王的宝座。

企业在实施广告策略时，一定要真实、简练、经济：一是广告要真实，不说过头话，不做虚假广告和夸张宣传，要实事求是地宣传自己的产品品牌和企业品牌。二是要突出重点，主题明确，语言精练，形象生动，恰到好处。三是要考虑经济承受能力，选择适合自己承受能力的广告形式，在扩大广告效果的同时，努力节约广告投入成本。

（四）商标保护策略

企业不仅要实施商标策略，而且要实施保护策略，保护商标所有人的利益不受侵害。当前我国许多企业在商标的管理上仍然存在这样一种思想，那就是商标在制定之后就万事大吉了，这是十分错误的。目前我国许多企业缺乏专门的商标管理部门，没有从事商标管理工作的专门人员，更谈不上制定相应的企业商标管理制度。在对商标的保护防范上，企业也缺少相应的维权机构，保护意识相对滞后。商标管理保护观念的落后，不仅导致商标的滥用，从而阻碍企业自身的发展，还容易发生一些商标纠纷、商标违法事件。据不完全统计，仅 2002 年这一年，我国工商管理系统查处的涉及商标违法案件就达39 100起。

商标保护策略主要包括：一是注册商标保护。在现代市场经济条件和法律制度框架下，商标只有通过注册和续展注册才能取得法律认可和法律保护。二是申报著名、驰名商标保护。国家驰名商标，省、市著名商标的认定，是为保护知识产权、维护企业的合法权益采取的一项具有法律意义的工作。被认定为驰名商标或省著名商标，不仅是企业的一种荣誉，也是提高产品、商标及企业的知名度，更重要的是这些商标将受到国家法律的重点保护。三是企业对品牌商标的自我保护：①加强管理与不断创新；②创新对品牌商标保护的方式；③积极开发和应用防伪技术；④运用法律武器参与打假；⑤运用法律对品牌商标的保护：首先是行政保护；其次是司法保护。

（五）防抢注保护策略

1. 国内被抢注

近年来，由于商标保护意识薄弱，云南许多知名旅游品牌、文化产品纷纷在其他省市被抢注了商标，成为制约民族文化产业发展的一个巨大障碍。云南省民族文化产业和著名旅游景区在最近几年来被他人抢注商标的现象屡屡发生，一些经过多年培育、宣传而誉满天下的民族文化和旅游品牌，转眼或成为别人的金字招牌，或被别人待价而沽，令人扼腕。提到“梅里雪山”，人们都知道那是云南省一个著名的景点，一个知名的旅游品牌，然而，“梅里雪山”的注册商标，却被他人在其他省市抢注成功。金马碧鸡、黑井古镇、三江并流、纳帕海、束河古镇、土林、坝美、泸沽湖等著名景区景点，都被他人和外省在旅游服务类别上抢注成功；九乡、燕子洞、阿庐古洞、普者黑、哈尼梯田也遭他人抢注申请……云南省工商局发布，云南一批著名旅游景区商标遭抢注，因此呼吁加强此类商标注册保护。①

“这些风景名胜品牌是我省一笔巨大的无形财富，一旦被他人抢注成功，风景区将失去商标专用权，相关的服务项目将不得不改名，或者要花大价钱从抢注者手中买回来，潜在损失难以估计。”商标一旦遭到抢注，追回的难度非常大。如果是恶意抢注，尚可通过法律途径追回，但如果是同行竞争者抢注，追回商标将异常棘手。“市场未动，商标先行”，只有权利人增强商标意识，及时申请商标注册，建立起全方位的商标保护机制，才是保护云南省民族文化品牌和旅游品牌的最佳途径，因此建议云南省民族文化产业和旅游业的权利人主动维护自身的权益，做好商标注册申请工作。

此外，其他商标品牌和文艺作品也发生被抢注的实例：

---

① 《春城晚报》，2009年2月13日。

比如，苴却砚产于苴却（现永仁县）而得名，唐宋时期称为“泸石砚”、“泸州砚”而载入史册，清朝为皇家御用。1909 年获巴拿马国际博览会金奖，从此名震中外，比肩中国四大名砚。但由于各种原因，永仁县从事苴却砚生产加工的企业没有将“苴却”申请商标注册，而被四川和浙江的两个自然人分别抢注“苴却”、“中国苴却砚”商标，致使永仁县苴却砚生产加工和销售都受制于人。

“滇红”是源自云南滇西凤庆的老字号茶叶品牌，以其特有的香高味浓著称于世，自 1939 年创始以来，“滇红”积淀了浓郁的云南茶文化和深厚的民族情感。但因一直将其作为云南红茶的通用名称，创始人云南滇红集团没有将“滇红”申请商标注册，而申请注册了“凤牌”和“王子冠”茶叶商标。1998 年，“滇红”茶叶商标被四川隆昌木星食品厂抢注，滇红集团多次与该厂协商皆未果。后来四川隆昌木星食品厂的“滇红”茶叶商标，虽被北京一公司以“通用名”为由申请撤销，但因此案例在先，给云南滇红集团申请“滇红”茶叶商标注册，打造企业核心品牌设置了障碍。

另外，《云岭天籁》是云南斥巨资精心打造《云南映象》的姊妹篇，是云南省又一部少数民族原生态大型歌舞精品之作。2008 年，被他人在组织表演类别上抢注。大理白族原生态歌舞《蝴蝶之梦》也被抢注。所幸相关权利人已经提出了异议。①

被抢注的商标，则往往是一些成熟品牌或者是一些具有价值潜力的品牌，我国有 45 大类商标，一般企业只注册其中几大类。然而，企业在市场拓展中很快发现，还有该注册的商标大类没注册被他人抢注。鉴于重塑品牌难度很大，或者担心相同品牌的产品对消费者构成误导，只有找到商标持有人谈判买下。而那些抢注商标被企业高价买下的消息，反过来又刺激了更多人去抢注，刺激了抢注商标者更高的热情。近日却发现，出售抢注商标的“明路”——拍卖虽尚未形成规模，抢注商标并高价出售却已经形成了一条规模巨大的灰色经济产业链条。

“叫价最高的不是创意商标，而是那些与已有品牌相同或类似的商标。”抢注商标的供方中有大量自然人开办的小公司，专门盯住抢注商标的机会，及时“捡漏”，注册一些有价值的商标，然后谋求加价转让。抢注商标被高价买回的事实一再刺激商标抢注人，以至于业内专家揭露，抢注商标的人群绝不是个小数，而是形成了一条产业链。

“抢注商标转让的产业链一旦形成，今后肯定会一直存在下去。”有关人士透露，傍名牌的商标一度成交活跃，如服装类各种形状“鳄鱼”、“老人头”等商标；再比如“劲霸”企业注册的是男士服装类商标，很快就有人抢注了其在化妆品大

① 《春城晚报》，2010 年 10 月 10 日。

类的商标；“先驱”音响出名后，就有人抢注了其在冰箱、空调类的商标。但随着我国商标监管越来越严密，这一类的商标注册和转让将越来越难。

2. 国外被抢注

我国许多企业商标缺乏国际化意识，一方面，许多企业产品或服务的商标由产生之后就一直沿用，甚至百年不变，难以跟上时代的步伐，其产品或服务自然会被消费者所抛弃，这也是许多企业在市场中失利的主要原因；另一方面，许多企业商标设计之初都是针对国内消费者，其知名度与影响力较为有限，企业难以融入世界经济一体化的进程，当然这并不是所有企业都力所能及的，但这确实是导致我国缺少一些国际驰名商标的主要原因。目前的情况是：在国外，我国企业的大量商标被抢注；在国内，大量商标被外国公司“吃掉”。据国家工商总局最新统计，国内有16%的知名商标在国外被抢注，其中五粮液在韩国、康佳在美国、海信在德国、科龙在新加坡都相继遭遇了商标被抢注。在每年超过200起的商标国外抢注案件中，涉及化妆品、饮料、家电、服装、文化等多个行业。中国品牌商标进入国际抢注高发期。

商标在国外被抢注的原因有企业自身商标意识淡薄的原因，也有抢注者企图抢先注册以谋“高利”的原因，还有商标制度本身的特性等原因。例如云南“999”牌电池商标国外被抢注，实在令人扼腕叹息。

1958年，从15个人在出租民房里用手工制造出4只电池开始，诞生了“999”版电池，至2009年51岁的“999”牌电池走过了鼎盛、改制、技术革新等坎坷之路，最终没能逃过破产命运。

1992年、1993年、1994年，蒙自电池厂连续三年被评选为云南省百强企业。1994年，经济效益居全国行业第二位，国家西南边陲明星企业还引来了越南、缅甸、日本、老挝等国友人的考察，产品也畅销国内16个省市、多个东南亚与非洲国家。1997年，“999”牌电池被评选为云南省首批省名牌产品，获得国家自营进出口权。

2004年前，老挝市场一直是该公司出口最大的国家，最多的时候达到7 000多万只，占出口的半壁江山。2004年8月，“999”牌电池商标在老挝境内被恶意抢注，并申请老挝国内的知识产权保护备案，商标被抢注后，老挝政府下文，禁止“999”牌电池在老挝销售，因为商标没有保护好，“999”牌公司失去老挝这个有着20年历史的市场，这给本来在发展中遇到困难的“999”牌电池致命的一击。

2005年，“999”牌电池被认定为云南省著名商标。2009年12月，“999”牌商标以27万元的价格卖给了一家杭州电池生产企业。从此，“999”牌电池终于走到了尽头，进入破产清算阶段。

“999”公司破产跟商标被恶意抢注有一定的关系，很多的企业在发展的过程中，对于商标的保护总是不到位，特别是在国外进行销售的时候，没有意识到保护商标就是保护产品和市场，“999”公司的破产值得我们深思！①

3. 防范抢注策略

云南省商标战略的实施，应该重视云南商标品牌被抢注的现象，应把保护本省商标品牌资源的事项作为各级党委政府的重要工作，警钟长鸣、常抓不懈。

由于世界上有200余个国家和地区，仅我国商标申请就涉及45个类别，任何公司都不可能在成立初期将其商标在所有国家和地区、全部类别上同时申请注册。所以，商标被抢注是难免的，知名商标在国外被他人抢注也是一个全球性的问题。“实际上，知名企业或景点如果自己不能主动申请商标，保护知识产权，被他人成功注册商标，一定程度上是现阶段我国《商标法》允许的”，这种行为在法律上无可厚非。也许一次又一次抢注商标的争议案例曝光后，会有更多的企业意识到：主动保护商标等无形资产和知识产权已迫在眉睫。

业内专家一致认为，防范商标抢注，须做好以下方面工作：

第一，企业有保护商标的意识，通过加强日常的商标管理，完全能够防范他人抢注商标。企业应当主动通过申请商标注册，域名、外观专利、著作权登记等多种法律途径对商标进行全面的保护；如果自己不能先行注册商标，至少须及时查看相关公告，以便提出异议或争议，防止他人恶意抢注商标；为防范商标被国外代理商抢注，规范国外代理商的合同，在代理合同中明确规定客户不能以自己的名义注册任何和企业商标相同或相似的商标；全面固定商标在国内外的使用证据，有了这些证据，才有可能通过法律途径要回被抢注的商标。

第二，对抢注商标应该积极采取法律行动。抢注一个商标，再卖个高价，这成了抢注人的生财之道，也引领了抢注风潮，造成商标秩序的混乱。根据国家工商总局2010年初发布的《自然人办理商标注册申请注意事项》，这种生财之道很快就会受到限制或者阻塞。

《注意事项》规定，以自然人名义申请商标注册、转让等事宜的，必须满足四个条件之一：一是个体工商户以负责人姓名申请；二是个人间合伙的，以全体合伙人姓名共同申请；三是农村承包经营户以承包合同签约人姓名申请；四是其他依法获准从事经营活动的自然人，可以行政主管机关颁发的登记文件中登载的经营者姓名申请。此外，自然人提出商标注册申请的商品或服务范围，以营业执照或登记文件核准的范围为限，或以自营的农副产品为限。

能满足这四种条件之一的自然人显然不是一个纯粹的自然人，必须开展着相应的经营业务。同时，《注意事项》还规定，商标注册的范围以营业执照或登记文

① 《春城晚报》，2009年5月1日。

件核准的范围为限，这就限制了商标申请人的申请商标的范围，避免其他行业或个人恶意抢注。

目前，先抢注商标再高价卖出几乎已经成为一种职业。如娱乐明星被申请为止泻药“泻停封”；“中央一套”被抢注册为避孕用具……越来越多的人用“灵感”恶意注册商标，而目的只是为了卖个好价钱。一些好的商标被人恶意抢注之后，就被束之高阁，根本无法发挥作用；而另外一些商标则被高价出售，大大增加了部分企业的经济负担。出台新规之后，能有效控制恶意抢注、恶意转让商标的行为。2010 年 2 月初，国家工商总局有关负责人表示，“接下来还很可能出台其他的配套规定，限制恶意抢注商标”。工商部门将对于恶意申请、恶意抢注、恶意异议、恶意转让等扰乱商标管理秩序和损害当事人商标权益的行为，将采取更为有力措施加以制约。

第三，加强立法，完善制度。专家建议，正在进行第三轮修订的我国《商标法》应规定，（继 2007 年提出商标法修改意见稿后，2009 年 4 月 28 日有关部门提出最新的商标法修改草案，有关专家呼吁健全反抢注立法）如果抢注商标被企业要回，抢注者须承担一定赔偿费用，这将大大减少抢注商标总量。据介绍，在一些发达国家，如果类似商标被抢注，本人提出异议并且成功撤销了抢注的商标，被诉方需要承担赔偿责任或者提出异议的费用，可能高达几千至数万美元不等。而在我国，如果抢注的商标被撤销，抢注者不需要承担任何费用。一旦有“本主”要求买回抢注的商标，抢注者则可以获得丰厚的“利润”，这无疑又“刺激”、“驱动”更多的抢注。

第三次修改《商标法》应借鉴、学习国外防范商标被抢的经验，最具标志意义的《商标法》体系中有两种做法：

一是以美国、加拿大等为代表的国家，对商标保护遵循的原则为“使用在先”。即商标申请人如果不能提交已经使用该商标的证据，其商标申请将不能获批，这就大大减少了商标抢注现象。

二是以德国等为代表的欧盟国家，官方一旦受理了与他人近似或相同的商标注册申请，会主动通知可能被“侵权”的企业或权利人。这就避免了大量不知情或没有关注商标的情况下被侵权，使企业可以及时提出异议，阻止他人抢注。

但是，反抢注策略中，最基础、最根本的工作是我国企业自身应采取积极主动的反抢注策略。

按照法律规定和国际惯例，商标保护具有地域性。企业设立专门的商标管理机构，按照商标地域性特性，了解国际惯例、尊重他国的法律，及时防范、及时办理商标国外注册。还要注意的是，商标国际注册是指马德里商标国际注册体系，商标国际注册仅限 70 多个国家，并不包括世界上所有的国家，像老挝，甚至加拿大都不是马德里协定成员国，如果要进入这些国家市场就必须到各国逐一注册。目前我国知名企业的商标在美国注册的最多，其次是欧盟、日本等，但在澳大利亚、加拿大等国以及其他国家都甚少注册。目前除美国等少数国家外，世界上大多数国家和地区都采取注册在先原则，即谁先在该国和该地区注册商标，谁就拥有商标的专用权。根据商标保护地域性的规定，商标一旦抢注成功，被抢注商标的企业就不得在该国或该区域内使用此商标，若违反则构成侵权。因此，不论被抢注商标的企业放弃原商标另创品牌，或是高价回购，抑或是通过法律途径撤销被抢注的商标，都将增加企业的经营成本，延缓其产品占据市场的时间，降低市场份额。总而言之，我国的企业要形成一套完整的知识产权保护战略，可以像专利预警一样建立一个自我品牌市场的“监测预警”系统。

同时，要警惕外商在我国实施商标战略加剧贸易壁垒保护，外商在我国实施商标战略、侵蚀我国商标特别是驰名商标的主要手段——合资经营。“美加净”是上海的一个知名品牌，在与美国公司合资后，该商标作价 1 200 万元投入到合资企业，可合资企业在生产的产品上不用“美加净”作为商标，上海的制造厂也只能用“明星”商标，如果用“美加净”则属于违约。这样，消费者对“美加净”越来越陌生，“明星”商标又没有深入人心，使得合资企业从原来“美加净”销售额上亿元，在合资后降至 6 000 万元，中方又不得不用重金赎回“美加净”。外商还有收购、代理、专营、商标特许等手段，在中国实施其商标战略。究其原因，主要与中国企业商标意识淡薄、企业资金短缺、难以与外商抗衡、法律法规不健全等因素有关。

面对国外商标的围追堵截，我们国内的企业要做到：①坚决杜绝“以牌换资”的短视行为，不能重蹈“美加净”等商标的覆辙；②企业走集团化经营、创立国际驰名商标，在品牌世界，不仅有产品品牌，而且有企业品牌，产品的品牌是企业驰名的基础，没有产品驰名绝不可能成为企业驰名，企业驰名是在产品驰名基础上塑造出整个企业良好形象的结晶。

（六）驰名商标策略

商标战略的直接目标是创立、发展和保护企业驰名商标。《云南省人民政府关于推进商标战略工作的实施意见》明确提出到 2012 年，力争全省拥有中国驰名商标 40 件，驰名商标总数位居西部省区前列；“十二五”规划确定云南省到“十二五”末拥有的中国驰名商标要达 50 个，这是云南勾勒出的“十二五”末前两个阶段的商标战略目标。

云南省实施商标战略，要把争创中国驰名商标作为实施商标战略的龙头，要坚持“培育一批、扶持一批、推荐一批”的创建路径，梳理排队、建立梯队，坚持梯次创建的模式，如围绕拥有雄厚的资源优势和良好的产业基础，通过多年的发展积累了丰富的市场经验和很高商标知名度的生物制药、茶叶生产和加工、有色金属及冶炼以及制造业、烟草行业建立第一梯队；围绕农产品和化工产品抓扶持，以农产品和化工产品企业为核心，充分发挥云南丰富的特色农产品和化工产品优势，着力扶持一批上规模、有竞争力的花卉、蔬菜、水果等农产品和磷化工、化肥等化工产品商标，作为争创中国驰名商标的第二梯队；围绕现代高科技产业和服务行业抓培育，要抓好光学仪器、物流自动化、旅游、餐饮、民族文化等具有云南地方特色的现代高科技产业和服务行业，培育一批具备驰名商标 潜力的品牌，作为创建中国驰名商标的第三梯队。对第一梯队应当积极扶持和帮助企业尽快提出中国驰名商标的认定申请；对第二梯队要积极做好各项内涵提升和准备工作，待时机成熟及时申报中国驰名商标；对第三梯队，要积极引导企业按照中国驰名商标的条件和要求加以精心培育。

云南省商标战略的目标就是要创建更多的驰名商标，并将驰名商标打造为国际知名品牌。由此，驰名商标的产生及数量，决定了云南省实施商标战略的成败。云南省各类所有制企业要进一步增强商标意识，树立“没有品牌的企业是危险的企业，没有品牌的市场是脆弱的市场”的理念，积极实施商标战略，通过培育品牌来提高企业的核心竞争力，促进企业做大做强。全省广大企业尤其是中小企业，应该以获得驰名商标的企业为榜样，找准市场定位，将商标资产管理纳入企业经营管理的重要内容，加强对商标价值的评估评定，增加研发投入，科学制定争创驰名商标的方案，将争创工作与增强企业竞争力统一起来。在争创工作中要突出品牌诚信建设，通过诚信建设推动品牌建设的健康发展。争取到 2012 年，云南省拥有中国驰名商标的数量要在现有的基础上增加到 30 件以上，总数力争达到 40 件，拥有中国驰名商标在全国的排名力争到 20 位以内，力争在西部省区位居前列；云南省著名商标达到 1 000 件以上……到 2015 年末，中国驰名商标达到 50 件。

创建更多的中国驰名商标，要充分利用多种途径。在行政认定与司法认定并存的背景下，争创云南省的中国驰名商标就要双轨并行。在按行政程序报送推荐驰名商标认定申请的同时，还可以运用司法程序认定驰名商标，双轨并行扩大驰名商标认定的数量。

五、创新机制，提高商标工作服务效率

各级工商部门应主动登门做好宣传指导服务工作。根据企业发展情况，各级工商部门应主动登门宣传商标法律法规，指导企业完善制度、加强管理、提高质量，帮助企业做好商标工作。

广泛推行“三书一卡”工作制度。各级工商部门积极推行商标法律告知书、商标注册建议书、商标策略提示书和商标管理跟踪服务联系卡“三书一卡”工作

制度，使商标工作落到实处。

组织开展“一所一标”创建活动。针对“两费”停征和工商工作转型实际，充分调动基层工商所商标工作的主动性和积极性，切实落实云南省委省政府的商标战略，推动基层商标工作的顺利开展。

探索建立遏制商标侵权行为的长效机制。突出重点领域和重点环节，以保护驰名商标、著名商标、知名商标为重点，按照“四化建设”的要求，巩固和完善商标监管执法工作中行之有效的工作机制和工作制度，建立监管长效机制，实现高效能监管。

第三节　云南省实施商标品牌战略的措施

云南省实施商标战略采取的措施，应按照以下原则进行：

——坚持立足当前与谋划长远相结合

从商标工作发展的全局出发，既要着眼长远，加强基础建设，创新体制机制，完善法律体系，又要兼顾当前，着力解决实际工作中存在的突出问题。

——坚持统筹规划与突出重点相结合

从商标工作发展的现状出发，既要注重整体规划，明确商标工作达到国际水平的具体目标和基本框架，又要注重分清主次，先后有序，有条不紊地开展各项工作。

——坚持权利保护与服务大局相结合

从商标工作发展的本质出发，既要保护商标专用权，维护商标权利人的合法权益，也要维护社会公众的正当权益，服务经济社会发展大局。

——坚持求真务实与创新发展相结合

从商标工作发展的规律出发，既要以事实为依据，以务实的态度总结经验、发现问题，也要以创新为指导，大胆拓展思路，开创商标工作的新局面。

——坚持以我为主与国际合作相结合

从商标工作发展的趋势出发，既要立足国情，认识到商标工作与国外先进国家存在的差距，也要以我为主，有选择地吸收国外商标事业的先进经验和成熟做法。

云南省实施商标战略的措施主要体现在以下几个方面。

一、政府主导，企业主创

国际经验表明，发展中国家和地区经济崛起与产业竞争力的快速提升，需要政府实施积极的促进政策并建立高效有力的促进机制。韩国由国家主导，通过企业、政府与研究单位产官学三者合作，研究出涵盖全球竞争大方向以及实际可行的政策，在国际市场大力提升韩国自主品牌。新加坡政府制订了品牌援助计划和品牌国际化计划，实施后取得显著成效。在政府的积极引导和推动下，形成以市场为导向、以企业为主体、以行业部门指导服务、全社会共同参与的商标品牌战略推进机制。

实施商标品牌战略，政府要“实现三个转变”：一是在工作思路上，实现由集中抓商标执法办案向大力推进全省商标战略实施转变；二是在工作方式上，实现由常规性工作为主向以抓“大事”带动为重点转变；三是在工作机制上，努力实现商标战略实施由部门行为向政府行为转变。很多州、市都以政府名义召开会议，成立品牌办公室，省政府制定了对驰名商标奖励的鼓励政策，一些州、市政府也相应制定了对著名商标和创品牌的奖励政策，有力地调动了企业运用商标、培育知名品牌的积极性，推进了全省商标战略的实施。

工商行政管理部门要确立“四率”工作目标，即引导申请注册商标特别是农产品地理标志商标的增长率，推荐认定省著名商标增长率，培育推荐驰名商标增长率，保护商标专用权办案增长率。要把提高“四率”作为实施商标战略的近期目标和促进经济发展的切入点，通过“四率”量化考核落实商标工作目标责任制，尽快增加注册商标总量和知名品牌数量，并以此带动全社会商标意识和市场主体注册、运用、保护和管理商标能力的增强。不断健全完善商标行政执法与司法的联席会议制度以及部门工作沟通机制，形成“工商主导、部门联动、齐抓共管”的商标工作新机制。

分类指导，重点突破。对全省争创驰名商标的企业进行分类，将具备条件且又有争创驰名商标意愿的企业，按照条件成熟程度，分类排队，分层次进行培育、指导和帮助，既保证争创重点，又形成层次分明、结构合理的争创梯队。凡启动驰名商标认定程序的企业，应主动上门服务，帮助指导企业搜集整理按照法律规定要求的申报佐证材料。

发挥企业主创作用，加强自主品牌建设。鼓励企业依靠科技进步和加强质量管理，争创名牌，走名牌兴企的道路。帮助企业建立健全质量保证体系、标准化体系和计量检测体系。支持企业积极采用国际标准和国外先进标准。

选定目标、重点培育。实施名牌战略重点产品培育方向是：核心技术拥有自主知识产权的高新技术产品；提升国家技术实力的先进制造业产品；对促进农村发展、增加农民收入有较大影响的产品；资源节约型产品和环境保护型产品；以自主品牌出口量大的产品；满足人民群众生活需要的消费品；凝聚中国文化特色的优势产品；符合现代服务业发展方向的服务业优势品牌。

支持企业实施商标战略，在经济活动中注册使用自主商标。引导企业丰富商标内涵，增加商标附加值，提高商标知名度，形成驰名商标。鼓励企业进行国际商标注册，维护商标权益，参与国际竞争。

充分发挥商标在农业产业化中的作用。积极推动市场主体注册和使用商标，促进农产品质量提高，保证食品安全，提高农产品附加值，增强市场竞争力。

二、加大培育，形成梯次

著名商标的认定工作，按照公开透明、接受监督的原则，进一步统一认定标准、规范认定程序、完善监督体系，积极完善著名商标认定规则和程序，使著名商标认定工作尽快做到又好又快，提高认定质量和效率。

大力开展驰名商标、著名商标的培育和创建工作。要进一步加强向企业普及驰名商标、著名商标申报渠道和程序的宣传工作，并结合实际制订驰名商标、著名商标培育和发展规划，按照“培育一批、扶持一批、推荐一批”的原则，有针对性地采取培育引导措施，建立起衔接紧、后劲足、实力强的驰名商标、著名商标创建梯队，保证重点目标重点培育、重点突破，形成环环紧扣、层层递进的创建格局和工作态势，发挥行业协会的作用，做好驰名商标、著名商标的发展和培育的基础工作。

加快商标品牌培育。积极引导企业注册并规范使用自主商标，支持有条件的企业注册防御商标、联合商标，防止商标被抢注。鼓励企业进行商标国际注册，利用商标实施“走出去”战略，参与国际竞争。引导农产品商标、地理标志注册，深入推广“公司（农民专业合作社）＋商标＋农户”的新型农业产业经营模式。按照“州、市知名、省著名、全国驰名”的梯次发展思路，鼓励企业争创品牌。加大驰名商标推荐力度，围绕产业发展做好著名商标认定工作，切实发挥驰名、著名商标的带动作用。

继续强化对驰名商标、著名商标保护力度。在日常监管和专项整治中将驰名商标、著名商标作为重点予以保护，通过打击商标侵权行为及宣传工作，使公众广泛了解驰名商标扩大保护的法律意义，从根本上有效保护商标权利人的合法权利，切实维护消费者的合法权益，进而有力地保障公平竞争、统一有序的市场经济秩序。

切实加强对驰名商标、著名商标的公益宣传。通过媒体公益广告、社会公众宣传等形式，调动行业协会积极性，向全社会普及驰名商标、著名商标的相关知识，切实提高国内外消费者对驰名商标、著名商标产品和服务的认可和信任，充分发挥驰名商标、著名商标对产品和服务的指示性作用。进一步扩大商标工作的影响力和辐射面，要形成“人人关注商标工作、人人尊重知识产权”的良好社会氛围。

在社会层面，中国品牌发展的文化氛围和服务环境有待进一步改善。年轻消费群体对国外品牌的认知度相对较高；社会上假冒名牌产品现象屡禁不止；以赢利为目的乱评比干扰了企业争创名牌活动；对品牌建设理论和实践的研究不够，品牌建设服务体系亟待加强。

三、运用策略，提升数量

遵循认定规律，切实解决驰名商标的认定等问题。

1996 年 8 月 14 日，国家工商总局颁布《驰名商标认定和管理暂行规定》，该规定确立了驰名商标认定“主动认定为主，被动保护为辅”的原则，并规定国家工商局商标总局是唯一有权认定驰名商标的机关。2003 年国家工商行政管理总局颁布《驰名商标认定和保护规定》，同时废止《驰名商标认定和保护暂行规定》。新规定改变以前批量认定驰名商标的做法，采用了“被动认定”、“个案认定”的原则，突出了对驰名商标的保护，淡化了对驰名商标的管理。

2001 年 7 月 17 日，最高人民法院公布《关于审理涉及计算机网络域名民事纠纷案件适用法律若干问题的解释》，赋予人民法院依法认定驰名商标的权力。其后，2002 年 10 月 12 日，最高人民法院公布《关于审理商标民事纠纷案件适用法律若干问题的解释》，对司法认定驰名商标作出了更加明确具体的规定，初步确立了法院对驰名商标进行司法保护的审判机制。自此，我国驰名商标认定结束行政认定单轨制模式，形成驰名商标行政认定和司法认定并存的双轨制模式。

我国现在已经形成了驰名商标行政认定和司法认定并存的格局。要充分利用中国驰名商标认定的两种途径，寻求多向突破。按照现行驰名商标认定制度，商标局可以在行政认定中的商标异议案件、商标争议案件和商标管理案件程序中予以认定驰名商标。在行政认定程序中，要在加大商标侵权案件中报送驰名商标认定申请力度的同时，还要抓住通过商标异议案件或商标争议案件进行驰名商标认定的途径。此外，通过司法途径认定驰名商标，较行政认定驰名商标“来得既快捷又省事”。因此，在以行政程序申请认定驰名商标为主要途径的同时，还要加大在司法程序中认定驰名商标的力度。

四、完善制度，提高效率

（一）进一步加强商标行政执法

明确行政职能，加强执法力量。进一步明确职能，健全执法机构，充实基层执法力量，各级工商行政管理机关要做到商标监管与发展、与服务、与维权、与执法的统一，切实保护中外商标权人的合法权益，努力营造公平竞争的市场环境和公众放心的消费环境。

统一执法标准，提高执法水平。进一步统一商标行政执法法律适用标准，加强商标行政执法人员对法律知识、业务知识的理解和把握，切实规范执法程序，提高执法水平。密切与公安、海关、版权、专利等其他部门的协作配合，加强沟通和联系，形成执法合力，完善跨部门商标执法协作机制。

增强服务意识，加强行政指导。树立正确的执法理念，充分发挥行政指导的积极作用，加强对商标行政执法的指导及与商标权利人的联系，鼓励企业建立维护商标权益的机构，健全商标权自我维护网络，构建以自我保护为主体、行政和司法保护相结合、社会公众广泛参与的商标权益保护体系。

（二）加强农产品商标和地理标志的注册和保护

加强农产品商标和地理标志审查工作。继续坚持并完善地理标志注册申请单独排队、提前审查的“绿色通道”，使之进一步制度化、规范化、程序化和法治化。推行地理标志工作政务公开、信息公开，继续将地理标志注册申请材料目录、范本以及已注册地理标志名录等信息在官方网站上予以公布。

加大农产品商标和地理标志注册、管理与保护工作的力度，积极引导农产品商标和地理标志证明商标、集体商标的注册，大力推行“公司＋商标（地理标志）＋农户”产业化经营模式，进一步提高农民进入市场的组织化程度，充分发挥商标在农业现代化、产业化、规模化中的作用，及时总结推广各地“商标富农”工作经验。

（三）加强商标管理队伍的建设

进一步充实基层商标行政执法力量。要加强队伍建设，尤其需要从机构设置、人员配备和财政支持方面加强基层行政执法队伍建设；要大量充实基层商标执法部门的力量，注意选拔和配备熟悉商标工作的干部，形成一支稳定、精干、高效的商标基层执法队伍，切实提高执法效能。

建立有利于商标工作人员成长的培训机制。充分发挥高校专业师资队伍的作用，加强商标工作人员培训；加强同高校商标教学研究机构、商标法律服务机构、企业商标管理部门之间的工作交流，提高商标工作人员对法律的理解和适用能力。

（四）全面推进商标工作信息化建设进程

继续加强“商标网”的建设，充分发挥“商标网”作为商标信息公开第一平台的作用。及时发布和更新有关的商标信息，保证网上信息及时、准确、完整、真实；实现网上公告、网上查询、网上申请和网上付费，确保商标注册电子申请顺畅、便捷、安全；逐步将网上申请业务种类由目前只接受部分商标注册申请扩展到变更、转让、异议、评审等业务类型；全面提高商标注册、管理与保护自动化水平。

适时研发工商系统内部商标业务专网，实现商标数据库和企业名称数据库的连接整合；建立覆盖全国的商标案件数据库；构建商标申请人、代理人信用信息数据库；建立定牌企业的自行申报及网上公布系统；建立工商系统内部商标综合、办案文件的办公流程；建立与商标相关的法律文件数据库。

加强商标档案馆信息化、数字化建设。建立以电子为主、纸件为辅的准确、完备的商标档案系统，实现商标档案管理手段现代化、档案资源信息化和档案利用科学化。

（五）大力提高为企业和社会公众服务的水平

深化政务公开，提升服务水平。进一步增强信息公开责任意识，充实商标政务信息窗口的服务内容、完善服务形式、提高服务水平；研究分析并依法发布权威商标信息，为政府、企业和社会公众提供更好的信息服务；进一步推进基层商标执法政务公开建设，结合信息化要求，积极推进商标行政执法文书网上公开试点进程。

进一步规范商标咨询服务。提高工作人员的服务意识和业务能力，逐步建立更加完善的对外服务应答机制，并就公众咨询频率较高的问题整理成书面答复在网上公布，进一步方便社会公众。

积极开展商标权质权登记，帮助企业拓宽融资渠道。各级工商行政管理机关要创造性地开展企业帮扶工作，积极支持企业将商标与金融等手段紧密结合，实现商标无形资产的资本化运作，切实帮助企业解决融资难问题。

（六）不断加强商标国际交流与合作

努力拓展国际交流合作的广度和深度，充分利用多、双边商标领域合作机制等形式，保护云南省企业在国外的合法商标权益，为云南省对外贸易和经济发展创造良好的商标保护国际环境。

积极应对经济全球化发展，鼓励、支持云南省企业实施商标“走出去”战略。加强商标国际注册的宣传、培训和指导工作，全面及时掌握商标海外注册与保护的基本情况和信息；培养建立熟知商标国际法律制度的人才队伍，增强申请人商标国际注册意识，切实提高企业海外商标注册数量，支持企业在海外不断提升中国商标的形象；充分发挥政府及主管部门职能作用，发挥行业协会优势，调动企业主动维权的积极性，建立有效的商标海外维权和预警机制。

五、加强宣传，提高意识

积极开展商标文化建设，引领商标制度建设和商标事业蓬勃发展。

开展商标文化建设，充分发挥报刊、广播、电视、网络等媒体舆论导向作用，加大商标宣传报道力度，披露商标侵权典型案例，总结推广商标战略工作先进经验，营造商标战略实施的良好氛围。采用户外广告、政府网站等多种方式，对云南省自主品牌进行集中展示和宣传。加强国内外交流合作，搭建商标战略实施交流平台。

努力营造尊重和保护商标权的良好氛围。充分发挥报刊、广播、电视等传统媒体的作用，拓展网络等宣传新渠道，强化宣传教育，推动全社会树立商标意识，正确引导舆论，加大执法成果的正面宣传，全面树立我国政府保护商标专用权的良好形象，进一步提高我国市场对外资的吸引力，提升企业运用商标发展壮大的信心。

建立商标博物馆，加强研究和宣传工作。征集、典藏各种珍贵商标文献及典型商标，大力丰富商标博物馆的馆藏内容；积极创造条件，引导商标专业人员研究商标档案的历史、文化、经济和法律价值；定期举办商标专题展览，并向社会公众开放。

继续开展“保护知识产权宣传周”活动中，通过各种方式，灵活多样地大力宣传商标知识，要使宣传周活动内容丰富多彩，宣传方式灵活多样富有特色，人民群众喜闻乐见。例如：

上街设点开展宣传咨询，贴近群众、贴近生活。“商标知识进社区、进农村”活动贴近生活，有声有色，气氛热烈，取得了很好的宣传效果，是进一步普及社区、农村商标工作的宣传和开展，开拓新思路、采取新途径的好形式。

召开商标保护座谈会，共商知识产权保护，探讨商标保护策略。采取典型引路、交流互补、专家分析的方式，从行政、司法、学术经验等几方面座谈和宣传商标的相关知识和保护途径，通过专家对实施商标战略的深入分析，可以对企业提高商标意识以及有效实施商标战略起到积极的推动作用。

各地政府通过召开表彰会等形式，大力推进宣传，促进注册商标专用权的保护。例如文山州委、州人民政府为了庆祝“文山三七”获得地理标志知名商标注册，专门上省城昆明召开新闻发布会，邀请国内外新闻媒体记者参加，进一步扩大商标宣传。宣威市委、市政府在“宣威火腿”获得地理标志证明商标注册公告期中，及时在北京中国肉类科技大会上进行宣传展示。2005 年 11 月 8 日由国家工商总局和世界知识产权组织联合主办的“战略性利用商标促进经济暨农村发展国际研讨会”在北京隆重开幕，云南省“普洱茶”、“宣威火腿”又荣幸地进京参加了展示活动，获得了国家工商总局商标局领导的表扬与肯定。

通过各种形式的宣传活动，在全社会形成了解商标、尊重商标、重视商标、创建商标的风气和氛围，逐步建立和营造商标文化。

六、强化保护，净化环境

（一）进一步加强商标行政执法

积极推动商标地方立法，完善商标保护法律体系。工商、公安、海关、质检等部门要加大商标行政保护力度，严厉打击商标侵权违法行为，建立商标协作保护机制，形成商标执法合力。充分发挥司法保护商标权的重要作用，加大对商标侵权行为的司法惩处力度。完善商标行政与司法保护沟通机制，加强商标行政执法和刑事司法的有效衔接。建立商标涉外应诉和维权援助机制，对于涉外商标纠纷案件，政府及有关部门应提供必要的法律和资金援助。

明确行政职能，加强执法力量。进一步明确职能，健全执法机构，充实基层执法力量，各级工商行政管理机关要做到商标监管与发展、与服务、与维权、与执法的统一，切实保护中外商标权人的合法权益，努力营造公平竞争的市场环境和公众放心的消费环境。

统一执法标准，提高执法水平。进一步统一商标行政执法法律适用标准，加强商标行政执法人员对法律知识、业务知识的理解和把握，切实规范执法程序，提高执法水平。密切与公安、海关、版权、专利等其他部门的协作配合，加强沟通和联系，形成执法合力，完善跨各部门间商标执法协作机制。

加强对企业的行政指导，充分发挥行政指导的积极作用，鼓励企业建立维护商标权益的机构，健全商标权自我维护网络，构建以自我保护为主体、行政和司法保护相结合、社会公众广泛参与的商标权益保护体系。

（二）持续开展专项整治行动

结合查处食品、药品商标案件的整治任务，在全省范围内开展有针对性的专项整治行动。打击侵犯注册商标专用权的违法行为，维护注册商标专用权人的权益，保护消费者的生命财产安全。

结合查处侵犯驰名商标和证明商标、集体商标专用权案件的整治任务，各地工商机关应及时开展对中国驰名商标、云南省著名商标、知名商标和集体商标商品（服务）的专项检查。

结合查处非法印制及购买使用假包装、假标识、假商标违法案件的整治任务，以印制单位为重点进行检查和排查，并加强宣传工作，规范商标印制行为。

结合查处侵犯涉农商标案件的整治任务，各地结合“红盾护农”行动，以“打假维权保农业”为主题，加强农资市场商标侵权的查处。

结合查处侵犯农产品商标、地理标志商标案件的整治任务，依法严厉打击各类侵犯农产品商标和地理标志权利的违法行为，同时加强农产品商标和地理标志的注册和保护工作，促进农民增收。完善地理标志保护制度。建立健全地理标志的技术标准体系、质量保证体系与检测体系。普查地理标志资源，扶持地理标志产品，促进具有地方特色的自然、人文资源优势转化为现实生产力。

加强执法能力建设，严厉打击假冒等侵权行为，维护公平竞争的市场秩序，切实保护商标权人和消费者的合法权益。依法行政、文明执法，进一步整顿和规范市场经济秩序。加强执法能力建设，严厉打击假冒等侵权行为，维护公平竞争的市场秩序，努力营造有利于自主品牌成长发展的环境。

坚持依法行政、文明执法、内外一致的原则，对国外的商标特别是具有一定知名度的商标被侵权假冒的，坚决给予保护，努力营造有利于品牌成长的环境，营造公平竞争的市场环境，努力树立我们保护知识产权的国际形象。

七、服务到位，强化监管

——创新商标工作机制，实现商标工作的可持续发展。以制度化、规范化、程序化、法治化为指导，从商标注册、管理和保护的各个环节入手，更新工作理念，拓展工作职能，规范工作方式，转变工作作风，建立与经济社会发展相适应的商标工作长效机制。

——提升商标注册、管理和保护能力，全面提高公众服务水平。进一步完善商标确权机制，建立数量与质量并重的商标审查和评审长效工作机制，创新商标注册管理工作体制机制，为实施商标战略提供制度化保障；加大商标专用权保护力度，充分发挥我国行政保护与司法保护“双轨制”的独特优势。

在具体的商标工作实践中，云南省各级工商行政管理部门充分发挥自身的优势，面向企业，热情地为企业提供良好服务，尽力帮助企业确立以品牌树企业形象的意识。要帮助企业建立商标管理机构，配备专业人才，组建专业队伍。要积极帮助企业制订发展规划，指导企业根据市场行情、产品特点、消费心理确定商标战略，促使企业把培育著名商标、驰名商标作为企业生产经营的主线，贯穿于企业生产经营的全过程，使企业在各个环节都形成良好的商标氛围；要帮助企业把商标这一无形资产作为企业资产管理的重要内容，加强运作和管理，盘活无形资产，防止资产流失；帮助企业通过建章立制，强化商标管理，规范商标使用，做好企业商标的整体设计，特别是在企业字号名称、产品包装装潢、对外宣传等方面，做好商标的使用、管理和保护；要帮助企业提高商标自我保护能力，配合各级政府职能部门严厉打击商标侵权违法行为，维护自身的合法权益。

服务企业，培育名牌一直是各级工商部门的重要任务之一。各地在实践中充分发挥主动性，加强与企业的沟通与联系，帮助和支持企业实施商标战略。各级工商行政管理部门每年把认定省著名商标和推荐驰名商标列入年度目标计划，并抓好落实。

——提高驰名商标认定和保护水平，促进企业创新发展。引导企业主动培育和认定驰名、著名商标，利用驰名、著名商标吸纳、聚集、组织社会资源，重组并优化产品结构、产业结构，拉动国内外消费增长，促进经济结构调整和经济增长方式转变，形成一批商标国际竞争力较强的优势企业。

尊重市场规律，从企业的角度切实解决驰名商标、著名商标、知名商品、名牌产品、优秀品牌的认定等问题。

——全面推进商标基础设施和信息化建设。努力提高商标工作的信息化水平和透明度，用高科技的手段实现高效能的商标注册和管理，全面拓展商标电子政务的广度和深度，保障商标注册电子申请畅通便捷，逐步实现无纸化办公和商标注册申请的电子互动。

健全商标社会服务体系。加快发展商标中介机构，鼓励商标中介机构完善服务功能，拓展服务领域，提高服务质量，向专业化、规模化和国际化方向发展。加强对商标中介机构的监督管理，规范商标代理市场竞争秩序。加强对商标协会的指导，促使其完善自身建设，充分发挥其联系政府部门和市场主体的桥梁作用。

八、构建机制，加强协作

充分利用区域间商标保护合作机制，加强区域商标保护合作。构建商标保护区域协作是全国各地工商部门在保护注册商标专用权、促进区域经济发展方面进行的有益探索之一。2002 年 9 月 19 日，云南省工商局与西部 11 省（自治区、直辖市）和成都市、西安市工商行政管理局在重庆市就建立商标联合保护机制、加强地区间的交流与协作、增强商标专用权保护力度、共同维护市场秩序、促进西部地区经济发展的有关事宜达成了《西部地区商标行政保护协作协议》；2004 年 9 月 15 日，云南省工商局参加了包括福建、江西、湖南、广东、广西、海南、四川、贵州在内的九省（区）签署的《泛珠三角区域工商行政管理合作协议》，并共同协商制定了《关于商标行政保护合作的工作方案》。商标保护区域协作机制正逐步在云南与其他地区之间案件协查、信息沟通、提高办案效率、增强商标专用权保护力度等方面开始发挥重要的作用。

开发运用商标协作系统，实现对商标的跨区域合作。按照西部商标协作组织的安排，根据商标行政保护工作的合作协议，设立了协作机构、商标信息、案件协查、商标代理、品牌宣传等子系统。该系统建成开通后，将实现西部 14 个商标协作成员组织单位之间商标信息交流、案件协查、商标保护、共创品牌的互联互通。同时努力把该系统打造成西部商标的研发平台、宣传平台、交易平台和合作平台，为西部商标的发展和保护提供更加迅捷便利的信息服务。

西部 14 个商标协作成员组织单位协同作战，例如在云南省范围内先后开展了有针对性的查处侵犯“斯达舒”、“PIN”、“PIN 拼”、“拼 PIN”、“洁尔阴”、“脑白金”、“陶碧华老干妈”等注册商标专用权行为的行动，充分体现了云南省商标部门积极响应兄弟省市开展案件查处和协同作战等方面作出的努力。

努力拓展国际交流合作的广度和深度，充分利用多、双边商标领域合作机制等形式，为我省对外贸易和经济发展创造良好的商标保护国际环境。

九、组织领导，整合资源

建立推进商标战略工作联席会议制度，由省人民政府分管副省长任联席会议总召集人，统一领导和协调全省推进商标战略工作。有关单位和部门要明确职责，分工协作，形成合力，在各自职能范围内做好工作。各州市也要相应建立商标战略推进工作的组织领导机制，将商标培育发展纳入各地政府经济发展目标考核体系，大力推进我省商标品牌建设。完善商标工作组织保障。成立商标战略工作领导小组，统筹组织实施商标战略。各成员单位要明确职责，分工协作，形成合力，将商标战略各项工作措施落到实处。各级政府要建立健全商标战略工作领导机构，完善商标工作联系、协调、联动机制，为全省商标战略的顺利实施提供有力的组织保障。

各地政府应继续加强组织领导，制订本地的商标发展和培育规划，积极开展“品牌强市”、“名牌兴企”等活动，加快商标战略的实施。各级政府要“实现三个转变”：一是在工作思路上，实现由集中抓商标行政执法办案向大力推进全省商标战略实施转变；二是在工作方式上，实现由常规性工作为主向以抓“大事”带动为重点转变；三是在工作机制上，努力实现商标战略实施由部门行为向政府行为转变。

重点转变应多层次进行动员、多渠道进行宣传、多角度深入企业。可以采取动员大会、举办商标执法培训班等形式，深入讲解《商标法》及《驰名商标认定和保护规定》、《云南省著名商标认定和保护办法》，使大家进一步明确著名商标、驰名商标的概念、内涵、作用及争创工作的意义。全面了解和掌握争创驰名商标的法律依据、基本条件、主要程序及方法步骤，为实施商标战略夯实法律基础，从而增强商标工作的主动性、针对性和可操作性，避免工作走弯路。

多渠道进行宣传。利用每年“3·15”消费者权益日和“4·26”世界知识产权宣传周活动，多角度、多层面宣传驰名商标对促进经济发展的作用。通过设计各种载体、开展各种活动，商标宣传工作既引起各级政府的高度重视，又激发企业注册商标、培育品牌的积极性，提高全社会的商标品牌意识，形成政府、企业、社会合力维护商标、发展商标的机制。

多角度深入企业。各级商标监管部门要深入企业，与企业共同分析争创著名商标、驰名商标工作的形势，研究提出做好争创工作的意见和建议，并帮助出主意、想办法，解决争创工作中的细节问题，在关节点上取得突破。

以政府为主导、企业为主体、行业为促进，形成统筹推进合力。一是健全工作机制，搭建帮促平台。建立以职能部门为成员单位的推进商标品牌战略联席会议制度，制定商标品牌战略实施意见，明确部门职能职责，规范工作流程，商标品牌战略工作有序推进。二是明确工作思路，制订发展规划。借助高校及专业机构力量，深入企业进行课题调研，详细掌握重点企业或产业的基础情况、优势及潜力、品牌发展需求。在此基础上明确以驰名、著名商标为核心，以品牌培育、品牌申报、品牌拓展、品牌保护为重要环节的工作思路。按行业、分层次订商标品牌战略发展规划和年度目标。三是引导企业积极主动参与。引导企业以品牌整合技术、管理、营销等优势，形成自主品牌核心竞争力；制定和完善相关政策，支持企业以商标权许可、质押等方式开展经营活动，充分体现商标这一无形资产的市场价值。四是发挥行业协会促进作用。主动吸纳行业协会参与商标战略，通过专题交流研讨和专业培训，引导行业协会发挥好培育和推荐服务职能。在制订工作规划、行业推荐评比、培育创建品牌、宣传拓展品牌等方面，听取和采纳其意见建议，共同促进商标战略实施，提升行业品牌价值。

调动社会力量，提高服务水平。充分发挥行业协会和社会中介机构在实施名牌战略中的作用，提高专业化服务水平。继续发挥中国名牌战略推进委员会的作用。继续完善中国名牌产品评价机制，充分发挥评价机制的导向作用。

十、完善政策，加大扶持

完善政策、加大扶持力度，对驰名、著名商标企业给予一定的政策倾斜，加快广大企业实施商标战略的进程。同等条件下，政府优先采购驰名商标、著名商标、地理标志产品。对于驰名、著名商标企业，政府相关部门要在融资贷款、土地使用、税收政策、广告宣传、科技立项、新产品开发等方面予以支持。对重点培育和发展的出口品牌企业的境外宣传、参展和推销等开拓国际市场活动给予补助。进一步建立激励机制，对争创驰名商标的企业实行有关奖励政策。

放宽驰名、著名商标企业组建私营企业集团条件的限制。驰名、著名商标企业组建私营企业集团，母公司注册资本达到300万元，并拥有3个子公司，母公司和子公司注册资本合计达到800万元的，即可注册登记。允许企业以商标权作价投资。在企业注册登记中以驰名、著名商标作无形资产评估价值出资的，最高可占企业注册资本的70%。对以与驰名商标相同或近似的名称作为企业字号申请登记，以及以与著名商标相同，或近似的名称作为相同或相关行业的企业字号申请登记的，必须提交商标注册人同意的授权或许可文件，工商部门方可准予核准。对驰名、著名商标企业年检，工商部门提供优质服务。通过开辟绿色通道、电话预约、主动上门等方式给予便利服务。对驰名、著名商标企业，在有关资源要素保障方面实施倾斜，在技术改造、技术引进、科研立项、财政贴息等方面，由相关部门给予优先扶持。鼓励驰名、著名商标企业加大技术开发投入，增强自主创新能力。企业开发新技术、新产品、新工艺发生的研究开发费用，未形成无形资产计入当期损益的，在按照规定据实扣除的基础上，按照研究开发费用的50%在企业所得税前加计扣除；形成无形资产的，按照无形资产成本的150%摊销。对驰名、著名商标企业在金融信贷上给予支持，开展以商标等无形资产为担保的信贷服务。对驰名、著名商标企业，按照同等优先原则，政府采购部门优先采购其商品、服务和劳务。

十一、培育人才，保障支撑

加快商标人才培养。依托高校资源，在高等学校开设商标等相关专业和课程，将商标知识教育纳入高校学生素质教育体系。培养高层次商标专业人才。大规模培养各级各类知识产权专业人才，重点培养企业急需的商标管理和中介服务人才。建设若干云南省知识产权人才培养基地。加快建设高水平的知识产权师资队伍。设立知识产权二级学科，支持有条件的高等学校设立知识产权硕士、博士学位授予点。

大力开展面向企业的商标培训，提升企业创牌能力和商标管理运用水平。鼓励企业引进品牌经营、商标管理等方面的高级人才，充分发挥专业人才在商标建设中的引领作用。

加强行政机关商标知识培训，进一步增强领导干部商标意识。制订培训规划，广泛开展对党政领导干部、公务员、企事业单位管理人员、专业技术人员、文学艺术创作人员、教师等的知识产权培训。

培育一支专业、稳定、多层次的商标干部队伍。根据“四高目标”的要求，以加强人力资源建设为基础，以加强风险点管理为保证，建设一支政治上过硬、业务上过硬、作风上过硬的高素质商标干部队伍。

积极探索适应商标审查和评审工作特点的干部管理机制和辅助人员管理机制。努力推进商标工作人员队伍专业化建设，稳定商标工作人员队伍；努力健全完善商标工作绩效考核评价机制，把考核结果作为干部选拔任用、培养教育、管理监督、激励约束的重要依据；根据公务员管理的有关规定，积极探索研究建立奖惩机制和责任追究机制。

进一步充实基层商标行政执法力量。要加强队伍建设，尤其需要从机构设置、人员配备和财政支持方面加强基层行政执法队伍建设；要大量充实基层商标执法部门的力量，注意选拔和配备熟悉商标工作的干部，形成一支稳定、精干、高效的商标基层执法队伍，切实提高执法效能。

建立有利于商标工作人员成长的培训机制。加强对商标工作基础理论和现实商标业务的前瞻性研究，在此过程中逐步建立一支高素质的专业干部队伍；充分发挥高等学校培育供给人才作用，加强商标工作人员培训；加强同知识产权审判机构、高校商标教学研究机构、商标法律服务机构、企业商标管理部门之间工作交流，提高商标工作人员对法律的理解和适用能力；加快建设省级商标人才库和专业人才信息网络平台；建立省级商标工作人员与地方各级商标行政执法人员双向短期挂职交流制度；积极组织商标工作人员赴国外学习培训。

附件：云南省人民政府关于推进商标战略工作的实施意见

云政发〔2008〕170号

各州、市人民政府，省直各委、办、厅、局，省属各大中型企业：

为认真贯彻落实党的十七大关于实施知识产权战略的部署和《国务院关于印发国家知识产权战略纲要的通知》（国发〔2008〕18号）精神，进一步解放思想，深化改革，扩大开放，推进我省商标战略的实施，现提出如下实施意见：

一、总体要求

以贯彻落实科学发展观，促进云南经济又好又快发展为出发点和落脚点，以解放思想为先导，建立和完善企业为主、政府推动、部门协调、社会参与的商标战略工作格局，以优势产业、优势产品和大型企业集团为重点，综合运用经济、法律、行政等手段，集中力量培育、扶持、壮大一批驰名、著名、知名商标，努力构建中国驰名、云南著名、州市知名的梯级发展、结构优化的商标发展格局，以积极争创中国驰名商标为龙头，充分发挥商标兴企、商标富农、商标强省的积极作用，促进经济发展方式的转变，全面提高我省经济综合实力。

二、基本原则

（1）企业主体原则。增强企业商标意识，提高产品质量、管理能力和营销水平，引导企业做好商标的注册、使用、宣传和保护，精心经营品牌，积极打造知名品牌，积极提升品牌知名度。

（2）龙头带动原则。加强政策指导，强化帮扶举措，支持优势企业、优势产业、优势行业争创驰名商标、著名商标，促进经济结构调整和产业结构升级。

（3）科技创新原则。利用知识产权制度鼓励和保护企业加大技术研发投入，增强自主创新能力，鼓励企业积极开发具有自主知识产权的新技术、新产品，积极培育自主品牌，增强商标的持续发展能力。

（4）政策扶持原则。实施激励政策，对驰名、著名商标企业给予政策扶持，激发广大企业和全社会推进商标战略实施的自觉性和积极性。

（5）合力推进原则。以企业为主体，以市场为导向，努力形成政府推动、企业争创、社会支持参与的格局，共同推进产品、企业、产业等自主品牌建设。

三、总体目标

到2012年，建立起较为完善的知名、著名、驰名商标的梯次培育、发展和保护机制，形成一批省内各州市区域内具有一定知名度和影响力的知名商标，打造一批省内外具有较高知名度和影响力的著名商标，创立一批国内外享有很高知名度和明显竞争优势的驰名商标。鼓励、支持商标发展的政策体系和服务体系基本建立；商标管理和行政执法体系不断完善，商标侵权假冒行为得到有效遏制，形成尊重和保护商标的良好社会氛围。

到2012年，我省拥有中国驰名商标的数量在现有7件的基础上增加30件以上，总数力争达到40件，中国驰名商标拥有量在全国的排名力争达到20位以内，力争在西部省区位居前列；云南省著名商标达到1 000件以上；有效注册商标超过4万件。通过今、明两年的努力，中国驰名商标的数量力争达到20件以上。全省16个州、市要进一步加大实施商标战略的工作力度，在中国驰名商标的培育上取得新的突破。昆明市要充分发挥省会中心城市的聚集作用，5年力争新增中国驰名商标15件以上；曲靖、玉溪、红河、楚雄、大理等5个州市，要积极发挥带动作用，5年力争新增中国驰名商标10件以上；其他10个州市要积极行动，5年力争每个州市实现中国驰名商标零的突破。

四、工作重点和措施

（一）下大力气重点培育、扶持和创建中国驰名商标

培育、扶持和创建中国驰名商标是我省推进商标战略工作的重中之重。各级人民政府和有关部门要对本地的优势产业、传统产业和有竞争潜力的企业，进行梳理排队，按照“培育一批、扶持一批、推荐一批”的原则，建立我省创建中国驰名商标的品牌梯队，加大帮扶力度，实现驰名商标数量和质量的突破。

一是围绕生物制药、茶叶生产和加工、有色金属及冶炼以及制造业、烟草行业抓创建。上述行业拥有雄厚的资源优势和良好的产业基础，通过多年的发展积累了丰富的市场经验和很高的商标知名度，其中已涌现了如“云南白药”、“康王”等中国驰名商标。目前，这些行业中的“盘龙云海”、“大益”、“云锡”、“云铜”、“云铝”、“驰宏锌锗”、“昆电工”等一批商标也已基本具备了中国驰名商标的条件，应作为我省申报和创建中国驰名商标的第一梯队。各地和有关部门应积极配

合和协助企业尽快提出中国驰名商标的认定申请。同时，要在现有产业发展基础上，积极推进我省现有中国驰名商标的国际化战略，打造国际知名商标，并以此为产业龙头，整合和优化资源，提升产业竞争力。

二是围绕农产品和化工产品抓扶持。在“斗南花卉”荣获中国驰名商标的基础上，要以农业和化工行业龙头企业为核心，充分发挥云南丰富的特色农产品和化工产品优势，着力扶持一批上规模、有竞争力的花卉、蔬菜、水果等农产品和磷化工、化肥等化工产品商标，作为争创中国驰名商标的第二梯队，做好各项内涵提升和准备工作，待时机成熟积极申报中国驰名商标。

三是围绕现代高科技产业和服务行业抓培育。现阶段要抓好光学仪器、物流自动化、旅游、餐饮、民族文化等具有云南地方特色的现代高科技产业和服务行业，培育一批具备驰名商标潜力的品牌，作为创建中国驰名商标的第三梯队，通过引进先进的管理观念、管理模式和管理体系，积极倡导集团化、网络化、品牌化经营，按照驰名商标的条件和要求积极引导和加以培育。

四是充分利用多种途径争创我省的中国驰名商标。要在加大商标侵权案件中报送驰名商标认定申请力度的同时，还要抓住通过商标异议案件或商标争议案件进行驰名商标认定的途径。此外，在以行政程序申请认定驰名商标为主要途径的同时，还要加大在司法程序中认定驰名商标的力度。

（二）把云南省著名商标的认定作为争创中国驰名商标的资源储备

云南省著名商标认定活动是推进商标战略工作的重要组成部分，是我省创建中国驰名商标工作的起点和准备。要把云南省著名商标打造成为创建中国驰名商标的后续力量，不断充实创建中国驰名商标的资源储备。

一是加强著名商标的创立工作。要围绕我省区域品牌和行业品牌形象建设，大力支持科技含量高，拥有自主知识产权，主业突出，市场潜力大，发展前景好的企业，积极创立云南省著名商标。

二是在认定著名商标的同时提前介入指导。要帮助和指导著名商标企业加强商标使用和管理的制度建设，完善企业的商标使用证据、经济指标证据等基础材料和档案的收集、整理和保管，使企业提前适应中国驰名商标在程序和实体上的严格要求。

三是适时开展知名商标认定工作。具备条件的州市，要及时开展当地知名商标认定工作，形成一大批地区区域内具有一定知名度和影响力的知名商标，使地区知名商标成为云南省著名商标的后续资源。

（三）务实推进商标战略工作基础，大力推动商标申请与注册

企业作为商标的权利主体，要高度重视商标注册，要根据自身生产、经营、服务和履行专项职能的特点和要求，及时办理商品商标、服务商标、集体商标或

证明商标的申请注册。各级工商部门要广泛宣传商标法律法规与使用、经营商标的有关知识，增强企业商标意识。

一是企业要合理注册并规范使用商标、商号，不断拓展商标注册的领域和空间。要指导龙头企业合理扩大商标注册类别，鼓励有条件的企业通过全方位商标注册来保护自己的合法在先权利。

二是鼓励和引导企业建立现代企业制度。通过采用先进管理方法，建立科学、规范的管理制度和运行机制，特别是要建立健全企业商标使用和管理的工作制度，提高自身经营管理水平和品牌经营能力，实现从自发创牌向自觉创牌转变。

三是推行“三书”、“一卡”制度。各级工商部门要大力推行“商标注册建议书”、“商标策略提示书”、“商标法律告知书”等商标行政指导制度和“跟踪服务联系卡”制度。通过市场巡查、上门走访、企业年检调查等方式，掌握行政区域内的工商企业和个体工商户在生产经营过程中存在的商标问题，指导其尽早申请商标注册，为扩大商标总量奠定基础。要对行政区域内的工商企业和个体工商户分片划定范围，实行“网格化”管理和“一对一”跟踪服务，帮助企业解决各类商标问题。

四是鼓励和支持农产品商标、地理标志的注册。各级工商部门要会同农业、林业等部门，积极指导开展农产品商标和地理标志注册申请工作，支持农业专业大户和农村合作经济组织创牌经营，推广“公司＋商标＋农户”生产经营模式，扶持培育一批“名、特、优、新、稀”的地理标志和农产品商标。

五是加强老字号的商标注册和保护。充分发掘老字号的历史和人文价值，推进老字号企业在传承中创新，加强老字号商标的注册和保护，恢复和提高老字号商标的市场影响力。

六是将商标战略与实施“走出去”战略相结合。积极引导企业，特别是驰名、著名商标企业进行商标国际注册，着力创建国际品牌，开拓国际市场。指导和鼓励企业依据当地的法律，合理运用国际规则维护在国外的商标权利。

（四）加大商标权保护力度，维护商标权人的合法权益

打击商标假冒侵权，开展注册商标专用权保护工作是商标监管的核心任务。各级工商部门要充分发挥职能作用，创新执法理念，不断强化商标行政保护工作。

一是继续以保护注册商标专用权为核心，加大商标保护力度。严厉打击商标侵权假冒行为，建立商标监管长效机制，切实维护商标所有人和广大消费者的合法权益。

二是强化涉及广大群众生产和生活安全的商品领域的商标监管。继续以食品、药品、农副产品、农资、服装等商品批发零售市场为重点，加大商标监管力度，切断商标侵权假冒商品的市场流通渠道。要按照“网格化”监管模式，做到商标

监管重心下移，严厉查处各类商标侵权案件。

三是建立对驰名、著名商标企业的回访制度。各地要广开商标维权门路，变坐等投诉为主动维权。要主动上门征询企业维权诉求，采取有效措施帮助商标注册人解决存在的商标维权问题，将行政执法部门的打假优势与企业善于识假的能力有机结合起来。

四是有关部门要加强协作配合。各级工商、公安、知识产权、版权等有关部门要密切配合，坚决打击侵犯商标权，特别是侵犯驰名、著名商标权的违法行为。要充分发挥“泛珠”、“西部”等区域性商标保护协作网的作用，扩大商标保护的区域范围。加强涉嫌商标犯罪案件的移送，加大对商标权的保护力度，维护公平有序的市场秩序。

五、政策措施

推进商标战略工作遵循政策扶持原则。通过对驰名、著名商标企业给予一定的政策倾斜，加快广大企业实施商标战略的进程。

（1）贯彻落实争创驰名商标有关奖励政策，进一步建立激励机制。

（2）放宽驰名、著名商标企业组建私营企业集团条件的限制。驰名、著名商标企业组建私营企业集团，母公司注册资本达到300万元，并拥有3个子公司，母公司和子公司注册资本合计达到800万元的，即可注册登记。

（3）允许企业以商标权作价投资。在企业注册登记中以驰名、著名商标作无形资产评估价值出资的，最高可占企业注册资本的70%。

（4）对以与驰名商标相同或近似的名称作为企业字号申请登记，以及以与著名商标相同，或近似的名称作为相同或相关行业的企业字号申请登记的，必须提交商标注册人同意的授权或许可文件，工商部门方可准予核准。

（5）对驰名、著名商标企业年检，工商部门提供优质服务。通过开辟绿色通道、电话预约、主动上门等方式给予便利服务。

（6）对驰名、著名商标企业，在有关资源要素保障方面实施倾斜，在技术改造、技术引进、科研立项、财政贴息等方面，由相关部门给予优先扶持。

（7）鼓励驰名、著名商标企业加大技术开发投入，增强自主创新能力。企业开发新技术、新产品、新工艺发生的研究开发费用，未形成无形资产计入当期损益的，在按照规定据实扣除的基础上，按照研究开发费用的50%在企业所得税前加计扣除；形成无形资产的，按照无形资产成本的150%摊销。

（8）对驰名、著名商标企业在金融信贷上给予支持，开展以商标等无形资产为担保的信贷服务。

（9）对驰名、著名商标企业，按照同等优先原则，政府采购部门优先采购其商品、服务和劳务。

（10）鼓励研究机构和大专院校组织商标知识和商标管理培训，提高从业人员的专业知识和综合素质，建立商标专业人才库，努力造就高素质的商标专业人才队伍。

（11）新闻媒体要加大对驰名、著名商标的宣传力度，总结推广商标工作的好经验和好做法，对商标侵权和违法行为予以曝光，努力营造全社会关注商标、爱护商标、发展商标、共同推进商标战略的良好氛围。

（12）充分发挥中介机构的积极作用。有关部门要制定具体办法，加强对中介机构的监督管理，规范中介行为，提高服务质量，为推进商标战略实施做好各项服务工作。

（13）各级工商部门要切实发挥协调指导和主抓作用，规范工作程序，提高工作效率，组织制定创建驰名商标的发展计划，实行重点帮扶责任人制度和帮扶联系督办制度。

六、组织领导

建立推进商标战略工作联席会议制度，由省人民政府分管副省长任联席会议总召集人，统一领导和协调全省推进商标战略工作。有关单位和部门要明确职责，分工协作，形成合力，在各自职能范围内做好工作。

各州市也要相应建立商标战略推进工作的组织领导机制，将商标培育发展纳入各地政府经济发展目标考核体系，大力推进我省商标品牌建设。

本实施意见从发布之日起执行。

云南省人民政府

二〇〇八年八月二十九日

后　记

本书是云南省教育厅2006年云南省教育厅科学研究基金项目中的“云南省实施商标品牌战略研究”项目。鉴于2006年后，我国对知识产权和名牌战略有了重大谋划，提出规划设计我国知识产权战略的要求，历经两年，终于在2008年6月公布了《国家知识产权战略纲要》，包括商标战略。在此背景下，原研究项目的情势发生深刻变化，战略目标任务已经清晰明确，亟待研究的是如何保障实施《国家知识产权战略纲要》和云南省的商标品牌战略。本研究的目标和任务，自然顺应形势发展需要，重点研究云南省商标品牌战略的实施。云南省的商标战略，源自于《国家知识产权战略纲要》的发布，催生了云南省的商标战略，其中2008—2010年商标战略实施最为凸显，发展最为迅速，成就最使人振奋，圆满完成“十一五”规划任务。因此，本书的研究追随快速发展的形势，对云南省商标发展状况从“十五”梳理到“十一五”，追踪考察至2010年，以2010年年底为时间截点，以云南省2010年所达到的成就为基点，探究“十二五”期间云南省实施商标品牌战略的路径、措施，从宏观的角度提出粗浅的认识，以期引起社会各界的关注，共同研究和探讨实施云南省商标品牌战略的有效途径和具体措施，共同推进云南省商标品牌战略的实施，促进云南省品牌走向国际化、引领云南商标品牌“走出去”，努力创建知名云南品牌甚至世界品牌，不断提升云南品牌的国际市场影响力。

限于能力和水平，本书的初衷和表意的结果，差强人意，如书中有不当之处，全为作者能力和水平不济，在此，诚恳接受批评指正。

本书写作：

第一章　陈铁水 赵玲

第二章　杨永恒

第三章　顾晓梅

第四章　陈铁水 赵玲

第五章　耿明

第六章　耿明

第七章　陈铁水

本书由陈铁水、耿明负责设计、统稿、修订。

本书得以付梓出版，得益于云南大学出版社蔡红华编辑的倾力相助，在此，特致以衷心的感谢。

陈铁水　耿明

2011 年 4 月 6 日